古代墓葬美术研究

第五辑

STUDIES ON ANCIENT TOMB ART VOL.5

主编
巫鸿
郑岩
朱青生

湖南美术出版社
·长沙·

前　言

墓葬美术是从中国远古至近代历时最久、植根最深的一个礼仪美术传统，无论是时间的持续还是地域的伸延，在美术史中都无出其右者。它也是考古信息最为丰富的一个综合性艺术系统，包括建筑、器物、绘画、雕塑、装饰、葬具、铭刻书法以及对死者身体的处理。在大量考古材料的支持下，我们对中国古代墓葬美术的研究在近年内得到蓬勃开展，在宏观和个案的分析上都做出了不少成绩，同时也表明了我们对研究和解释方法的强烈兴趣。

这本论文集是2017年在芝加哥大学北京中心召开的第五届古代墓葬美术研究国际学术讨论会的一个成果。这次会议由芝加哥大学东亚艺术研究中心、中央美术学院人文学院与北京大学视觉与图像研究中心三家主办，由芝加哥大学北京中心与湖南美术出版社协办。作为一系列"双年会议"中的第五场，这次会议的一个主要目的是为中外学者建构一个学术平台，围绕"墓葬美术"这一主题进行持续的交流和讨论。出于这个目的，会议采取了对不同学术传统兼容并包的态度，既鼓励对考古个案的缜密研究和对历史源流的宏观思考，也提倡对研究和解释方法的认真探讨，同时对"墓葬美术"的概念也做了广义的界定，它不仅包括墓葬出土的艺术品，而且涵盖了墓葬的整体设计，墓葬中不同视觉和物质形式的配置，墓葬所反映的礼仪、宗教和文化因素以及墓葬的发现和研究史。

聚焦于"墓葬美术"这一概念，这个会议和出版计划促使我们反思美术史研究中长期以来存在的一个问题，即发掘品与墓葬本身的脱节。自20世纪20年代以来，古代墓葬的发现和研究对历史学、人类学、语言学、宗教史、科学史及美术史等学科产生了重大影响，并在这些领域中催生出大量的学术成果。在美术史中，古代墓葬的贡献主要在于提供激动人心、常常不为前人所知的艺术品，使美术史家得以不断丰富甚至重写个别艺术形式的历史——诸如青铜、玉器、绘画、雕刻、陶器和书法等。但是古代墓葬的这种贡献是以拆散其自身为代价的。这是因为当墓葬被离析为以媒质为导向的分类、研究和展览材料时，其整体性就被消除了。而当为黄泉世界专门制作的美术品被抽取和孤立，与非墓葬美术品掺杂在一起去构造一部宏观美术史时，它们的原始礼仪意义就丧失了，也不再激发我们对其特殊的设计和制作进行思考。

近年来出现的一些趋势已经对这一传统学术方向提出了挑战。这些趋势包括：美术史与考古学之间更趋频繁与深入的互动和磨合；一些美术史学者开始把墓葬整体作为研究的对象，或是作为解释出土艺术品的原境；新型博物馆中的展示越来越注重艺术品和考古环境的结合；坐落在墓葬原址的“古墓博物馆”更直接地保存了原始墓葬的建筑空间。通过把“墓葬美术”设定为这个会议系列及其出版物的基础概念和框架，我们希望这个交流平台能够推动这一潮流，使美术史研究者更加注意到墓葬美术的自身规律和历史进程，在这个基础上进而考虑它和其他美术传统的相互关系，同时探索研究墓葬美术的特定而有效的方法，通过开放式的讨论和自由交换意见，不断发掘这一艺术传统的丰富内涵和意义，也为世界美术史的研究做出贡献。

巫鸿

目　录 /Contents

从“衣物简”到衣物疏[1]
——遣策与西汉的丧葬礼仪

田　天
北京大学

遣策是记录随葬品的清单。随着发现数量的增加，遣策所呈现的面貌也更加丰富与复杂。除了作为清单，遣策内部的构成也同样值得关注。分类考察遣策中的特定部分，有可能对遣策及其发展有更为深入的认识。

本文研究的对象，是西汉中前期遣策中记载衣物的部分。为简洁起见，下文将这部分简册称为“衣物简”[2]。西汉中晚期开始，以记载衣物为主的衣物疏成为随葬品清单的主要形式。西汉衣物疏常被看作与魏晋隋唐衣物疏同类的随葬文书，不与西汉中前期的遣策在同一个主题下讨论。事实上，在西汉中前期，遣策中的“衣物简”已呈现出一些不同于其他部分的特征。西汉中晚期的衣物疏，与早期“衣物简”有直接关联。

除了记录随葬品，遣策还在丧葬流程中发挥功用。考察西汉遣策“衣物简”的特征，也有助于理解西汉前期的丧葬流程。西汉遣策中“衣物简”转化为衣物疏的过程，则能够呈现西汉丧葬礼仪中的重大变化。本文希望通过遣策中的衣物简，建立遣策与丧葬礼仪之间的联系。

一、西汉中前期遣策中的“衣物简”

在西汉，衣物是必备的随葬品。不过，西汉中前期遣策中，记录衣物的是少数，这和战国楚墓遣策略有区别。战国时代的遣策中常有衣物记录。目前全文发表的战国时代遣策共八批，其中曾侯乙墓主要记载车马、甲胄等，[3]未记载丝麻制衣物；曹家岗 M5 楚墓遣策内容较简单，也没有衣物记录。[4]其余六批遣策中，都有衣物记录。西汉中前期遣策的总数更大，“衣物简”的比例却有所降低。现出土的西汉中前期遣策约有二十批，其中六批未全文发表。[5]其余十四批遣策中，仅张家山 M247、马王堆 M3、凤凰山 M168、马王堆 M1、凤凰山 M8、罗泊湾 M1 六座墓葬出土的遣策中有衣物记录。[6]

需要说明的是，战国时代墓葬等级相对较高，但衣物简所记录的衣物总数却并不总是多于西汉时代的衣物简和衣物疏。原因在于，战国遣策中记载的往往并非全部随葬衣物。如望山 M2 遣策中记载与衣物相关的物品数量有限，仅有冠、带、履三类，没有其他衣裳。[7]与之相比，西汉初期的凤凰山 M8 遣策记载衣物 35 种，张家山 M247 遣策记载衣物约 15 种。至西汉中晚期的衣物疏，所记衣物数量与西汉初年持平或略多。[8]考虑到墓葬等级，至少西汉后期记入遣策的应是所有随葬衣物。[9]如此，就可以将西汉时代的衣物简与随葬衣物相对应，来讨论衣物简、随葬衣物与丧葬礼仪之间的关系。[10]

首先要讨论的是凤凰山墓葬群中的M8与M168两座墓。江陵凤凰山西汉墓葬群有六座墓葬出土了遣策，编号分别为M8、M9、M10、M167、M186、M169。这六座墓葬的时代与空间分布都十分接近，既反映了一定普遍性，又可以相互比对，是一批难得的材料，从中能够观察到西汉初年遣策衣物简的一些特征。

“衣物简”数量最多的是M8。M8遣策共175枚简，其中“衣物简”共35枚。据整理者介绍，这批竹简出土时，自然散落成两堆：记录衣物的简册为一堆，其他简为另一堆。整理者判断，从相互叠压的情况观察，原简即卷束在一起。[11]不过，从凤凰山及其他西汉初遣策来看，M8的衣物简很可能最初即另成一册单独放置。整理者已观察到，与其他简册相比，衣物简有两点重要的不同：一、其他各类竹简都有器物分类小结，如“□右方偶人籍·凡卌九”“□右方食器籍”等，衣物简则没有小结简；二、其他竹简均有核对记号（简的中段有一条竖线），衣物简中未见这类标记。[12]此外，还有两点不同值得注意：一、绝大多数其他简册上都留有清晰的编绳痕迹，而衣物简的编痕则基本不可见（图1、图2）；二、遣策最后一枚竹简为：［175］□大凡百廿三牒。[13]如将“衣物简”与其他遣策一起统计，则整批遣策共175枚简，与总结简中的123枚相去甚远。若将衣物简提取出来，再减去小结简，简册数大约为135，与遣策自

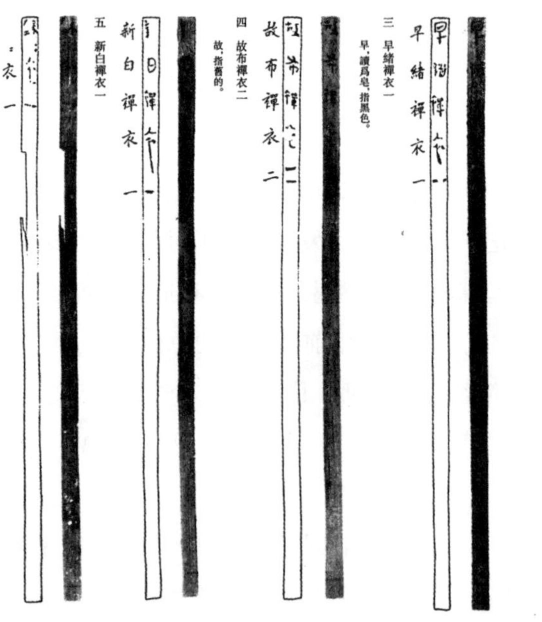

图1　凤凰山汉墓M8的“衣物简”（本文所引凤凰山汉墓遣策图像皆采自《江陵凤凰山西汉简牍》，下同）

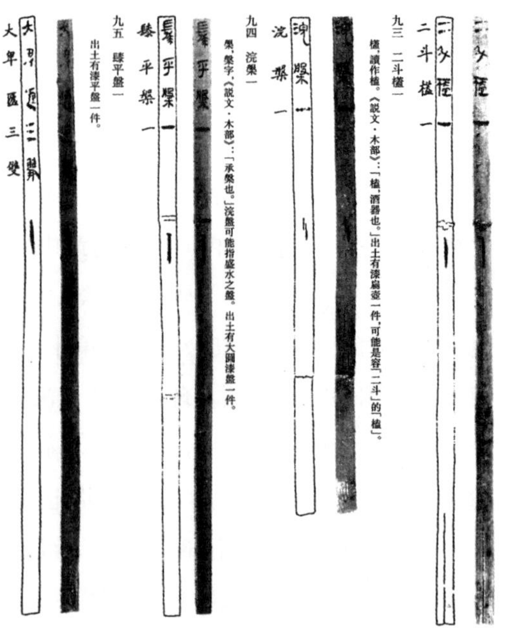

图2　凤凰山汉墓M8的其他简册

身的统计更为相近。上述四点区别，应非偶然发生。再考虑到发掘时两类竹简自然地分散成两堆，就不能不考虑它们最初即分编为两册的可能性。这些特征都能够说明 M8 衣物简与其他简册在性质上有所区别，应当区别对待。

M8 衣物简的特殊性也能够在凤凰山墓葬群的其他墓葬中得到验证。凤凰山 M168 共出遣策 66 枚，没有简册记载衣、裳、裙等衣物，仅有四枚简记录冠、杖、履等与衣物相关的物品。简册出土时顺序已被打乱，不过，这四枚竹简很容易从整卷遣策中区别出来。首先，这四枚简的勾画符号位置与其他各简不同。M168 的大部分遣策勾画符在简的最下端，绝大多数墨迹一直延伸到简的下缘，也有少数离下缘距离很近（图 3）。上述四支衣物简的勾画符则在简册中段，离下缘有明显距离，与前者显非一次勾画（图 4）。其次，M168 的四枚衣物简明确记录了随葬衣物的位置，也不见于同墓其他遣策：

［53］冠二枚，在棺中。［54］杖一，在棺中。［55］丝履一两，在棺中。［56］素履二两，在棺中。[14]

考古发现的实物情况，与 M168 的衣物简记载相合。M168 的内外棺内主要随葬墓主衣、冠、裙、鞋、袜，以及玉璧和铜带钩等服饰，其他器物则置于边箱。[15]“在棺中”的特殊位置，应即这四枚简勾画符号位置不同的原因。以上所论应能说明，在凤凰山遣策中，衣物简的性质及使用方法与其他遣策不同。应将衣物简作为遣策中一个相对独立的部分来对待。

凤凰山汉简中衣物简的情况并非个例，在西汉中前期的其他遣策中，也能够发现这类现

图3　凤凰山汉墓M168的其他遣策

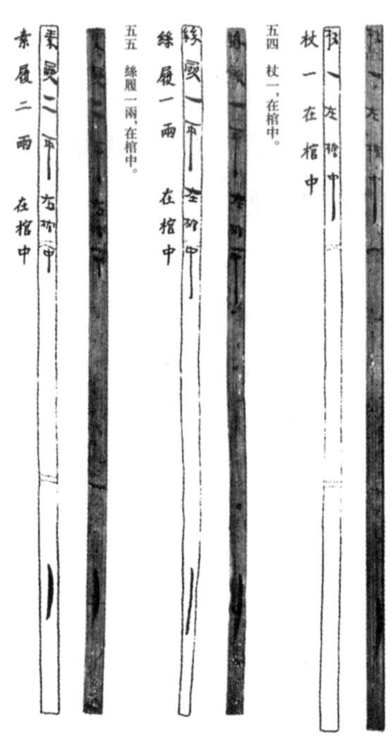

图4　凤凰山汉墓M168的“衣物简”

象。属西汉早期的广西贵县罗泊湾汉墓 M1 出土的“从器志”木牍也记录随葬物品。在这件木牍上，绝大部分物品没有勾画符号，只有少量记录后写有勾画记号“卩”（图 5）。[16] 相关部分可引用如下：

［第一栏］

衣袍五十领二笥 = 皆缯缘 卩

有州二小统一笥缯缘

冠十、金奁一 = 笥缯缘

比疎（梳）二∟一笥缯缘

缯六十三∟匹三丈绪三衣一笥缯 卩

布十七卷一笥缯缘 卩

……

［第二栏］（内容从略）

［第三栏］

大统二∟一笥缯缘

……

博具一笥缯缘 卩

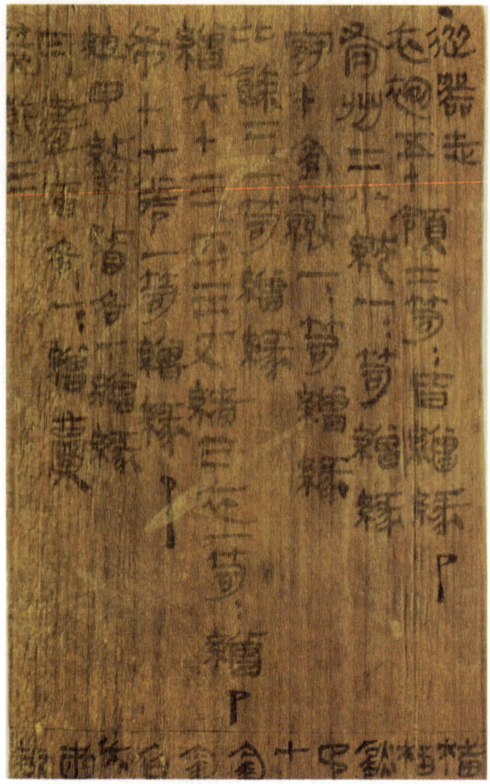

图5 广西罗泊湾汉墓M1“从器志”局部（采自《瓯骆遗粹：广西百越文化文物精品集》）

全牍正面五栏，背面三栏，一共有四个勾画符“卩”。其中关于衣物、织物的记录共三条，其后皆有勾画符“卩”。第四个勾画符在“博具一笥缯缘”之后。罗泊湾 M1 曾遭盗掘，椁室器物多被盗走，保留下来的器物位置皆已移动，无法判明随葬衣物以及博具的具体所在。虽然无法与出土位置对照，不能判定勾画符是否与随葬位置有关。但仅凭勾画符，已能将衣物记录与其他记录区别开来。

张家山 M247 遣策的衣物简，情况则略为复杂。[17] 汉代遣策绝大多数一简记一物，张家山 M247 遣策的每枚简上都记有多件物品。程鹏万与田河先后指出，这是因为 M247 遣策的书写格式不同于一般汉代遣策，是分栏书写，而非提行留白。[18] 全部遣策大致均分为三栏，其中大部分遣策仅书写了一、二两栏，只有四枚遣策三栏都有书写。虽然衣物简与其他内容连写，但从遣策的形式与勾画符中仍能看出一些不同。整批遣策共 41 简，记载与衣物有关内容的有 15 简。衣物都记载于第一栏，整理者将衣物简排列在遣策的最开始的段落。[19] M247 遣策只有部分存有勾画符，皆在第二栏记载的下方（图 6）。这类标记方式比较特别，目前尚不能完全确定遣策上的勾画符的涵义。[20] 但是，可以肯定的是，凡是第一栏记有衣物的简册，都没有勾画符号（图 7）。以此标准，仍可将衣物简与其他记录区别开来。

图6　张家山汉墓M247遣策勾画符（采自《张家山汉墓竹简［二四七号墓］》，下同）

图7　张家山汉墓M247遣策“衣物简”

与以上诸墓相较，马王堆的随葬衣物的放置形式有所不同。马王堆 M1、M3 两座墓葬的墓主人身上，都捆扎有十八层衣着、衾被及丝麻织物。[21]衣衾外的随葬衣物又置于边箱竹笥中。[22]两座墓葬随葬的衣物，在数量与放置位置上都与前述几墓有所不同。这是由马王堆的墓葬等级和随葬品数量决定的，似不应与前几座墓葬做平行比较。[23]因此，本文暂不讨论马王堆 M1、M3 两座墓葬。[24]

上文主要讨论了西汉中前期有衣物记录的 4 批遣策。其中凤凰山 M8、M168 两墓遣策，从勾画符号可以清晰地反映出衣物简的特殊性，并可推测出这种特殊性与衣物放置的位置有关。罗泊湾 M1 和张家山 M247 的情况略为含混，但仍足以将衣物记录简册与其他简册区分开来。仅从衣物的放置位置，尚不足以完全地解释衣物简的特殊性。遣策的勾画符号，与丧葬流程有关。要理解衣物简，必须从丧葬流程本身入手考虑。

二、“衣物简”与西汉丧葬礼仪

丧葬礼行事繁复，仅凭出土文献提供的信息，很难建立完整的丧葬流程。借助于传世文献，特别是礼书，有助于对丧葬礼仪的重要环节有整体了解。言及先秦的丧葬制度，《仪礼》的《士丧礼》《既夕礼》等篇目是重要的参考。[25]它们与考古所见的先秦、秦、汉丧葬制度之间的关联，学界已有不少讨论，这些研究多侧重于名物制度的考释和对应。[26]事实上，《仪礼》所记载的丧葬礼的行事流程，也是理解遣策内容及意义的重要参考。

根据《仪礼》，衣物不仅做装裹之用，且在丧葬流程中发挥着重要的作用。丧礼中需要的衣物，除死者自办的衣被外，还有他人赙赠的衣被，称为“禭”。在整个丧葬流程中，衣物在始死、小殓、大殓三个环节中使用。析言之，即“始死”中招魂、迁尸、宾客吊禭、袭；“小殓”中的陈衣、小殓、致禭；以及“大殓”中陈衣、大殓。[27]除了招魂时需要使用死者的衣物作为道具外[28]，衣物在丧葬过程中的作用主要可以总结为两点：一为陈列、展示，亲友赠送的衣物还可以展现死者及其家庭的社会关系；二为给死者装裹、随葬。在陈列与装裹两点上，死者亲属自办的衣物与禭的作用基本相同，此处合并讨论。大殓完成之后，衣物便与死者一起封入内棺之中。葬日天明时，于庙门之外举行的祭祀，称为“大遣奠”。大遣奠后，随葬物品排列于门外道上，开始读赗、读遣等环节。最后发引入圹。

“遣策”的使用，正在《仪礼·既夕礼》对“大遣奠”的描述之中：

知死者赠，知生者赙。书赗于方，若九、若七、若五。书遣于策。乃代哭如初。……主人之史请读赗。……读遣。卒，命哭，灭烛。出。

郑玄注：

遣，犹送也。

贾疏曰：

遣送死者明器之等，并赠死者玩好之物，名字多，故书之于策。策书明器之物，应在上文，而于此言之者，遣中并有赠物，故在宾客赠赙与赗之下特书也。[29]

“书遣”环节是在大殓完毕之后紧跟大遣奠举行的。

总结上述记载，遣策在丧葬仪式中的作用、出现环节大致为：1. 大遣奠后“书遣”；2. 发引前读赗、读遣。至于遣策是否入圹，礼书未载。简言之，根据《仪礼》，随葬品入圹、遣策的书写和使用，都在“大遣奠”之后，属于“入葬”的环节。而衣物的赗赠、展示、装殓，则在“书遣”之前已完成。在入葬过程中，衣物已封存于内棺之中，不再参与读遣、入圹。随葬衣物与其他随葬品，处在整个丧葬仪式的两个不同环节。

先秦礼书不是对仪式或制度的实录，而是一种超越时代与地域的总结和设想。先秦秦汉，实际的葬礼操作不可能全按《仪礼》操作。不过，结合《仪礼》对衣物使用方法的认识，重新检核前述的几种衣物简，能够更好地认识先秦以来丧葬礼仪的变化。

如前所论，简册上的勾画符号，能够区别衣物简与其他遣策。这些勾画符号，正与丧葬的流程有关。目前发现的战国楚墓遣策中，多数没有勾画符号，如长台关 M1 遣策、包山 M2 遣策、望山 M2 遣策等皆有衣物记录，但未发现核对符号。[30]衣物简在丧葬流程中发挥何种作用，尚难质言。战国中、晚期的仰天湖楚墓 M25 遣策中出现了勾画符。仰天湖 M25 遣策的书写形式，已经与西汉初年的遣策有相似之处：一简一器，有勾画符。学者一般认为，这证明了《仪礼》所载“读遣”仪式的存在。仰天湖 M25 遣策简下方往往有一“已”或“句”字，这些文字字体较小，与遣策记录随葬品的文字字体不同。郭若愚已指出，这是“读赗”时所标注，即器物入圹前最后一次核对。“已”字表示经核对无误，“句”字表示勾销不予入圹。[31]简文中有：

[15]一新智（鞮）缕（屦），一岳（旧）智（鞮）缕（屦），皆又（有）蔖（苴）疋缕（屦）。新缕（屦），句。[32]

其中“新缕（屦），句”三字，字体较小，与前文有别，说明是分两次写成的。简文在“句”前特别注明“新屦”，表示与“旧屦”不同，也可证郭说的正确，说明遣策在核对入圹的随葬品时所发挥的作用。不过，仰天湖 M25 的遣策，并非所有都标有“已”或“句”。记载衣物的简册，多数没有标记符号，仅两处注“已”，三处注“句”，其规律似暂时难以总结。

到汉墓遣策中，勾画符号变得相对常见，规律也更为清晰。[33]如荆州谢家桥一号汉墓的年代为高后五年（前 184 年），已公布的遣策下方都有表示核对的勾画符。[34]更常见的是写成一条竖线的核对符，前文所举的凤凰山汉墓 M8、M168，张家山汉墓 M247 遣策的核对记号皆为一道竖线。广西贵县罗泊湾汉墓 M1 出土的“从器志”勾画记号为“卩”，“卩”是清点器物的核对符，也常见于西汉时代的其他简册。[35]此外，马王堆 M3 遣策中有“雠到此”的标注，字体相对潦草，表示“（随葬品）清点到这里”，意义更为明确。[36]以上都能够证明，西汉初年遣策上常见的勾画符号，就是核对随葬器物的标识。

理解了这一点，再回头看凤凰山 M8 遣策的勾画符号，问题便比较清楚了。凤凰山 M8 的勾画符号都用一段竖线表示，按勾画方式大致可以分为三类：

1. 一物一勾，一简中如果记载一件物品，勾画竖线在简的中段。如果记载两件或以上物品，则分别在所记物品下勾画，如：

[36] 轺车一乘盖一 ｜ 绣坐巾一 ｜

[48] 大奴不敢从 ｜

[92] 三斗壶一双 ｜

2. 一简上有两条勾画符号。简 136—140、146、148—155 简皆为简中段有一较长的竖线，简尾有一条较短竖线，延伸到简的下缘（图 8）。从简文记载内容来看，可能分别指容器与容器中的物品。如：

[136] 实＝（实）橐一锦 ∟ ｜ ｜

[151] 梮＝（梮）箸一 ｜ ｜

3. 简上没有勾画符号。记载偶人的简中有

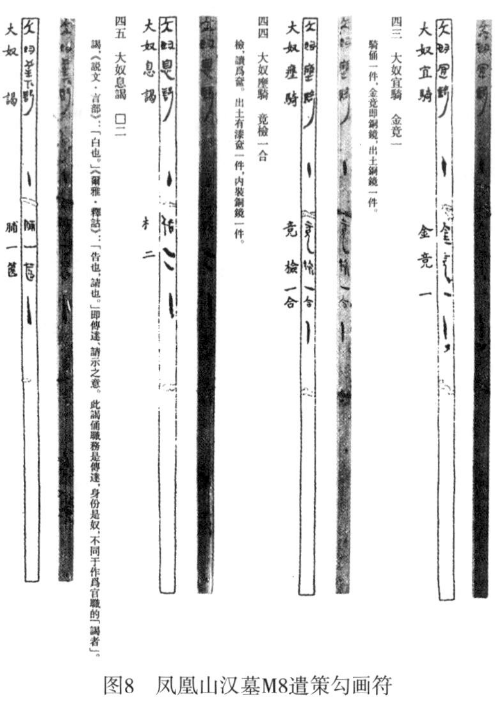

图8　凤凰山汉墓M8遣策勾画符

几支没有勾画符，此外，所有记载衣物的简册都没有勾画符。

按照礼书的记载，入葬过程中要核对、清点随葬器物。在这一过程开始之前，内棺已装殓完毕，等待入圹。[37]如此，内棺中随葬的衣物，也就无法在入葬过程中进行核对。这应该就是凤凰山M8衣物简没有核对符号，且与其他遣策不在一卷之中的原因。M8棺内的随葬品情况已不得而知，或可从凤凰山其他墓葬中推知当时的普遍情况。M168随葬的衣物皆出于棺内，M167遣策未记载随葬衣履，考古发现中棺内足端出土一个竹笥，其中放置各类丝履四双、麻布袜一双，以及丝麻织物若干。[38]这似乎能够说明，在凤凰山汉墓群中，随葬的衣履皆置于棺内，是一种普遍的做法。M8的衣物应也在内棺之中，因此无法与其他物品同时核对。至于M168遣策注明衣物“在棺中”，原因相同，是说明相关物品已经核对，入圹时无需再核。综上所述，凤凰山M8遣策的勾画符应能说明两个问题：1. 遣策的书写在丧礼开始之前，而非如《仪礼》记载的在“大遣奠”之时。2. 随葬品入圹时衣物不再进行核对，衣物简在下葬仪式中不发挥作用。后一点，与《仪礼》的记载大致相符。

最后，还有必要对《仪礼》所谓“读遣”这一环节略作说明。自战国中晚期仰天湖M25至西汉中前期的遣策勾画符，说明遣策起核对随葬品的作用，但尚不能说明核对发生在哪个环节。[39]通过单独考察衣物简，则可以确定核对的具体时间。衣物简在小殓或大殓以前即清点完毕，遣策上记载的其他物品则必须在物品放入椁室中时核对。换言之，其他随葬物品的核对只有在入圹时完成，才能形成衣物简与其他遣策勾画符不同的情况。这种情况，与礼书所载“读遣”的时间大致吻合。使用遣策完成随葬品的核对，是入葬过程中重要的环节。遣策的出土位置也可以佐证此点。如张家山M247，古书简置于头箱紧靠南壁板的竹笥中，而遣策则置于头箱西部挡板底部，没有置于容器中。[40]这能够说明，遣策不是作为随葬古书的一种入圹，而是另有用途。凤凰山M167更能说明问题，该墓遣策未出于椁箱，而出土在距离椁顶板25厘米的青灰泥中。[41]这应能提示，遣策在入葬过程中发挥了某种作用，最后才埋藏于填土之中。据此虽不能完全复原当时的仪式，但至少能从侧面证明礼书所记的“读遣”或类似环节的存在。

以上推论，也可以使我们理解西汉遣策中衣物记录比例较低的原因。如前所述，衣物是必需的随葬品，但已公布的西汉前期遣策中，只有六种有衣物简。其中凤凰山M168、马王堆M1两墓中的衣物，只记载了冠、杖、履等，没有记载衣裳，罗泊湾M1的衣物记载也比较简单。有的遣策中没有衣物简，但仍提示了随葬衣物的存在，如凤凰山M10的随葬木牍：

四年后九月辛亥平里五夫＝（大夫）伥（张）偃敢告地下主偃衣器物所以蔡（葬）具器物名令会（？）以律令从事。[42]

牍背第二行可读为：“偃衣、器、物所以蔡（葬），具器物名。”“所以葬”为定语后置，修饰“衣、器、物”，说明凤凰山M10也有随葬衣物，只是并未体现在木牍正面的清单中。[43]似能从此推测，衣物不写入遣策，是较为常见的现象。最大的可能性，应是衣物和衣物简不在

“大遣奠”之后使用，因此，衣物记录或不写入遣策，或“衣物简”单独成册，不参与下葬过程，也就不必入圹。

上文根据遣策中的勾画符号，辅以《仪礼》中对早期丧葬礼仪的记载，大致复原了西汉初期“衣物简”的使用情况。解释了西汉“衣物简”的存在及使用情况，就能更好地理解西汉中晚期衣物疏出现的意义，及其背后丧葬礼制的变革。

三、从“衣物简”到衣物疏

从西汉遣策的整体发展情况来看，衣物简（或衣物记录）的比重在西汉中期忽然增大，占据了遣策中最主要的地位。西汉中前期，遣策上所载器物种类多样，包含生活用具、兵器、食物、偶人等多个方面。到了西汉中、晚期，记录随葬品的木牍所记载的物品种类逐渐变得单纯，主要记录衣物和极少量生活杂器，学界习称的“衣物疏”或“衣物券”出现了。

西汉中晚期出土遣策的墓葬约二十二座，其中九座墓葬的遣策内容没有全文发表。[44]已公布的遣策材料中，以衣物疏占绝大多数。如江苏连云港海州西汉中晚期侍其繇夫妇合葬墓出土木牍两件，所载全为衣物，对墓葬中其他陪葬品无一提及。[45]连云港海州西汉墓 M1 所出木牍上，主要以衣物为主，兼载镜、节具、尺刀等物。[46]西汉晚期的尹湾汉墓 M6 出土的木牍 YM6D12，自名为“君兄衣物疏”[47]。尹湾 M2 所出木牍，记载内容与“君兄衣物疏”相仿，衣物占据了绝大多数，并有极少数文具。[48]这种习惯沿用的时间很长，现在发现的汉唐之间的记录随葬物品的列表，基本继承了西汉中期的面貌。西汉中晚期的衣物疏与中古时代衣物疏的亲缘关系毋庸置疑，不过，衣物疏并非凭空出现，而是丧葬礼仪发生变化之后，衣物简存在性的重新体现。

“衣物简”的使用与随葬衣物的核对是丧葬礼仪中的重要环节。因此，当偶然出现的衣物简变成了衣物疏，成为遣策的唯一形式，也就意味着西汉时代的丧葬礼仪发生了重大变化。这种变化，首先可以从较为明显的遣策放置位置体现出来，其次则需从丧葬礼仪本身解读。

先谈遣策的放置位置。战国遣策多置于边箱、侧室，秦至汉初，这种做法依然通行。有将遣策置于边箱中的，如湖北江陵扬家山秦墓 M135、湖北江陵张家山 M136、长沙马王堆 M1、M3，江陵凤凰山 M10；也有置于头箱中的，如云梦大坟头 M1，江陵高台汉墓 M18，江陵凤凰山 M8、M9 等。[49]自西汉中晚期开始，遣策木牍开始置于墓主棺内。[50]如连云港网疃庄木椁墓和海州侍其繇墓两座男女合葬墓，皆是男女棺内各出一件木牍。[51]2002 年发掘的连云港市海州区双龙村花园西汉墓的情况与之相仿，两件“衣物疏”木牍皆置于棺内。[52]海州霍贺墓也是男女合葬墓，仅出一件木牍，在男棺中。[53]从置于头箱、边箱，到置于内棺中，遣策放置位置的变化，也意味着实际丧葬流程的变化。放置于内棺的衣物疏在大殓之前就被封存，入葬过程中，不再使用遣策，“读赗”“读遣”的环节也因此取消了。

考察衣物疏的核对符号，还可以更细致地认识葬礼流程的变化。出土的“衣物疏”中，多数没有核对符号。考虑到不再有“读遣”的仪式存在，这种现象不难理解。但是，这并不说明衣物完全无需核对。现存西汉衣物疏中有三件存有核对符号，可以从中提取丧葬流程的信息。这三件衣物疏分别是尹湾汉墓 M6D12 衣物疏、连云港侍其繇墓衣物疏，以及日照海曲 M130-03 衣物疏。

日照海曲 M130-03 的勾画符比较简单，每条衣物记录下有一条较粗的墨线表示核对，形式与西汉前期的“衣物简”区别不大。[54]较复杂的是尹湾 M6 与侍其繇两墓所出衣物疏。尹湾汉墓 M6 出土“君兄衣物疏”上有核对符号，为一条竖线，或“∟”符，核对符号的数量与牍中具体衣物的数量相同（图 9）。特别值得注意的是，其中有一些内容特别标注了“衣”字，分别为：

［第二栏］

……

繍绮复衣一领衣 |

……

青绮复襦一领衣 |

［第三栏］

……

早丸大绔一衣衣 |

……

练小绔二 | | 衣 |

［第四栏］

……

早丸襜褕一领衣[55]

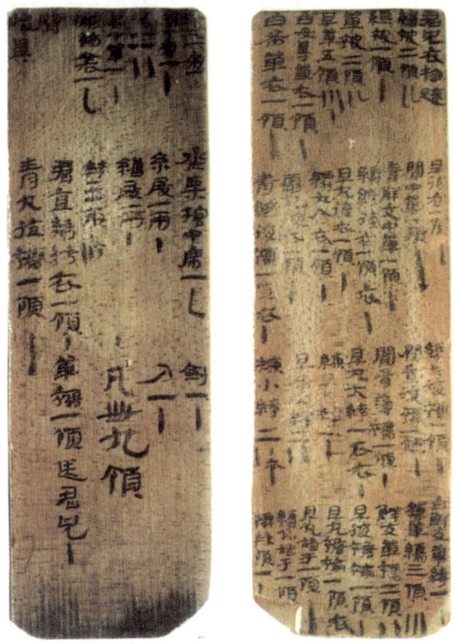

图9　尹湾汉墓M6衣物疏（采自《尹湾汉墓简牍》）

研究者多已经指出，这些“衣”字指入葬时穿在死者身上的衣物，这一解释合理。认真观察，还能够发现，这些表示穿着的“衣”的字体与正文中的“衣”有所不同，应非一次书写，而是核对时写就。

侍其繇汉墓所出衣物疏的核对符也有与尹湾 M6 几乎相同的情况，先将释文相关部分略引如下：

［第一栏］

红野王绮复（复）褕，红丸（纨）缘，一领，衣 |

□野王绮复（复）衣，皁丸（纨）缘，一领，衣 |

［第二栏］

……练禅襦三 | 具衣 |

流黄丸（纨）复（复）绛绔一 | [56]

目前公布的衣物疏图像为摹本，很难据此对比字体，判断“衣”字是否为后写。不过，第二栏“练禅襦三 | 具衣 |”之“具衣”小字书写，在“练禅襦三”的核对符号右侧，应是从木牍的写法直接临摹而来（图 10）。从此更可以证实，表示穿在墓主身上的“衣”字，并非在书写遣策时写就，而是在核对时另行书写的。

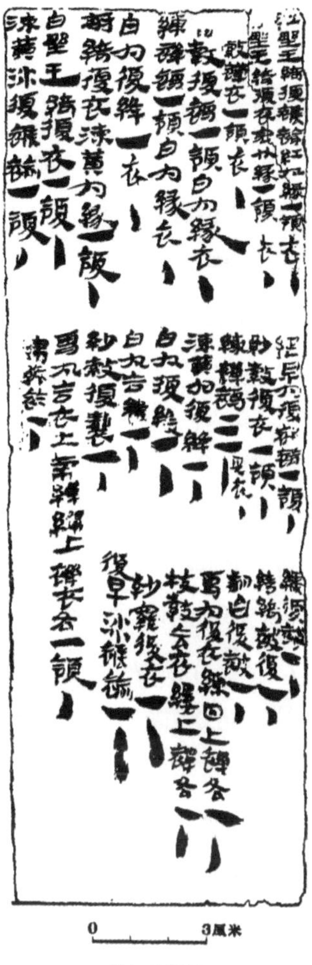

图10　连云港侍其繇汉墓衣物疏（采自简报《江苏连云港市海州西汉侍其繇墓》，《考古》1975年第3期）

从这些核对符号中，还可钩稽出更具体的衣物核对时间。在大部分“衣”字下，还有一道勾画符号。这道符号应是确认“衣”字本身。那么，写有“衣”字的这些衣服，只有在穿着于死者身上后才能进行核对。仅据上举三种衣物疏，似难断言核对是否在一次进行，不过，仍有细微的线索可循。尹湾汉墓 M6 衣物疏第三栏的最后一条：“练小绔二 || 衣 |”，其中右侧的核对符较短，下写“衣”字，并有一条核对符，这说明较短的核对符号和“衣”字很可能是同时书写的。较为合理的解释是，核对在死者完全装殓完毕后进行，核对者同时检查死者穿在身上的和随葬于棺中的衣物。[57] 总而言之，衣物疏上的勾画符以及字体提供的线索，使得我们可以确切指出衣物核对的具体时间是在衣物装殓完毕之后。那么，这次核对应完成在礼书中大殓这一环节中的“大殓”之后，“入殡”之前。[58]

从尹湾 M6 和侍其繇汉墓衣物疏的衣物核对时间来看，整个西汉时期核对随葬衣物的时间点可能变化不大。这就在衣物简与衣物疏之间建立了联系。本文认为，西汉中晚期的衣物疏直接从衣物简发展而来。二者之间的差别的产生，在于丧葬流程的变化：西汉前期，记录棺中物的“衣物简”在入葬礼仪中可有可无，而入圹这一环节中被核对的遣策更为重要。换言之，“读遣”环节不可或缺。西汉中晚期，“读遣”环节被取消，记录随葬品的“遣策”形式也发生了反转。记载其他随葬品的遣策重要性有所降低，无需入圹，而记录棺中物的衣物疏几乎成为入圹遣策唯一的形式。这是礼仪程序上的表现，其深层原因，可能要从生死观来探索。

从遣策中偶然出现的衣物简，到遣策的唯一形式衣物疏，变化的是遣策在丧葬仪式中的真正作用。西汉中前期遣策上的勾画符号，固然能够证明随葬品进入墓圹时曾与遣策逐一核对，说明遣策的功能性。更为重要的是，这些符号暗示着“读遣”或类似环节存在的必要性。“读遣”的过程，即是死者的家属向亲友展示随葬品的过程。换言之，这些遣策，作为丧葬仪式的一部分存在，事实上对生者具有更重要的意义。西汉中晚期，“读赗”“读遣”的环节彻底被取消，遣策只需在大殓以前被使用。遣策在入葬过程中不再发挥作用，也就不再具有展示性。遣策与仪式本身和生者之间的关系变得相对疏远，与死者本人的联系更为直接与紧密。在遣策的发展历程中，这是一个关键变化。衣物疏在殡殓后就退出了生者的世界，它们对于死者的实用意义，超越了对于生者的仪式意义。[59]

结语：重建遣策的礼仪功能

西汉中前期遣策中记载衣裳冠履的“衣物简”，与遣策的其他部分有所区别。二者往往存有不同的核对符号，说明它们很可能在丧葬流程中的不同环节被使用。衣物置于内棺，与其他随葬品位置不同。结合衣物放置的位置，以及礼书构建的框架，可以总结出西汉时代遣策在整个丧葬流程中的使用环节。西汉初年葬礼中，与遣策相关的流程大致为：书遣—小殓—核对衣物简 / 大殓—读遣 / 入圹。衣物简仅在“大遣奠”之前发挥作用，遣策的其他部分则在入葬礼中使用。西汉中晚期，衣物疏成为遣策的主要形式。在西汉中前期不常记入遣策的衣物，成为西汉中晚期遣策的核心内容。这表明遣策在丧葬流程中出现的环节及其作用有了极大改变，遣策不再在入圹过程中被使用，而是在大殓之前就核对完毕、封入棺中。这意味着遣策作用、丧葬仪式以至于生死观念的改变。

所谓丧礼，大致可分为物质性与仪式性两部分。物质性的部分，指葬地选择、棺椁制度、随葬物品等。丧葬仪式的设计与流程、随葬品的组成与放置，则属于仪式性的部分，同样是古代丧葬礼仪中的重要事项。这些仪式性的部分，主要作用在于展示丧葬仪式的庄重合宜，以此强调死者及其家族的身份与社会关系。目前对先秦秦汉时期丧葬流程与礼仪的认识，主要来自先秦礼书。礼书的记载能够反映一部分实用丧葬礼仪，更有可能综合了不同时空范围内流行的丧葬礼节，有理想化的成分。数十年来墓葬出土的遣策，不仅记录了丧葬礼中物质性的组成部分，更可以从中发掘出丧葬流程与礼仪的变化。从这一角度认识，遣策不是不具内涵的、单纯的随葬品清单，而是一种具有礼仪功能的文献。通过遣策，我们不仅可以认识西汉丧葬礼流程，也可以尝试理解时人如何设计他们的丧葬礼仪，以至于认识古人的死亡观念及其变迁。[60]

遣策的书写，本身含有对丧葬仪节的设计。这种设计，既有对随葬品内容的规划，也有对随葬品在椁内放置位置的空间设计。在丧葬仪式中，“读遣”“读赗”的环节，不只是核对随葬品，也有礼仪性的功用，即作为丧葬礼中的重要手段，向宾客展示生者守孝尽礼，死者备享哀荣。当遣策的内容、放置地点和展示形式有所改变时，反映的事实上是丧葬仪节和观念的改变。

如果我们认为，以《仪礼》为代表的礼书能够部分反映先秦时代的丧葬礼制，那么，西汉时代遣策制度的变更所揭示的丧葬礼制的改变，可以看作是丧葬礼仪脱离先秦传统的开始。从这个意义上，可以说，西汉中期的丧葬礼仪发生了重大改革。遣策正是帮助我们理解这一点的路径。

注释：

［1］本文为“古文字与中华文明传承发展工程”资助项目“出土文献与秦汉社会研究”（项目号G2608）、北京市属高校高水平教师队伍建设支持计划青年拔尖人才培养育计划（项目号：CIT&TCD201904078）阶段性成果。

［2］少量遣策如广西罗泊湾M1汉墓的衣物记录在竹、木牍上，为简洁起见，本文一概以“衣物简”呼之。

［3］曾侯乙墓出土竹简主要记载的是车马和车上兵器装备、人马甲胄、驾车的马等内容。墓葬中出土了丝麻织品，“主要出于墓主内棺，应为装裹死者的衣衾。另有少量出自椁室和椁盖板上”。参见湖北省博物馆：《曾侯乙墓》，文物出版社，1989年，第453—456、435页。

［4］墓葬中出土的丝麻随葬品已腐朽。参见黄冈市博物馆等：《湖北黄冈两座中型楚墓》，载《考古学报》2000年第2期。遣策释文参考刘国胜：《楚丧葬简牍集释》，科学出版社，2011年，第139页。

［5］尚未全文公布的西汉中前期遣策按时代顺序分别为：江陵扬家山M135、荆州谢家桥M1、毛家园M1、张家山M336、望城坡渔阳汉墓、印台汉墓六座墓葬出土的遣策。望城坡汉墓中已公布的内容中有属于“襚衣”的签牌，将有另文研究。按扬家山M135简报原断为秦墓，也有研究者将之归入西汉墓葬，后者可参考陈振裕：《湖北秦汉简牍概述》，载艾兰、邢文编《新出简帛研究》，文物出版社，2004年，第59页。

［6］没有衣物简记载的遣策按时代顺序分别为：荆州高台M18，凤凰山M9、M10，大坟头M1，凤凰山M167、M169，荆州高台M6，萧家草场M26。在介绍中，我们将凤凰山M168和马王堆M1的记录暂时归入“衣物简”中，事实上它们只记载冠、杖、履，未记载衣、襦、绔等服装。

［7］内容为“三革带、一绲带，一大冠，一生丝之屦，一绣屦”。参见《楚丧葬简牍集释》，科学出版社，2011年，第92页。

［8］窦磊统计了汉晋衣物疏所见的衣物数量，西汉衣物疏所记上衣数量在16—29种，下裳数量在3—10种之间。参间窦磊：《汉晋衣物疏集校及相关问题考察》，武汉大学博士学位论文，2016年，第197—198页。

［9］西汉的随葬衣物记录在西汉中期发生了变化。参见田天：《“故衣”与汉晋衣物疏的性质》，载《文物》待刊。

［10］铃木直美曾对凤凰山遣策进行过专题研究。铃木对凤凰山M168、M8、M167三墓遣策进行了细致的考察，并对三座墓葬下葬过程中遣策写作、使用的顺序进行了推测。在论文中，铃木注意到M8衣物简与其他简册的不同，并认为衣物简可能是包裹在其他遣策外面，与本文看法相异。此外，铃木也引用了《仪礼》，并尝试从礼仪的角度认识遣策。铃木特别强调，遣策在整个随葬过程中担任着礼仪用品的职责，本文完全赞同她的看法。相关讨论见鈴木直美：《鳳凰山前漢墓簡牘にみる遣策作成過程と葬禮準備》，载籾山明、佐藤信：《文獻と遺物の境界II—中国出土簡牘史料の生態的研究》，東京外国語大学アジアアフリカ言語文化研究所，2014年，第279—308页。此外，赵敏敏也提出凤凰山遣策可能本为两卷，参见赵敏敏：《江陵凤凰山8号墓遣册编连小议》，载《珞珈史苑》2016年卷，武汉大学出版社。

［11］湖北省文物考古研究所：《江陵凤凰山西汉简牍》，中华书局，2012年，第13页。

［12］同上。

［13］新释文写作“□大凡百廿三物（？）”，原手写释文释作“□大凡百廿三牒”，从照片字形及遣策的一般规律来看，应从原释文，释为“牒”。湖北省文物考古研究所：《江陵凤凰山西汉简牍》，中华书局，2012年，第59页。按本文凡引江陵凤凰山汉墓简牍皆出自此书，为行文简洁，下文仅在正文中标明墓葬编号和简号，不再一一注明页码。凡是引文中对引书释文有所改动的，在正文或注文中说明。

［14］第52简内容为“甾（缁）履一两”，应同属衣物简，但本简未注“在棺中”，也没有勾画符，比较特殊，可能是后来加入的内容。

［15］丝麻织品共出11件，其中纱冠2件，丝鞋2双，麻衣1件，裙2件，袜1双，絮2块，绢、锦等织物仅余残片。湖北省文物考古研究所：《江陵凤凰山一六八号汉墓》，载《考古学报》1993年第4期。

［16］释文引自广西壮族自治区博物馆：《广西贵县罗泊湾汉墓》，文物出版社，1988年，第79—80页。原释文用“√”表示原牍的句读符号，今改用更为通用的“∟”号。原释文中未准确释读重文号，研究者已经指出此点，本文引文皆有所修改。参见王贵元：《广西贵县罗泊湾一号汉墓木牍字词考释》，载《西北大学学报》（哲学社会科学版）2011年第1期；陆锡兴：《关于罗泊湾汉墓〈从器志〉的重文号》，载《文物》1984年第4期。“从器志”木牍最清晰的照片见中国国家博物馆、广西壮族自治区博物馆：《瓯骆遗粹：广西百越文化文物精品集》，中国社会科学出版社，2006年，第96—99页。

［17］张家山二四七号汉墓竹简整理小组：《张家山汉墓竹简［二四七号墓］》，文物出版社，2001年，图版121—124，释文303、304。

［18］程鹏万：《简牍帛书格式研究》，上海古籍出版社，2017年，第71—72页；田河：《张家山二四七号汉墓遣策补正》，载《社会科学战线》2010年第11期。

［19］比照凤凰山M8的情况，张家山M247现排列的衣物简位置大致合理。不过，具体来看，M247遣策的排序仍有不少可以调整之处。比如，如果假设遣策是从左至右分栏书写，那么第三栏写有文字的竹简1、2、5、8应提到最前四枚。此外，虽然整理者已将衣物简排列在一起，但根据第二栏的内容，

衣物简内部的顺序也还有调整的余地。田河曾提出一种方案，可参见田河上引文第85页。M247遣策的书写较为潦草，不同简编痕与第二栏的高低并不平齐，字迹也略有出入，顺序应如何排定，还值得再作考虑。

[20] 张家山M247发现时棺椁大部分已朽坏，内容物保存情况较差，简报内容也相对简单，较难从与出土物对照的角度来考虑。参见荆州地区博物馆：《江陵张家山三座汉墓出土大批竹简》，载《文物》1985年第1期。

[21] 分别参见湖南省博物馆、中国科学院考古研究所：《长沙马王堆一号汉墓》，文物出版社，1973年，第30页；湖南省博物馆、湖南省文物考古研究所：《长沙马王堆二、三号汉墓》，文物出版社，2004年，第41页。

[22] M1的衣物置于西边箱的329与357号竹笥中，参见《长沙马王堆一号汉墓》，文物出版社，1973年，第46页。M3的衣物分别置于东椁箱112号，西椁箱19号、21号三个竹笥中。参见《长沙马王堆二、三号汉墓》，文物出版社，2004年，第198—202页。

[23] 根据简报和考古报告推定，张家山M247的墓主人为“低级官吏”；凤凰山M168墓主人为“市阳五大夫遂”，凤凰山M8墓主人情况不详；罗泊湾M1墓主人可能为“地方政权最高官吏”，皆参前引诸墓考古报告、简报。

[24] 可参见田天：《马王堆汉墓遣策与丧葬礼仪》，载《文史》2020年第1期。

[25] 如果讨论广义上的丧礼，则《仪礼》中的《丧服》和《士虞礼》也是相关篇目，但前者主要记录丧服制度，后者记载葬后之虞祭，与丧葬仪式关联不大。《士丧礼》《既夕礼》两篇，记录的是自始死至葬式完毕的所有环节，与本文主题直接相关。

[26] 如陈公柔：《 士丧礼、既夕礼中所记载的丧葬制度》，载《考古学报》1956年第4期；吉林大学历史系考古专业七三级工农兵学员纪烈敏、张柏忠、陈雍：《凤凰山一六七号墓所见汉初地主阶级丧葬礼俗》，载《文物》1976年第10期；陈克伦：《〈仪礼·士丧礼〉中所见丧葬、祭奠器物考略》，载《郑州大学学报（哲学社会科学版）》1989年第3期；朱蔚：《〈仪礼·士丧礼〉〈既夕礼〉所反映的丧葬制度研究》，厦门大学硕士学位论文，2008年。其他一些相关研究，可参见朱蔚论文的参考文献部分。研究礼制的学者对丧葬流程更为留意，如沈文倬：《对〈士丧礼、既夕礼中所记载的丧葬制度〉几点意见》，载《考古学报》1958年第2期。

[27] 此处对《仪礼》丧礼步骤的叙述，本于钱玄《三礼通论》的总结。参钱玄：《三礼通论》，南京师范大学出版社，1996年，第597—605页。钱玄的总结全本《仪礼·士丧礼》较为可靠。钱玄总结的丧葬礼环节可撮述如下：（一）临终：1. 移居正寝；2. 君、友问疾；3.祷五祀。（二）始死：1. 招魂；2. 迁尸；3. 楔齿、缀足；4. 设奠、帷堂；5. 讣告；6. 众亲入哭位哭泣；7. 君及宾客吊、襚；8. 设铭；9. 沐浴尸体；10. 饭含；11. 袭；12. 设重；设燎。（三）小殓：1. 陈小殓衣；2. 陈小殓奠；3. 小殓；4. 冯尸、变麻；5. 设小殓奠；6. 送宾、代哭；7. 致襚；8. 设燎。（四）大殓：1. 陈大殓衣；2. 陈大殓奠具；3. 为殡具；4. 陈鼎；5. 大殓；6. 入殡；7. 设大殓奠；8. 送宾、就次。（五）成服：1. 成服；2. 拜君命及众宾客；3. 朝夕哭；4. 朝夕奠。（六）入葬：1. 筮宅；2. 视椁及明器；

3. 卜葬日；4. 启殡；5. 朝祖；6. 君及宾客赗赠；7. 设大遣奠；8. 发引；9. 入圹。（七）葬后：1. 反哭；2. 虞祭；3. 卒哭之祭；4. 班祔；5. 小祥、大祥、禫。

［28］《仪礼·士丧礼》："升自东荣，中屋，北面，招以衣，曰：'皋，某复。'三，降衣于前。受用箧，升自阼阶，以衣尸。"《仪礼注疏》，载中华书局影印阮元校刻《十三经注疏》，中华书局，1980年，1128下栏—1129上栏。

［29］《仪礼注疏》，载中华书局影印阮元校刻《十三经注疏》，中华书局，1980年，1153上栏—1154下栏。关于"遣"的内容，贾疏以为主要是明器，另有赠物。

［30］包山、望山图版及释文分别参见考河南省文物研究所：《信阳楚墓》，文物出版社，1986年，图版一一九至一二八。释文参见《楚丧葬简牍集释》第6—7页。又，长台关M1楚墓仅见有乱丝出于主室外棺的西端，参见《信阳楚墓》，文物出版社，1986年，第63—64页。图版参见湖北省文物考古研究所《江陵望山沙冢楚墓》，文物出版社，1996年，图版四三至五〇。

［31］郭若愚：《长沙仰天湖战国竹简文字的摹写和考释》，载《上海博物馆集刊第三期》，上海古籍出版社，1986年，第22页。中山大学古文字研究室楚简整理小组认为"句"如"钩"，与"已"同义。（参考刘国胜《楚丧葬简牍集释》，科学出版社，2011年，第123页。）若如此理解，则无法解释为什么要使用两种不同的标注符号，也不能解释下引第15号简中仅"新屦"标明"句"的情况。本文从郭若愚说。

［32］释文采自刘国胜《楚丧葬简牍集释》第117页。照片见湖南省文物管理委员会：《长沙仰天湖第25号木椁墓》，载《考古学报》1957年第2期，图版肆、伍、陆。文中引用的竹简在发掘报告中编号为1号，与《长沙楚墓》不同，特此说明。

［33］程鹏万对简牍中各类勾校符号有系统梳理，可参见程鹏万：《简牍帛书格式研究》，上海古籍出版社，2017年，第201—212页。

［34］荆州博物馆：《湖北荆州谢家桥一号汉墓发掘简报》，载《文物》2009年第4期。萧家草场M26遣策中也有这类勾画符号，分别为"方"与"甲"。这两种符号有何区别，尚不能确定。萧家草场M26的遣策35枚竹简中，仅13枚有勾画符号。有些未加勾画符号的随葬器物，在墓葬中也有发现。这些符号有何规律，还值得进一步研究。参见湖北省荆州市周梁玉桥遗址博物馆：《关沮秦汉墓简牍》，中华书局，2001年，第138—142页。

［35］参见程鹏万：《简牍帛书格式研究》，上海古籍出版社，2017年，第204—207页。

［36］参见蒋文：《说马王堆三号墓遣策简408的勾画符和"雠到此"》，载《文史》2014年第1期。

［37］可参见陈公柔：《士丧礼、既夕礼中所记载的丧葬制度》，载《考古学报》1956年第4期。

［38］参见《江陵凤凰山一六七号汉墓发掘简报》所附表一《凤凰山167号墓棺内随葬品一览表》，第35页。据此表，丝麻织物皆为裹束尸体的服饰，因尚在清理，具体情况不详。凤凰山M8、M9、M10墓的随葬品情况，因简报没有写明出土物的位置，无法判明，皆参见《湖北江陵凤凰山西汉墓发掘简报》。

［39］除了核对以外，遣策还有规划随葬品、记录随葬品在墓葬中的位置等用途，有另文探讨，此不

赘述。

[40] 荆州地区博物馆：《江陵张家山三座汉墓出土大批竹简》，载《文物》1985年第1期。

[41]《江陵凤凰山西汉简牍》，中华书局，2012年，第151页。

[42] 最新释文中未释第二行之“名”字，此据同页手写释文补出。《江陵凤凰山西汉简牍》，中华书局，2012年，第91页。

[43] 墓葬出土物中未列衣物，参见长江流域第二期文物考古工作人员训练班：《湖北江陵凤凰山西汉墓发掘简报》表二《江陵纪南城凤凰山西汉墓出土器物统计表》，载《文物》1974年第6期。

[44] 分别为荆州纪南松柏汉墓，山东金雀山汉墓M11、M13，光化五座坟M3，江苏仪征烟袋山，连云港唐庄高高顶，安徽天长纪庄汉墓M19，海州小礁山，泗阳大青墩西汉泗水王陵，长沙伍家岭汉墓M201。

[45] 据简报，连云港网疃庄木椁墓的情况与之相似，但木牍字迹已不清，姑置而不论。

[46] 连云港市博物馆：《江苏连云港海州西汉墓发掘简报》，载《文物》2012年第3期。

[47] 尹湾汉墓M6发现了元延元年和元延三年五月的历谱，其年代上限为西汉成帝元延三年（前10年）。《尹湾汉墓发掘报告》，载连云港市博物馆、中国社会科学院简帛研究中心、东海县博物馆、中国文物研究所《尹湾汉墓简牍》，中华书局，1997年，第166页。

[48]《尹湾汉墓简牍》，第151—152页。尹湾M2的年代大约在新莽时期或东汉初年，《尹湾汉墓发掘报告》，载《尹湾汉墓简牍》，中华书局，1997年，第166页。

[49] 分别见湖北省荆州地区博物馆：《江陵扬家山135号秦墓发掘简报》，载《文物》1993年第8期；荆州地区博物馆：《江陵张家山两座汉墓出土大批竹简》，载《文物》1992年第9期；湖北省荆州地区博物馆：《江陵高台18号墓发掘简报》，载《文物》1993年第8期。

[50] 最早关注并论述这一变化的是洪石。参考洪石《东周至晋代墓所出物疏简牍及其相关问题研究》所附《物疏简牍一览表》，载《考古》2001年第9期。

[51] 南京博物院：《江苏连云港市海州网疃庄木椁墓》，载《考古》1963年第6期；南波：《江苏连云港市海州西汉侍其繇墓》，载《考古》1975年第3期。

[52] 连云港市博物馆：《江苏连云港海州西汉墓发掘简报》，载《文物》2012年第3期。

[53] 连云港陶湾西郭宝墓木牍两件，皆出于棺内墓主头侧。江苏盐城三羊墩M1为合葬墓，出土木牍一件，在南棺之中。江苏仪征胥浦M101为合葬墓，出土木牍一件，置于甲棺（男棺）头部。尹湾汉墓出土木牍，M6为合葬墓，木牍皆置于男棺内墓主足部，M2出土遣策木牍一件，具体情况不明，仅可从所记衣物了解到墓主为女性。参考连云港市博物馆：《江苏东海县尹湾汉墓群发掘简报》，载《文物》1996年第8期；《尹湾汉墓简牍》，中华书局，1997年，第1页。对战国至晋遣策在墓中所处位置的梳理，也可参前引洪石文附表。

[54] 刘绍刚、郑同修：《日照海曲汉墓出土遣策概述》，载《出土文献研究》第十二辑，中西书局，2014年，第207—208页，照片见图版四。

[55]《尹湾汉墓简牍》，中华书局，1997年，第129页。

[56] 释文参见窦磊《汉晋衣物疏集校及相关问题考察》，第10页。

[57] 因为目前存有核对符号的衣物疏数量太少，也很难完全排除两次核对的可能性。连云港M6D12第三栏有“早丸大绔一衣衣丨”，多数学者认为其中的“衣”有一个是衍字，也有认为第一个“衣”是量词者。考察尹湾M6、M2衣物疏和其他西汉中晚期衣物疏，以绔为代表的下装一般不加量词。所以“衣”不是量词，而是表示“穿在身上”。较有可能的解释是“衣”确是衍字，在第一次核对时，已在牍上注明“衣”，在第二次核对时，本来直接加核对符即可，但核对者又将“衣”字书写了一次。但无论如何，最后一次清点都是在死者装殓完毕后进行的。

[58] 此外，尹湾M6D12中所记的“棺中席”也已有勾画，而“璧”与“啥具”则无勾画。根据发掘报告，“璧”很可能指死者面罩中间所镶的青玉璧。不知是否可以由此推断，核对时间或在死者面罩正式就位之前。

[59] 参见田天：《西汉中晚期遣策的变迁及其意义》，载王煜主编：《文物、文献与文化——历史考古青年论集（第一辑）》，上海古籍出版社，2017年。

[60] 学者已逐渐注意到这一问题，并从这一角度展开了研究，除前引铃木直美文外，还可参见Luke Habberstad（何禄凯），"Texts, Performance, and Spectacle: The Funeral Procession of Marquis Yi of Zeng, 433 B.C.E.," *Early China*, 2014, pp. 1–39。何禄凯认为，遣策在曾侯乙的出殡仪式的组织中发挥了关键作用。

制造猛兽：也论汉代墓葬艺术中的狮子

王　煜
四川大学

狮子是对中国文化影响甚大的外来物种，在战国秦汉时期，尤其是汉通西域之后，开始传入中国。[1]狮子本身的输入，皆是作为西方异兽进贡于皇家。相对而言，其艺术形象的传播影响更为深远。已有学者对中国古代及与之相关的西方艺术中的狮子形象作过较为全面的讨论。[2]目前所见材料中，中国确切的狮子形象最早出现于汉代，也是在这一时期形成了一些影响久远的传统，如墓前的石狮、墓内的狮子图像等。这一时期的狮子形象也最受学界关注，不少学者认为汉代墓前出现的有翼石兽就是以狮子为原型，甚至就属于狮子艺术。确实，狮子在古代欧亚各大文化区中都有神兽的属性，其形象的神化、夸饰是一种普遍的现象，而其初入中国时，也难免会有一些理解上的偏差和附会。因此，汉代墓前的有翼石兽是否为狮子或哪些是狮子，以及对汉代艺术中狮子形象及相关问题的进一步讨论，都需首先辨识和梳理目前所见确切无疑的狮子形象。

一、镇压阴邪：大型石雕中的狮子

东汉时期，尤其在墓前开始流行大型石雕，主要是作狮虎形的有翼神兽[3]，关于其与狮子的关系问题，学界多有推测，笔者拟在后文讨论。这些大型石雕有的造型生动、雕刻精美，对于进一步辨识其形象提供了较好的条件。其中就有一些是较为明确的狮子形象，李零先生已有一定的梳理[4]，笔者拟在此基础上作一些补充和归纳。这里先从既有自身题记、形象又比较明确的石狮开始讨论。

山东博物馆藏有东汉石狮一对，皆残，具体尺寸不详，其中一只残缺四肢和尾部，另一只则只保留了头颈部分。两只石狮皆昂首挺胸，张口露舌，无翼无角。与常见的虎的形象比较，此二石狮身子略粗短，头部比例较大，符合狮子的特征。两颊有鬃毛，一直延伸至颌下为长髯。两颊的鬃毛虽显得略短，但无疑是雄狮特征的表现。后颈上有隶书题记：

雒阳中东门外刘汉所作师子一双。[5]（图 1）

“师子”一词最早见于《汉书 · 西域传》，在东汉时期已经普遍使用。[6]

山东嘉祥东汉武氏墓地石阙前有石狮一对。东石狮残损尾部和后右足，其余保存相对完好，残长 1.58 米，高 1.26 米。西石狮残损尾部、左前足和后右足，残长 1.48 米，高 1.28 米。二狮皆站立于长方形台座上，昂首挺胸，张口卷舌，身体粗短，头部比例颇大。头颈部有明显的鬃毛，从两颊下垂至胸前。无翼无角。东石狮右前足下按一小兽。（图2）石狮上虽无题记，但石阙题记中提及阙前的“师子”：

建和元年……造此阙，直钱十五万；孙宗作师子，直四万。[7]

可知其与石阙皆建造于东汉桓帝建和元年（147年）。

图1　山东博物馆藏石狮（采自吕章申主编《秦汉文明》，北京时代华文书局，2017年，第365页）

图2　山东嘉祥武氏墓地石狮

此二例为目前所见具有明确题记的东汉石狮，二者的狮形特征都较突出，都有特意表现的头颈部鬃毛，无翼无角，总体形象较为准确，而且制作者能正确地将其称为“师子”。不过二者的鬃毛尤其是两颊的鬃毛都显得略短，武氏墓地石狮的鬃毛和头部还明显具有一些艺术加工的成分。此二例可作为汉代石狮的标准像，以下叙述的石狮则或多或少地存在着一些工匠的理解和变形。

陕西咸阳市沈家桥出土一对石兽，高1.05米。从对生殖器的表现上可以分辨雌雄。二兽皆作狮虎形，无翼无角。昂首挺胸，张口卷舌，圆耳竖立。雄兽头颈部有向后卷曲的鬃毛，胸前的鬃毛更为茂盛。[8]（图3：2）头颈和胸前的鬃毛是雄狮的最大特征，虽然制作者由于自己的理解而刻画得较短且不够准确（前述例子中也有类似现象，只是尚不突出），但还是可以由此判断其应为狮子。雌兽两颊有向后的短鬃毛，颌下有长须，与雌狮形象不同。（图3：1）不过汉代作为异兽输入的狮子主要应为雄狮，其形象引起人们兴趣并产生较大影响的也主要应为雄狮。这一形象或许是工匠参考雄狮而创造的雌狮形象，或许就是为了配对而制作的一般石兽，从其短鬃和长须的特征来看，前者的可能性更大。值得注意的是，这对石兽都是虎形的身躯和尾部，与狮子有所不同，应是参照虎的形象创作的，只是根据传闻刻画出自己理解的鬃毛而已。

1 2

图3 咸阳沈家桥出土石兽和石狮（采自李零《万变：李零考古艺术史文集》，第356页）

四川芦山石马坝出土一对石兽，长2.3米，高1.7米。基本造型与雅安、芦山一带出土的石雕虎形翼兽较为一致，但无翼无角，昂头挺胸的姿态更为突出。[9]石兽头颈部刻画出后卷的鬃毛，鬃毛形象略同于武氏墓地的石狮，也应为一对石狮。（图4、图5）任乃强先生早期调查时就已指出："此二兽无角而有颈毛披散……盖狮子也。"[10]与之同出的有带"杨君之铭"的残碑首，可见其应为杨君（或认为即杨统，东汉蜀郡属国都尉）墓前之物。[11]芦山石箱村无名阙前出土一件石兽[12]，其四肢和头部残损较为严重，整体造型与石马坝石狮一致，头颈部也有后卷的鬃毛，也应是墓前石狮。（图6）四川渠县也出土过一件类似的石兽，四肢残损，头部也风化严重，但颈部的鬃毛还是十分突出醒目，应该也是狮子。[13]（图7）

图4 四川芦山石马坝出土石狮（一）（采自李松等《中国古代雕塑》，中国外文出版社，2006年，第91页）

图5 四川芦山石马坝出土石狮（二）（现移入雅安博物馆，庞政摄）

另外，四川芦山巴郡太守樊敏碑、阙旁出土石兽一具，长1.77米，高1.08米。造型也是昂首挺胸的狮虎形，雕刻较为简略。无翼无角，其头颈后部也刻画有向后卷曲的鬃毛，下披于肩上。[14]（图 8）任乃强先生指出：“形制较虎为小。昂首。项间长毛一列，或是狻猊。”[15]“狻猊”即早期文献中对狮子的称呼。不过任先生囿于当时的认识，认为汉墓中不可能有狮子题材，包括上述杨君墓前的石狮都应该晚于汉代。这一认识已经得到修正，目前学界一致认可杨君墓前的石狮为汉代石雕。只是由于樊敏墓旁的石狮造型较小，形象也与当地常见的汉代石兽有一些差别，所以又有意见将其时代下延至魏晋。实际上，这仅是一种简单的印象，并无具体根据。目前所见雅安、芦山一带的墓前石兽皆是东汉晚期的，并未发现魏晋时期的同类材料。洛阳地区发现过少量西晋石兽，后肢多做蹲坐状，具体形象也与上述石狮有很大差别[16]。该石狮身体粗短的，鬃毛后卷，总体上与武氏墓地石狮更为接近。因此，笔者认为其应该还是汉墓前的石兽，其形象与该地区常见石兽有所不同，或许正是特意表现狮子造型的结果。具体情况如何，尚待今后考古发现的进一步确认。

图6　四川芦山石箱村出土石狮（采自张孜江、高文主编《中国汉阙全集》，中国建筑工业出版社，2017年，第295页）

图7　四川渠县出土石狮（作者摄）

图8　四川芦山出土石狮（樊敏碑阙旁，庞政摄）

以上即是笔者目前所见的可以确认为狮子的汉代大型石雕材料，或可总结以下几点认识：

其一，上述出土信息完整的石狮都是墓前石兽，而且多在墓地石阙之前或之旁，作为大门和神道的镇守，其他石狮也应具有相同性质。《水经注·汳水》引《续述征记》云：

汳水迳其南，汉熹平中某君所立，死因葬之，其弟刻石树碑，以旌厥德。隧前有狮子、天鹿。[17]

“湍水”条云：

彭水迳其西北，汉安邑长尹俭墓东。冢西有石庙，庙前有两石阙，阙东有碑，阙南有二狮子相对……中平四年立。[18]

《水经注》中提到许多东汉墓前石刻，往往称为石兽、石虎、石羊、麒麟、天鹿（天禄）、辟邪等，作者既然特称为狮子，应有一定根据，这也为上述实物材料所印证。这种在墓前立石狮的传统显然形成于东汉，被南朝以降的陵墓继承发展，不过后世陵墓石狮的使用在各个时期有一定制度，而从上述信息清楚的石狮及文献记载来看，汉代墓前石狮的使用似乎尚无一定制度。其中既有官至二千石的郡太守（巴郡太守樊敏）、属国都尉（蜀郡属国都尉杨统），也可能有秩三四百石的县长（安邑长尹俭）。而根据碑文，嘉祥武氏墓地中官阶最高的武荣和武斑分别为执金吾丞和敦煌长史[19]，皆为秩千石以下的中级官吏。还有许多信息不清楚或不记官职的，不排除有地方豪强和富裕平民的可能。看来汉代墓前石狮的使用应该与财力和风习有关，尚看不出与等级地位的关系。

其二，上述石狮的形象总体上比较具象，狮子的特征突出，并无其他神异因素，当然这也是笔者确定其题材的依据。可以推知，制作者在一定程度上见过狮子较为准确的模型或图像，或者有较为可靠的传闻。不过，其中也有不少材料存在较大的变形和加工，其形体更多地取材于虎，鬃毛部分也往往较短而不够准确，应该说更多的还是一种制作传统，而非直接摹写。只是这种传统究竟起于何时何地，目前尚不清楚。按理来讲，最可能源自宫廷再延及社会，毕竟只有宫廷中有西域进献的狮子，上述最具象的一具材料就出自洛阳工匠，可见一斑。当然，也不能排除社会上直接受到西域文化和传闻影响而兴起制作的可能。不过对于大型的具象石狮来说，笔者认为前者的可能性更大。

另外，河南淮阳北关一号汉墓出土虎形石座、狮形石座各一件。（图9）虎形石座长33厘米，通高26厘米，造型为一虎伏卧于长方形平台之上，张口怒目，颈后与背上凿成直角形台座。狮形石座长33厘米，通高25厘米，造型为一狮侧首伏卧于长方形平台之上，双眼圆睁，张口露齿，头颈和颌下刻画出清晰的须髯鬃毛，毫无疑问是狮子的形象，颈后与背上也凿成直角形台座。[20]这里也是明确的东汉石狮，形象也是无翼无角，鬃毛突出，特征明显，与上述大型石兽有一些相似之处。不过其大小、用途与墓前大型石兽差别较大，目前也没有其他同类材料，只能暂时附丽于此。

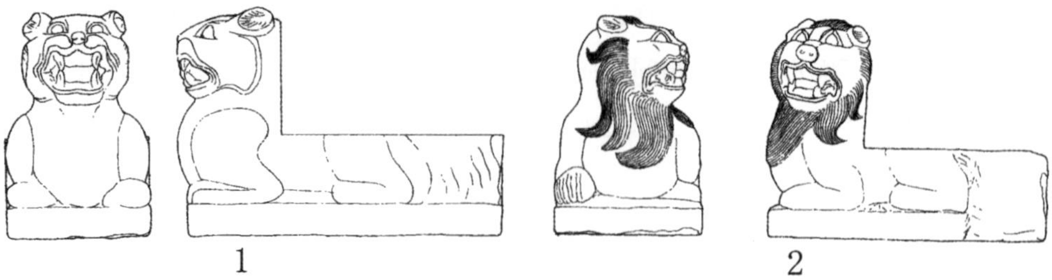

图9　河南淮阳北关汉墓出土石兽座（采自周口地区文物工作队、淮阳县博物馆《河南淮阳北关一号汉墓发掘简报》，《文物》1991年第4期）

二、威慑虎豹：图像中的狮子

汉代图像尤其是墓葬图像中也有大量神兽和异兽的题材，其中是否有狮子的表现，以往研究中尚少见集中的讨论，或为零星的指认，或为似是而非的感觉，原因恐怕还是在于图像中的异兽夸张、附会、变形的情况更为突出，而且往往刻画随意，难以辨认。单个图像的辨认往往存在主观和不确定性，但正如学者所论，汉代图像存在着突出的“格套”[21]，通过“格套”，可以将南阳地区汉代画像石上的一种比较流行的类似“兽斗”的题材确认为与狮子有关的图像，并且可以看到古代中国人对狮子的一种有趣的理解方式。

此种题材在南阳汉代画像石上大量出现，数量颇多，具体细节略有差别，但总体设计和意匠则高度一致，时代上有些可能早到西汉晚期，大多在东汉早中期。图像核心为二兽对立，其中一兽（多数在左侧，也有在右侧的，以观者为准）的形象和特征较为稳定，基本上为虎豹形，俯首隆背，往往前肢趴俯、后肢蹲坐，尾巴前蜷于后肢两腿之间。也就是一只低着脑袋，夹着尾巴，蹲坐匍匐的虎豹。与之对立的另一兽则昂首挺胸，张牙舞爪。总体也为虎豹形，具体形象较为怪异和多样。头顶和后颈上有鬃毛竖立，有的长而上扬，怒发冲冠，有的短似马鬃，有的则只有头顶一撮。尾巴大多不同于虎豹，有的在末端变粗，类似茸毛，有的整体如同马尾，有的介于二者之间。（图 10、图 11、图 12）

对于后一兽，一些图录中就将其中鬃毛长扬、尾端蓬大、身形粗短的形态较为突出者称作狮子。[22]的确，汉代一般人对于狮子形象的理解就是通过类比虎豹等猫科动物，然后在鬃毛和尾巴上予以分别之。例如，《后汉书・顺帝记》记载“疏勒国献师子”，李贤注引《东观记》云“师子似虎，正黄，有髯耏，尾端茸毛大如斗”[23]，与今本《东观汉记》中记载一致，云“疏勒王盘遣使文时诣阙，献师子、封牛。师子形似虎，正黄，有髯耏，尾端茸毛大如斗”[24]。《尔雅・释兽》中说“狻麑，如虦猫”，“狻麑”（狻猊）为早期对狮子的一种称呼，郭璞注即云“即师子也，出西域”[25]，《汉书・西域传》颜师古注亦云“师子即《尔雅》所谓狻猊也”[26]。何谓“虦猫”？《尔雅・释兽》云“虎窃毛谓之虦猫”，郭璞注“窃，浅也”[27]。《说文・虎部》

图10　南阳画像石中的狮子伏虎豹（一）：1.南阳熊营画像石墓墓门门楣；2.南阳；3.南阳七里园；4.南阳安居新村（采自凌皆兵、王清建、牛天伟编《中国南阳汉画像石大全》，大象出版社，2015年，第二卷第218页，第八卷第135、215、216页）

图11　南阳画像石中的狮子伏虎豹（二）：1.南阳陈棚画像石墓后室过梁；2.南阳；3.南阳邢营；4.南阳八一路画像石墓墓门门楣（采自凌皆兵、王清建、牛天伟编《中国南阳汉画像石大全》，第一卷第179页，第二卷第99页，第八卷第165、177页）

亦云“虦，虎窃毛谓之虦苗……窃，浅也”[28]。大概是浅毛或浅色之虎的意思，不是太明确。总之，汉代人是以虎、猫等动物来类比狮子，所不同者为狮子是正黄色的，有鬃毛，文献中理解为须髯，尾端有斗大的茸毛。但理解往往也比较含糊，并不是特别清楚。因此，将上述在鬃毛和尾巴方面有突出表现的虎豹形猛兽称为狮子是有道理的。

笔者不仅认为那些特征突出者为狮子，而且认为此种题材中那些形象颇有出入、似是而非的猛兽总体上都应该是狮子的表达。这要从其自身特征去判断，更要从图像格套、图像上两兽的关系去解读。如上所述，此种题材其实就是一只虎豹在另一只昂首挺胸、张牙舞爪、毛发怪异的猛兽前夹着尾巴、俯首臣服的表现。狮子是西方输入的猛兽，除个别实体输入宫廷以外，更多时候输入和传播的是一种传说，一种比本土的虎豹更为凶猛的西方异兽的传说。《尔雅·释兽》中就说：“狻麑如虦猫，食虎豹。”[29]《穆天子传》中云“名兽使足□走千里，狻猊□野马走五百里”，郭璞注“狻猊，师子，亦食虎豹”[30]。狮子凶猛得可以吃掉老虎，看来是汉晋时期的一种普遍观念。与上述图像最相配合的是一则北魏时期的文献，《洛阳伽蓝记》中说：

狮子者，波斯国胡王所献也，为逆贼万俟丑奴所获，留于寇中。永安末，丑奴破，始达京师。庄帝谓侍中李彧曰：“朕闻虎见狮子必伏，可觅试之。”于是诏近山郡县捕虎以送。巩县、山阳并送二虎一豹，帝在华林园观之，于是虎、豹见狮子，悉皆瞑目，不敢仰视。[31]

上述图像最可为“虎见狮子必伏”“虎豹见狮子，悉皆瞑目，不敢仰视”的生动表现。虽然很多时候参用后世文献有很大风险，但前面已经有汉代自身的文献，只是比较简略，逻辑普通而直接，具体信息也简单、明确而对应，而且这种神化狮子的观念应该随着认识的加深而日益衰弱，或许可以作为参照。

图12　南阳画像石中的狮子伏虎豹（三）：1.南阳；2.南阳石桥；3.南阳；4.南阳（1、3、4采自凌皆兵、王清建、牛天伟编《中国南阳汉画像石大全》，第八卷第25、53、224页；2采自《中国画像石全集6·河南汉画像石》，河南美术出版社，2000年，第96页）

确定了这个“虎豹见狮子”的图像格套之后，我们再来看看此类题材中对于狮子的表现。从其具象程度来看，大概可以分为三个层次：第一个层次的狮子体形略小而短，头颈上鬃毛长而上扬，有的尾部茸毛也有刻意表现，特征最为明显（图10）；第二个层次为大多数，其身形与虎豹无异，头顶上模式化地竖立起类似发冠的鬃毛，尾巴或者类似马尾，或者就是虎豹之尾，格套化最为突出（图11）；第三个层次则千奇百怪，有的头顶隆起，似个大包，有的则略露正面，浑成圆头，有的头颈上全部类似马鬃，有的则进一步倾向于一匹小马。只有在认识到这个格套之后，才能明白这原来是不能正确表现狮子的鬃毛而形成的“误会”（图12）。但即便是第一个层次，距离狮子的准确形象也还有一定距离。看来刻画者并没有见过输入的狮子实物或图像，他们刻画的只是一种传说，一种关于西方猛兽的观念。但这个传说还是有根据的，即有狮子在汉代传入中国的实际背景，所以人们还是知道从鬃毛和尾巴两个方面去突出表现狮子，并根据自己的理解和想象创造了这一形象和题材，形成格套，反复制作。制作过程中有的也许根据个人理解进行了一些细节的发挥，或发挥得更像狮子，毕竟是以狮子的传说为基础的，或发挥得更像马，毕竟对动物鬃毛的理解恐怕更多来自现实所见的马。值得注意的是，此种格套在南阳地区兴起和流行之后，不仅数量丰富，使用范围也比较广泛，而且还出现于除墓葬画像石外的其他材料之中，如有学者提到的洛阳五女冢新莽时期墓葬出土的一件陶井栏。[32]

余论：神兽与猛兽

除上述大型石雕和画像石以外，汉代遗存中较为集中的以狮子为造型的可能还有一种琥珀珠，或称之为辟邪形珠。[33]不过，一则此种珠子形小而抽象，一则其可能直接由外部输入，不是严格的汉人作品，故暂不纳入本文讨论。有学者提到汉长安城出土的四神瓦当中，有个别以狮子代替白虎的情况。[34]从提供的图片来看，应该是狮子，不过笔者暂未查阅到详细信息，不能详论。还有将南阳邢营二号墓封门石上的一头略具须髯的虎形兽[35]和河北望都汉墓出土器盖上的兽纽[36]称为狮子者，从形象上看，也有道理，只是要么特征不够突出，要么不甚清晰，又尚未见同类材料，难以进一步讨论。

需要讨论的是，本文一开始就提到的汉代墓前的大型石雕翼兽是否为狮子。这些翼兽大多为狮虎形，头上有角（或为独角，或为双角，以双角者为多），肩有双翼，颔下有长须，传统上称之为天禄、辟邪，学界一般认为与西方艺术中有翼神兽的传播有关。[37]一些学者认为其就是以狮子为原型而创造出的神兽。[38]李零先生将之与古代波斯的头上长角、肩上生翼的狮形神兽比较，认为应该是受到了后者的影响，并据此将前者也称为翼狮，认为也是狮子艺术的一种。[39]（图 13）从形象上来看，二者确实特别像，这一说法还是颇有道理的。不过二者在地域、时代上还较为遥远，波斯翼狮大约在公元前 5 世纪，比东汉石兽早了五六百年，其间踪迹难寻，也存在疑问。而且根据本文的梳理来看，汉代艺术中明确的狮子形象都是无翼无角，突出鬃毛，其中也包括一些大型石兽，与有翼有角的天禄、辟邪还是具有明显差别的。也有学者在肯定石狮与有翼有角的天禄、辟邪的差别后进一步认为有些有翼无角的石兽也可以是添上翼的狮子，认为四川雅安高颐墓阙和芦山樊敏墓阙前的石兽只有翼没有角，就是带翼的狮子。[40]其实，四川雅安、芦山一带的石雕翼兽大多还是有角的，高颐墓阙前的一对都有角，向后横贴在头顶（图 14），笔者做过仔细观察。只有后来列置在樊敏墓阙前的其中一对翼兽没有角，但这对翼兽同时也没有长须，显然是虎头一类，没有任何狮子的特征。实际上，天禄、辟邪更多是一种复合神兽，人们把各种动物的因素组合在一起，创造出的理想神兽。一般的格套是头上有角，肩上生翼，颔下长须。根据前文的讨论，颔下的长须可能就来自对狮子鬃毛的一种错误理解和创造。可以说它们吸收了一些狮子艺术的因素，但不一定归属于狮子艺术。四川芦山的石兽类型最为丰富，既有上述无翼无角而带鬃毛的比较具象的狮子，更多的为各种翼兽，翼兽中既有带翼带角而长须的典型的天禄、辟邪形象，也有上述无角无须的虎头翼兽（图 15），还有一具为明显的羊头[41]（图 16），其实就是组合出想象的神兽，人们未必都理解为狮子，只是人们将这些组合翼兽和狮子都理解为神兽，作为同一类物品进行凿刻和陈设。但是站在现代研究的角度上，要分辨其中的狮子艺术，还是要依据明确的标准。

总之，在汉开西域，西方物种和文化大量涌入的背景之下，狮子也输入汉朝的宫廷。正如《汉书·西域传》中所说：

遭值文、景玄默，养民五世，天下殷富，财力有余，士马强盛……闻天马、蒲陶则通大宛、安息。自是之后……巨象、师子、猛犬、大雀之群食于外囿。殊方异物，四面而至。[42]

1　　2

图13　李零先生比较的波斯翼狮和洛阳翼兽：1.苏萨宫墙翼狮；2.洛阳孙旗屯出土翼兽（采自李零《万变：李零考古艺术史文集》，第328页）

图14　四川雅安高颐墓阙石兽及头部细节（庞政摄）

图15　四川芦山樊敏碑阙前陈列的石兽（作者摄）

图16　四川芦山出土石雕羊首虎身翼兽（采自雅安市文物管理所、四川省文物考古研究院《雅安汉代石刻精品》，四川人民出版社，2005年，第67页）

狮子的形象也开始出现于墓葬艺术之中。目前明确的材料主要有两大类，一类为东汉墓前的大型石雕，在流行墓葬石刻艺术的山东、河南、四川等地都有出现。其狮子的特征比较明显，无翼无角，有须有髯。有的形象准确，雕刻精美，出自京师，可能源自宫廷。一类为墓葬画像石，出现于西汉晚期，流行于东汉早中期，集中分布于南阳地区，为人们对狮子的传说和观念的表现，表现为一种令虎豹俯首夹尾、闻风丧胆的猛兽。

至于狮子出现于墓葬中的文化内涵，笔者曾经讨论过，受西方有翼神兽影响的大型石雕和石刻画像出现于墓葬艺术中，与汉代人的"辟邪——升仙"观念有关，与处于西方的以昆仑、西王母为中心的神仙信仰有关。[43]狮子本来就是西方猛兽，也有神化的一贯传统，将其与西来的有翼神兽一起作为墓前石兽，应当具有相同的意义。笔者也曾讨论过南阳画像石中的斗兽、戏兽题材中有大量的西方因素，如胡人、杂技、马戏等，或许也与上述关于西方的神仙信仰有关。[44]而上述南阳地区的狮子画像实际上就是处于斗兽题材的环境中的，对这一西方猛兽的突出表现，或许正与此种观念有关。也就是说墓葬中引入这一来自西方的神兽和猛兽，当然是汉代人对西方传说和信仰的一种构建。值得注意的是，笔者讨论过汉墓中的有翼虎形神兽实际上先于西汉晚期出现于墓葬图像之中，用以驱邪镇墓，噬食鬼魅，在东汉时期大型石雕兴起的背景中出现于墓前的石兽，意义则一以贯之。[45]就上述目前所见的材料来看，狮子在墓葬艺术中的出现和发展情况与之完全一致，应该具有共同的背景，或者就是一个统一的问题。

另外，汉代这种墓前设置石狮，墓内装饰狮子图像的传统，显然被南朝墓葬所继承。但一方面如前所述，南朝墓前石兽已经发展出初步的制度，与汉代已有不同；另一方面，南朝墓前的石狮和墓内拼镶砖画及画像砖中的狮子（图17），尤其是后者从造型上来看更接近此时佛教艺术中的狮子（图18），与汉代的形象也较为不同。而从上述材料来看，汉代墓葬中的狮子艺术目前尚看不出与佛教有丝毫关系。其他许多题材也有类似情况。墓葬艺术与佛教艺术是汉代以来中国早期艺术的两大主流，二者的各自渊源、发展及交流、融汇的生动历史值得今后进一步关注。

图17　襄阳贾家冲出土南朝狮子画像砖（采自《中国画像砖全集·全国其他地区画像砖》，四川美术出版社，2006年，第91页）

1

2

图18 成都万佛寺出土南朝佛教造像碑上的狮子：1.梁普通四年背屏式造像局部；2.梁普通六年背屏式造像局部（采自四川博物院、成都文物考古研究所、四川大学博物馆《四川出土南朝佛教造像》，中华书局，2013年，第77、83页）

补记

文章中的第二部分于2018年写成一些随笔在微信群中与朋友们分享，后来范兆飞先生提供了一个重要情报，他手上正好有一本私人收藏家朱明歧先生新出的藏品图录，并附有考释讨论（《明止百砖》，浙江大学出版社，2018年），其中正好有一幅与前文所提到的狮子伏虎的画像砖类似，文中已就单幅图像做了类似的考定。一方面由于此类砖出土者已经有很多而且很清楚，另一方面由于职业规范限制，再一方面也因未曾目验原物（从图片上看该砖的风格与出土材料还有一定差别），笔者不便使用和宣介私人藏品。不过该先生的考释中提到一条笔者未能看到但较有意思的文献材料，不该忽视，亦不能掠美，特此说明并抄录于此：

汉武帝时，大苑之北胡人有献一物，大如狗，然声能惊人，鸡犬闻之皆走，名曰猛兽。帝见之，怪其细小。及出苑中，欲使虎狼食之。虎见此兽即低头著地，帝为反观，见虎如此，欲谓下头作势，起搏杀之。而此兽见虎甚喜，舐唇摇尾，径往虎头上立，因搦虎面，虎乃闭目低头，匍匐不敢动，搦鼻下去，下去之后，虎尾下头起，此兽顾之，虎辄闭目。（《博物志》卷三《异兽》）

这里的异兽也能伏虎，不过从描述上看，形体太小，还能立于虎头之上，也不太像狮子。不过如文中所述，早期一般人对狮子等西域异兽的认识有限，传闻怪异，也属正常。不论怎样，其与上述文献有同类的观念，聊可合而观之。

注释：

[1] 林梅村：《狮子与狻猊》，载《汉唐西域与中国文明》，文物出版社，1998年，第87—95页；石云涛：《汉代外来文明研究》，中国社会科学出版社，2017年，第17—24页。

[2] 李零：《“国际动物”：中国艺术中的狮虎形象》，载《浙江大学艺术与考古研究》第一辑，浙江大学出版社，2014年，收入《万变：李零考古艺术史文集》，生活·读书·新知三联书店，2016年，第329—388页；潘攀：《汉代神兽图像研究》，文物出版社，2019年，第142—147页。

[3] 秦臻：《汉代陵墓石兽研究》，文物出版社，2016年。

[4] 李零：《“国际动物”：中国艺术中的狮虎形象》，载《万变：李零考古艺术史文集》，生活·读书·新知三联书店，2016年，第353—357页。

[5] 吕章申主编：《秦汉文明》，北京时代华文书局，2017年，第365页。

[6] 林梅村：《狮子与狻猊》，载《汉唐西域与中国文明》，1998年，第90、91页。

[7] 蒋英炬、吴文祺：《汉代武氏墓群石刻研究》，人民美术出版社，2014年，第13页。

[8] 李零：《“国际动物”：中国艺术中的狮虎形象》，载《万变：李零考古艺术史文集》，第354页。

[9] 雅安市文物管理所、四川省文物考古研究院：《雅安汉代石刻精品》，四川人民出版社，2005年，第64页。

[10] 任乃强：《芦山新出汉石图考》，载《康导月刊》1943年第5卷第1期。

[11] 霍巍：《四川东汉大型石兽与南方丝绸之路》，载《考古》2008年第11期。

[12] 张孜江、高文主编：《中国汉阙全集》，中国建筑工业出版社，2017年，第295页。

[13] 秦臻：《汉代陵墓石兽研究》，文物出版社，2016年。

[14] 霍巍：《四川东汉大型石兽与南方丝绸之路》，载《考古》2008年第11期。

[15] 任乃强：《樊敏碑考略》，载《说文月刊》1944年第4卷合刊。

[16] 陈长安主编：《洛阳古代石刻艺术·陵墓卷》，中州古籍出版社，2016年，第106—110页。

[17] 郦道元著，陈桥驿校证：《水经注校证》卷二十三《汳水》，中华书局，2007年，第557页。

[18] 《水经注校证》卷三十一《滍水》，第724页。

[19] 洪适：《隶释》卷六《敦煌长史武斑碑》、卷十二《执金吾丞武荣碑》，载《隶释·隶续》，中华书局，1986年，第73、139页。

[20] 周口地区文物工作队、淮阳县博物馆：《河南淮阳北关一号汉墓发掘简报》，《文物》1991年第4期。

[21] 邢义田：《格套、榜题、文献与画像解释——以一个失传的“七女为父报仇”汉画故事为例》，载《画为心声：画像石、画像砖与壁画》，中华书局，2011年，第92—137页。

[22] 凌皆兵主编：《色彩的记忆：南阳陈棚汉代彩绘画像石墓》，大象出版社，2018年，第87、120页；凌皆兵、王清建、牛天伟编：《中国南阳汉画像石大全》，大象出版社，2015年。涉及此类题材的部分数量较多，不再枚举。

[23] 范晔：《后汉书》卷六《顺帝纪》，中华书局，1965年，第263页。

［24］刘珍等撰，吴树平校注：《东观汉记校注》卷三《敬宗孝顺皇帝》，中华书局，2008年，第112页。

［25］《尔雅注疏》卷一〇《释兽》，载《十三经注疏》阮刻本，上海古籍出版社，1997年，第2651页。

［26］班固：《汉书》卷九十六《西域传》，中华书局，1961年，第3889页。

［27］《尔雅注疏》卷一〇《释兽》，载《十三经注疏》阮刻本，上海古籍出版社，1997年，第2650页。

［28］许慎撰、段玉裁注：《说文解字注》，上海古籍出版社，1981年，第210页。

［29］《尔雅注疏》卷一〇《释兽》，载《十三经注疏》阮刻本，上海古籍出版社，1997年，第2651页。

［30］郭璞注、王根林点校：《穆天子传》卷一，载《汉魏六朝笔记小说大观》，上海古籍出版社，1999年，第8页。

［31］杨衒之撰、范祥雍校注：《洛阳伽蓝记校注》卷三《城南》，上海古籍出版社，1978年，第161页。

［32］潘攀：《汉代神兽图像研究》，第146页。

［33］赵德云：《西周至汉晋时期中国外来珠饰研究》，科学出版社，2016年，第122页。

［34］李零：《“国际动物”：中国艺术中的狮虎形象》，载《万变：李零考古艺术史文集》，第335页。

［35］凌皆兵、王清建、牛天伟编：《中国南阳汉画像石大全》第六卷，第246页。

［36］潘攀：《汉代神兽图像研究》，第146页。

［37］如沈福伟：《中西文化交流史》，上海人民出版社，1985年，第67—74页；林梅村：《狮子与狻猊》《天禄辟邪与古代中西文化交流》，载《汉唐西域与中国文明》，文物出版社，1998年；李零：《论中国的有翼神兽》《再论中国的有翼神兽》，载《入山与出塞》，文物出版社，2004年；霍巍：《四川大型石兽与南方丝绸之路》，载《考古》2008年第11期；霍巍：《神兽西来：重庆忠县发现石辟邪及其意义初探》，载《长江文明》第一辑，重庆出版社，2008年；霍巍：《胡人俑、有翼神兽、西王母图像的考察》，载《战国秦汉时期中国西南的对外文化交流》，巴蜀书社，2007年；等等。

［38］张松利、张金凤：《许昌汉代大型石雕天禄、辟邪及其特点——兼论天禄、辟邪的命名与起源》，《中原文物》2007年第4期。

［39］李零：《“国际动物”：中国艺术中的狮虎形象》，载《万变：李零考古艺术史文集》，第357—369页。

［40］潘攀：《汉代神兽图像研究》，第147—148页。

［41］雅安市文物管理所、四川省文物考古研究院：《雅安汉代石刻精品》，四川人民出版社，2005年，第67页。

［42］班固：《汉书》卷九十六《西域传》，第3928页。

［43］王煜：《汉墓“虎食鬼魅”画像试探——兼谈汉代墓前石雕虎形翼兽的起源》，载《考古》2010年第12期。

[44] 王煜：《汉墓胡人戏兽画像与西王母信仰——亦论汉画像中胡人的意义》，载《中原文化研究》2014年第5期。

[45] 王煜：《汉墓"虎食鬼魅"画像试探——兼谈汉代墓前石雕虎形翼兽的起源》，载《考古》2010年第12期。

地上与地下之间：对“墓葬”含义的反思

巫 鸿
美国芝加哥大学

小 引

“墓葬”是考古和美术史研究中的一个基本概念。但什么是墓葬呢？查阅中外文献，最经常被引用的定义是：古墓葬（ancient tombs）泛指人类古代采取一定方式对死者进行埋葬的遗迹，包括墓穴、葬具、随葬器物和墓地。这个定义总的来说是比较全面的。从建筑和空间的角度，它包括了“墓穴”和“墓地”，即墓葬地下和地上的两个部分。从物质遗存的角度，它包含了“葬具”和“随葬器物”这两个丧葬器物的主要类别。此外，它也指明墓葬是“采取一定方式对死者进行埋葬的遗迹”，因此隐含了从礼仪角度研究墓葬的方法论前提。

但是由于它的简短和精练，这个定义只可能规定墓葬研究的大体对象以及研究资料的大致范围。有关“什么是墓葬”这个问题牵涉到的诸多复杂问题，则需要在更细致的层面上去思考和回答。本文题为“地上和地下之间”，主要希望对上引定义中的“墓穴”概念进行一些反思。什么是墓穴？墓穴的内部构造如何划分？各有什么礼仪功能？墓穴只包括墓室还是也包括墓道及其他附加部分？墓穴的营造和掩埋过程能否被细化和重构？其与葬礼之间有何关系？墓穴和墓地之间的关系又如何确定？由于每个墓葬都是一个特殊的历史现象，对这些问题的回答必须从实际例证出发，一步步进行总结和提升。这也就是这篇文章将集中讨论一个特殊个案的原因。

在一般性考古和美术史写作中，“墓穴”与“墓”“墓葬”“墓室”这些词经常混用，均指墓地中埋葬死者的地下部分，与建于地面上的墓冢、祠堂、享殿、阙门、石碑和神道雕塑属于两个不同的空间，因此在礼仪功能和象征意义上也有本质区别。一个约定俗成的理解是：建设在地面上的祠堂、享殿、碑阙和雕塑属于墓地中的礼制建筑，构成荣耀、祭祀和追思死者的设施和场所；而埋在地下的墓室及其附属部分则属于黄泉之下的领域，被设计和装饰成死者在另一世界中的居处。当然，并不是所有的墓葬都是建于地下的，有的在平地上修建然后以坟丘掩埋，有的在山崖上开凿再加以封填。学者把这些情况与地下建构的墓穴放在一起研究，是因为它们也属于为死者营建的空间，也在埋葬之后被封闭，因此也与地面上的礼仪建筑既联系又对立，构成墓地中的二元结构。

这个“地上－地下”“生者－死者”“祭祀－埋葬”的二元结构在许多时代的墓地中都有清楚表现，我们对墓葬美术的研究因此也往往在这个基础性的概念框架中进行。总的来说这个研究方法是可行的，因为它为思考墓葬建筑、墓葬艺术和礼仪行为的关系提供了一个基本的分析架构。但由于这个架构的简洁和高度综合，它不免也掩盖了很多复杂的细节，因此需要在具体历史研究中被不断充实和修正。学术研究的一个重要特点，是它总是在说明、解决问题时不断质疑和修正预设的假定与立论的前提。以墓葬来说，当我们继续使用“地上－地下”“生者－死者”“祭祀－埋葬”这些二元概念去分析它的结构和功能的时候，我们也应该思考和质疑这种二分法的绝对性和普遍性。更具体地说，越来越多的考古资料允许我们对古代墓葬进行更细致的观察和分析，使我们注意到把墓葬的地下部分看成是一个整体，据此分析和解释墓葬建筑和画像的做法在某些情况下可能过于笼统。与此相关，把一个墓葬的地下部分全部作为死者的黄泉之家的看法也不一定完全符合事实。这意味着我们在继续使用“地上－地下”“生者－死者”“祭祀－埋葬”这些“超历史”(supra-historical) 的二元分析架构的时候，同时需要不断将其“历史化”(historicizing)，根据不同时期和不同类型的实例对“墓葬”进行重新理解和定义。这个重新检验的过程需要引入和结合三个分析维度，一是对墓葬地下空间的组成部分进行更细致的甄别和定性，二是确定和重构墓葬的营建和掩埋过程，三是探讨这一营造、掩埋过程与丧葬礼仪的关系。

本文以唐代懿德太子李重润墓为主要例子，对墓葬地下部分的空间性、建筑 / 掩埋过程、礼仪功能及象征意义进行初步反思。通过考虑以上提出的三个维度，我们将看到这座墓的地下结构包含一个介于地上与地下之间的部分。这个部分既与地上的墓地建筑不同，又与埋藏棺椁的墓室在礼仪功能和象征意义上有重要区别。它既连接地上和地下的部分，又在这种联系之中显示出自己的独立意义。对这个“中介空间”的思考和定性将引导我们重新考虑这座墓葬的壁画的性质和目的，并对“墓葬”的整体概念进行重新审视。需要说明的一点是，本文的主要目是在观念和研究方法的层面上进行反思，而不是对一个特殊墓葬做出结论性的解释。所提出的看法带有探索和实验的性质，有待于进一步核实与验证。

“中介空间”与天井墓

如上文所说，“中介空间”指墓门和地表之间的墓道空间，包括起始处的露天斜坡墓道（或称羡道）和之后带有“天井”和“过洞”的半暴露墓道（或称隧道）（图 1）。[1]“天井”指墓葬中竖向挖掘的垂直通道，连接地面和墓道及甬道。

对于墓葬中的这个部分，傅熹年先生在其于 1986 年发表的《唐代隧道型墓的形制构造和所反映的地上宫室》（以下简称“傅文”）中做了相当详细的讨论。在更广阔的意义上，该文在唐墓研究中可说是一篇奠基之作，对墓葬的空间性质、建筑和壁画的象征意义，以及建设和掩埋过程都提出了原创性的观点。[2]在征引这篇文章时，以后的讨论者常常集中于傅文中的两个看法。一是唐代大墓中的“天井”象征多进的庭院，其数量与墓主的品级地位有关；二是

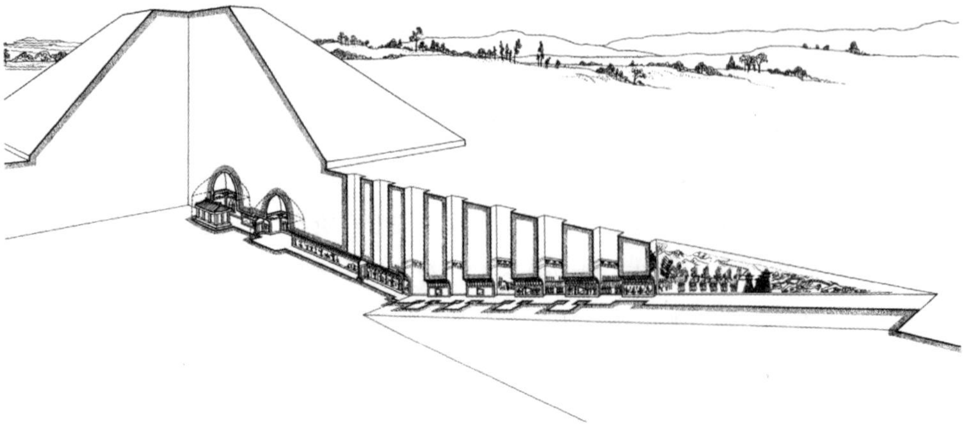

图1 李重润墓，706年

墓中壁画所表现的是地上宫室的形制和结构，与仪仗侍从等图像配合以再现宫廷生活。[3]但这两个观点仅是傅文的一部分，其原来的提法也并非如此简单和直接。如该文首段开宗明义地提出：

从工程技术上说，这种长墓道墓采用很多天井，是出于挖墓和回填时的一定需要，但一旦定型后，天井和墓室的数量又反映着一定的等级差别。[4]

著者在谈到壁画内容时也特别指出其于“高宗初期以前似无一定格局”，以墓内各部壁画象征宫苑布局的做法是在此之后才出现的。[5]因此，傅文对于天井和壁画的解释都是根据具体历史现象提出来的，而不是对所有唐墓甚至中古墓葬的总括性结论。这种历史发展的观念也体现在傅文从工程技术角度对天井之形成和发展过程的讨论。这一观点虽不常为人引用，但由于它对本文具有重要意义，需要在此进行概括性的介绍。

根据傅文，当横穴墓在汉代出现之后，墓道的长度从东汉到北朝和隋唐不断延长，坡度也愈趋平缓，随之在工程建造上造成挖掘和回填的技术挑战。比较烧沟东汉墓和北魏、北齐及唐代的一些墓葬，前者的隧道短而陡，可以比较方便地挖成。但对后者说来：

如果没有天井，只是从一端开挖，隧道窄小，只有一个作业面，不能容纳多人同时工作，掘进愈深，挖掘及运土的困难愈大。如利用天井，每井可有一组人工作，下挖至所需深度后，分解向前后两个方向开挖，可以很快把各过洞打通，并利用天井出土。这比在地下单向掘进开挖隧道，要省力省时多了，当工期有一定限制时，它的优点尤为明显。[6]

下葬之后的填埋也是整个墓葬营建中的重要一环，天井对这一步工作提供了更大的方便，如傅文所言：

汉墓由于隧道陡直而短，葬后可以与竖井、坡道同时自下而上逐层夯实；但北魏、隋、唐各墓，由于隧道平缓而长，却无法自内部回填夯实，特别是隧道的顶部。这就既不能避免塌陷，也不能防止盗掘。既令勉强回填，数十米长的隧道，自一端填土，只有一个作业面，加以隧道逼窄，运土困难，工期也会拖得很长，这在葬仪及习俗上也是不允许的。现已发掘的各墓都是利用天井回填的，其方法是用砖或土坯把甬道及过洞的入口封砌，利用这些墙做夯土时的挡土墙，把各个天井夯实，利用天井内的夯土，把隧道分割为若干封闭的小洞，避开了无法回填坚实的过洞部分。施工时，每个天井都是一个作业面，都可有一组人工作，自下而上，逐层夯实。[7]

这两段写于30多年前的话，对于今天讨论唐墓结构和营建仍有重要意义。但傅文在讨论这类“天井墓”时没有触及一个关键问题，即墓道为什么在北朝到隋唐之间不断延长，从而在建构过程中采用了天井这种建筑方法并形成墓门之外越来越大的建筑空间？在考虑这个问题的时候，学者或从形态学出发，将其看作是墓葬形态进化的结果；或着眼于建造过程，将工程技术作为其变化的动因。[8]我在《黄泉下的美术——宏观中国古代墓葬》一书中提出了另一个可能的解释角度：与其单独观察墓葬形制的演变，我们不如将墓葬建筑与壁画装饰这两方面结合起来探寻其互动中的变化过程，进而联系礼仪和宗教因素思考这一变化的内在原因。从这个角度看，墓道的延长与另一个持续的历史现象有着密切联系，即墓门外、地面下的这个“中介空间”在这几百年间被给予越来越大的图像展示功能。[9]

图2　陕北东汉画像石墓墓门

a b

图3　甘肃魏晋墓葬中的砖砌照墙

这个发展的最初阶段是公元 2 世纪到 4 世纪，其征象是墓门开始成为主要的——有时是唯一的——装饰区域。如陕北东汉画像石墓常在门框和门扉上展示精美图像，并以鲜艳色彩呈现醒目的视觉效果（图 2）。[10] 甘肃地区的魏晋墓葬中随即出现了高大的砖砌照墙，进一步推进了这个趋势。这种照墙常常高于墓门数米，展示出一层层祥瑞、仙境和天界图像（图 3）。这种画像照墙并无实际功能，它的意义在于制造出一个平面视觉隐喻：死者进入墙后的墓室也就意味着进入了仙界。从建筑角度看，在地平面下建造如此高耸的照墙意味着修建大大加长了的斜坡墓道，这条墓道随后被转化为一个画廊。考古材料说明这后一变化发生在北魏 534 年灭亡之后与 6 世纪中期之间。位于河北磁县的茹茹公主闾叱地连墓（550 年）和湾漳大墓（墓主很可能是卒于 559 年的北齐文宣帝）是两个代表性的 6 世纪中期墓葬，均由下斜的长墓道、墓门内的甬道和随后的方形墓室这三个建筑和装饰单元构成。虽然每一单元中都绘有精美壁画，但墓道两侧的墙壁提供了最大的绘画空间。以湾漳大墓为例，这座皇家陵墓的墓道达 37 米长、两壁高度从入口处的 0.36 米逐渐增加到墓门前的 8.86 米。相比之下，甬道只有 6.7 米长，而墓室边长也只有 7.5 米。在墓门外的这个“中介空间”中，墓门上方的照墙不再是唯一的装饰区域，艺术创作的重心转移到了墓道的墙上，以生动的线条和丰富的色彩绘出技艺高超的图像，构成了两幅以青龙、白虎引导的巨大景观（图 4）。

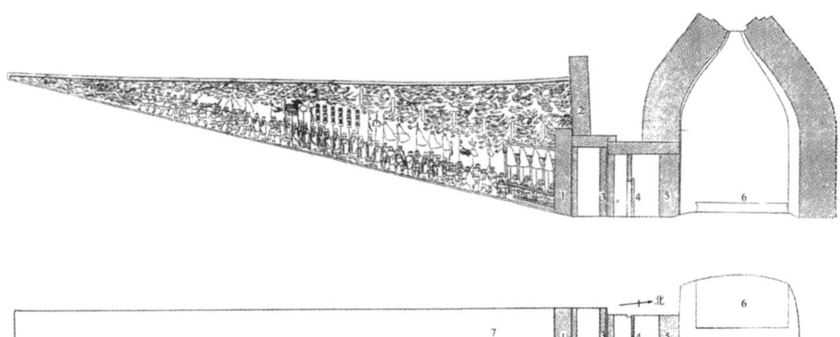

图4 湾漳大墓，约560年

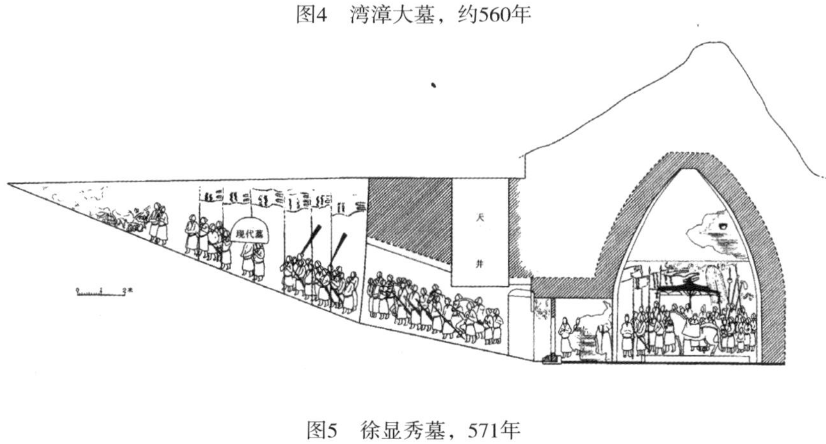

图5 徐显秀墓，571年

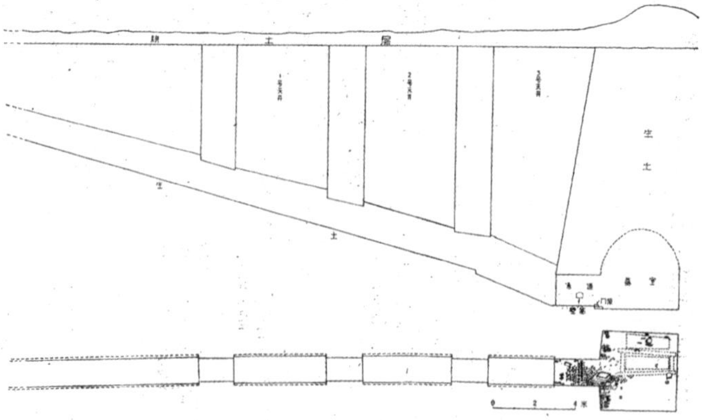

图6　李贤墓，569年

值得重视的是，湾漳大墓和茹茹公主墓均无天井和过洞，墓道中的巨大壁画因此在绘制过程和其后的“展示期间”内暴露在外，从地面上可以一览无余。以山西晋阳为核心的一些大型北齐壁画墓，如娄叡墓（570年）和徐显秀墓（571年），也具有这种暴露性的中介空间，但是在靠近墓门处建造了一个天井，使墓门外的建筑和图像空间更为复杂（图5）。但是大约同时期的北周大墓则显示出朝着另一方向的发展：虽然这些墓葬中的壁画不及北齐大墓丰富精细，但都采用了多天井的修建方式，例子有李贤墓（569年，图6）、田弘墓（575年）、叱罗协墓（575年）、宇文猛墓（578年）等。[11]如果采用傅熹年的解释的话，这些墓葬似乎更加强调建筑工程的效率，引入了新的建造技术和程序。但同时我们也应该注意到，有些墓中的天井和过洞可能已经具有建筑和礼仪的双重意义。如李贤墓的三个过洞上方均绘有门楼，同样的形象也出现在叱罗协墓中，标志着墓道空间的内部划分。从视觉展示的角度看，这些北周墓的墓道大部分被掩盖，只有三分之一或四分之一的前部暴露在外。其“中介空间” 包含了敞开的墓道前部和半敞开的天井及过道部分，与完全或基本敞开的北齐壁画墓墓道有明显区别。

这两种墓道的建筑和装饰风格在唐代得到融和。唐代贵族墓葬一方面采用了北周大墓中的天井和过洞结构，另一方面也汲取了北齐墓道壁画的构图和形象。如初唐的李寿墓（631年）有五个天井，第一过洞上方绘有门楼，但墓道前部敞开的三角壁面上也展示了规模可观的车骑和仪仗（图7a、b、c）。这部分的绘画内容在随后一个世纪左右的时间里得到稳定发展，形成以青龙和白虎引导向外运动的基本模式。如643年的长乐公主墓和675年的阿史那忠墓中，墓道壁画中代表死者的魂车有时出现在云端，跟随在龙虎之后。[12]更加复杂的构图见于664年的新城长公主和706年的懿德太子李重润墓。我们再次看到跟随在青龙白虎之后的死者魂车及其仪仗，但向外的运动被构图中部的门阙隔开（图8）。新城长公主墓的门阙相对较小，而李重润墓中的巨大阙楼达到6.5米高、3.5米宽。与此同时，天井和过洞的形制和排列也显示出规范化的倾向，但其数目是否受到严格的礼仪规定则是一个有待进一步研究的问题。[13]

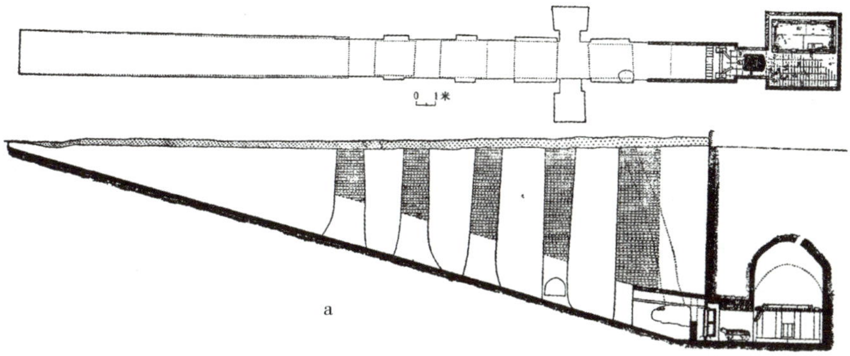

a

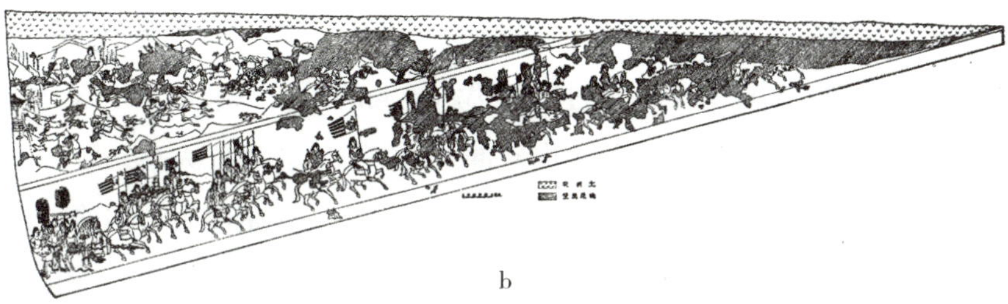

b

c

图7　李寿墓，631年

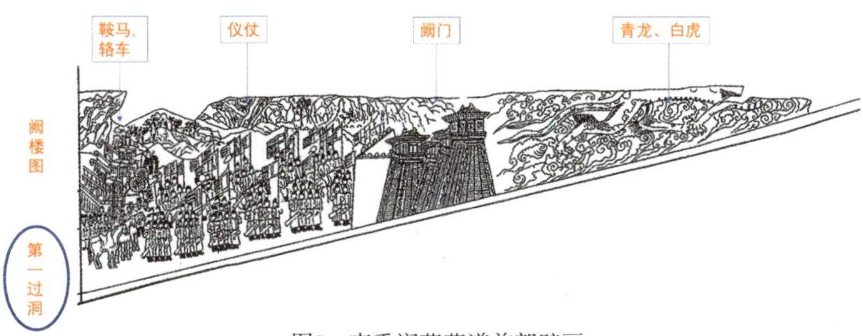

图8　李重润墓墓道前部壁画

懿德太子墓的构建与其“中介空间”

一、天井的分化与“前后”二区

刚刚出版不久的《唐懿德太子墓发掘报告》（以下简称“报告”）包含了有关这个墓葬的完整信息，为研究这个重要墓葬提供了宝贵的材料。[14]在记录了“陵园布局”（包括沟垣、封土和门阙）与“陵前石刻”（包括华表、石兽和石人）这两类地上遗存之后，报告内容集中在称为“地宫”的地表以下部分，按照对唐墓结构的通常理解将其划分为四个建筑单位：墓道的暴露部分、过洞与天井、甬道、墓室（图9）。墓道以28°的倾斜度从地表向地下延伸，在左右两壁形成两个巨大的三角形墙面，每面斜边长27.2米，高6.8米，都画有精彩的壁画。随后是掩藏部分的墓道，以一排竖直天井与地表相接，底部均绘有壁画。这些垂直通道被一系列饰有壁画的过洞连接起来，形成一个狭长过道。第六过洞的尽头原来立着一道封门墙，墙后的砖砌隧道在考古报告中称为“甬道”，向墓内延伸，通向墓室。唐代大墓一般有一条甬道和一个墓室，但懿德太子墓级别特高，有两条甬道和两个墓室——先是前甬道和前室，然后是后甬道和后室，所有墙面都装饰着精美的壁画。有关唐墓壁画的美术史研究——包括我自己的写作——常常从这些壁画直接入手，观察和分析它们的主题和图像程序。本文则建议在讨论壁画之前，我们需要对墓的营造过程进行更细致的观察。

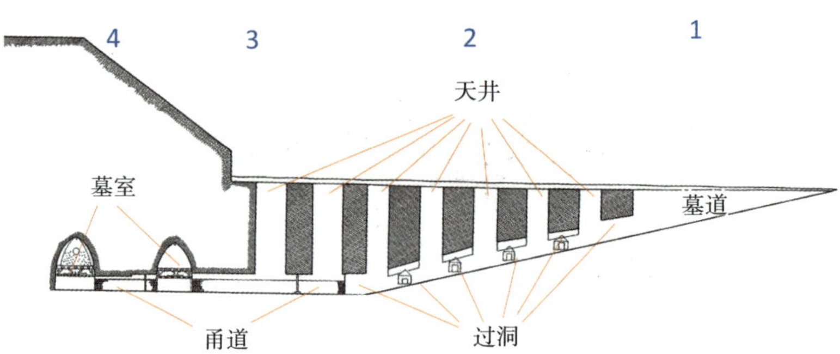

图9 李重润墓的四个部分

此墓的一个值得思考的问题是天井和过洞部分的营造和意义转化。综合发掘报告所提供的种种信息，我们可以认为建筑者在营造初期建构了七条竖直的天井和七个水平过洞，而不是一些报道中说的五个天井和六个过洞。那么为什么会出现这些不同的说法呢？这是因为第七过洞以及前后两个天井（即第六和第七天井）最后被封闭了，从墓中看不见，考古学者称这种天井为“暗天井”（见图9）。在懿德太子墓这个例子中，这些竖直的通道应该是作为建筑手段营造的，主要是为了取土和掩埋的方便，但其形态和功能在随后的营建过程中发生了转化。此墓地下部分长达100米以上，取土和运土是一个需要解决的重要技术问题，我同意傅憘华先生的意见，认为这是建造七个天井的原始目的。但当地下的过洞、甬道和墓室挖掘完毕之后，天井的实际建筑用途就结束了，随后发生的是它在两方面的功能转化。一方面，最里边的两个天井从墓葬建筑中“退出”了——它们的底部被砖砌的甬道顶隔绝，成为游离于墓葬之外的“暗天井”。另一方面，前边的五个天井被保留，成为墓葬建筑的有机部分并被赋予特殊的礼仪功能。天井下部以及连通它们的过洞都被饰以壁画，成为整个墓葬图像装饰程序的一部分。

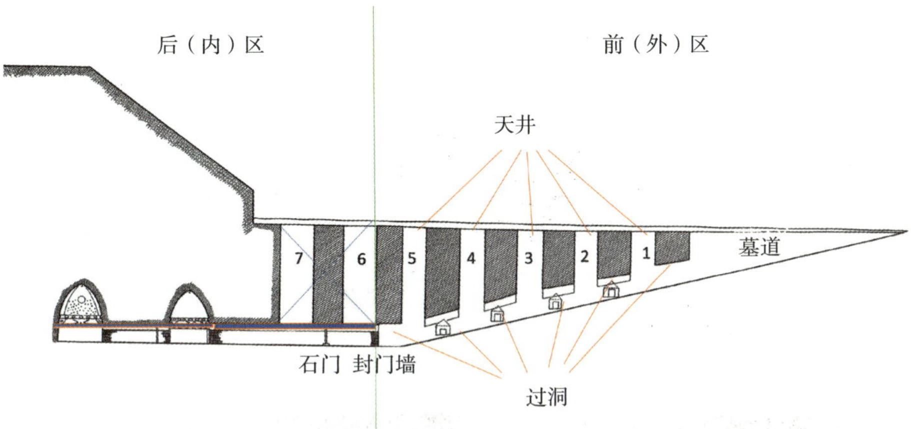

图10 李重润墓的“前区”和“后区”

天井的这种分化和转化隐含着一个重要信息，即该墓实际上包含“内－外”或“前－后”两个区域（图10）。在许多唐墓中，这两个区域由墓门和封门墙分隔。懿德太子墓中的封门墙和墓门之间隔了一段距离，但二者均位于甬道前端，共同起到分隔墓葬前区和后区的作用。五个被保留的天井属于墓葬前区，也就是上文中所说的“中介空间”，和暴露的墓道前端有着统一和连续的建筑设计。从该墓的立面图上，我们可以看到这一空间的地面沿着一致的斜度下沉，从上接地表的墓道口直通到甬道前的封门墙，中间没有任何门、墙等建筑构件隔断其空间的连贯性。与此相对，封门墙之内的“后区”也具有一个完整的建筑设计：这个区域处在一个统一的水平面上，在地下7米左右的深度上向内延伸。其中的甬道和墓室都以砖砌，在建造材料上也与前区中墓道和天井的夯土墙壁明显有别。

当甬道和墓室建成后，墓内的建筑阶段即告完成，壁画装饰的阶段随之开始。画像程序的制定所根据的也是墓中“前”“后”二区的基本结构。但在说明这点之前，我们需要注意到葬礼过程中的两个关键步骤，一是入葬和关门，二是对整个墓葬的掩埋。每一步骤都造成墓葬在形态和功能上的重大变化。

二、入葬与掩埋

当所有的准备工作结束之后——当壁画的绘制完工，随葬品也被妥善地放入墓室和壁龛之中——死者的遗体在特选的黄辰吉日被送进墓里，置入后室中的巨大石椁中。甬道前端的石制墓门随即关闭，墓门前加筑的封门墙更增加了一层保险和封闭的措施。由此造成的变化是：封门墙内的甬道和墓室成为死者独有的领域，与生者世界隔绝。这个“后区”中的图像不再是活人观看的对象，而是永远陪伴着死者，为他构造出黄泉之下的宇宙和家室（图 11）。

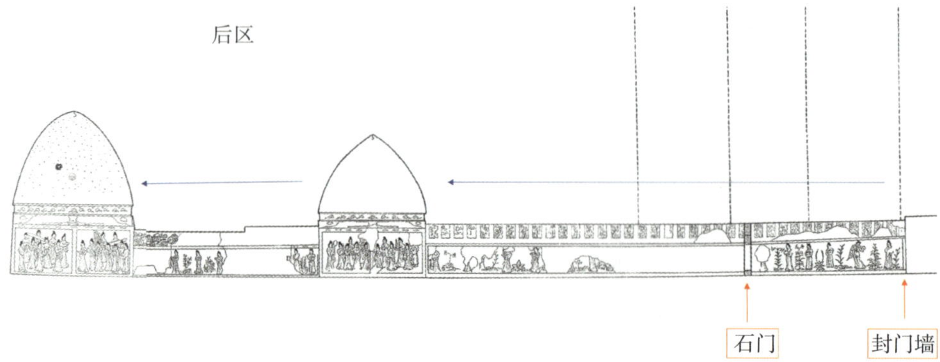

图11　李重润墓封门之后的“后区”

图12　李重润墓的甬道壁画

图13　李重润墓的前室壁画

此刻因此是一个适当的时机，去检阅一下为死者准备、封闭的这个“后区”中都包括什么壁画。从封门墙往里，我们看到甬道东西两壁上画的是一个接一个宫女，或持琵琶或手捧生活用器，均面向葬在墓中深处的死者（图 12）。甬道顶部则装饰着吉祥的宝相花和蔓草，以及隐喻升仙的云鹤。前后两室的四壁上也画满手执乐器、果盘、烛台、包袱、方盒、瓶罐等物的宫女，前室中的每面墙上各有一名嫔妃或女官领队（图 13）。后室西部的棺台上放着一座巨大的庑殿式石椁，外壁以流畅的线条雕刻了独立或成组的 25 名女官和女侍（图 14）。两室穹顶上都画着星象和日月，将黑暗的墓室转化为布满天体的宇宙空间。这个简单的巡查引导我们得出两个初步结论：一是这些壁画中的所有人物都是女子，封闭的墓内空间因此被想象和表现成一个全然的“女性空间”；二是壁画内容不包括集合性礼仪活动，画中女子的身份都是宫女和女乐，在一个家居环境中等待着为墓主服务。

图14　李重润墓石椁线刻人物

入葬和关门并不意味着整个墓葬的掩埋：当甬道前端的石门被关闭，当门前的封门墙被筑起，墓葬外区的“中介空间”仍然是敞开的。如上所说，这个空间包括了露天墓道以及随后的过洞和天井部分，墙面都绘有精彩壁画。如果吊唁者站在墓口附近的话，他们应当可以相当清楚地看到绘在露天墓道两壁和第一过洞上方的图画。而这也是这个墓中规模最大、视觉效果最强烈的一组壁画，我因此在《黄泉下的美术——宏观中国古代墓葬》一书中将这个敞开的空间称为“展览空间”[15]。吊唁者在这里看到的是什么呢？概括地说，他们看到的是一个从墓内向墓外运动的巨大礼仪行列，从第一过洞口的北墙开始，沿墓道左右两壁向墓口推进（图 8）。根据考古学家王仁波的原始发掘记录，北墙第一过洞口的上方画有一座正面的阙楼，两旁辅以斜行的廊屋。[16]这座阙楼、其下方的第一过洞口以及墓道两壁属于同一个展示空间。紧邻过洞口，墓道东西壁上各画着三匹备鞍但无骑者的马和三架红色辂车，每组由 21 人陪同（此处对这些壁画的描述跟随着礼仪行列从过洞口向外延伸，与发掘报告从墓道口往内的描述次序方向相反）。鞍马和辂车的前面是一个大型仪仗队，由十余组步行和骑马的卫士组成。这个仪仗行列似乎即将穿越一对巍峨的阙楼和连带的城墙，墙后是旷野中的高山岩壑。阙楼之外则是想象的领域：一对巨大的青龙和白虎在云中奔跑和飞翔，将仪仗行列的运动引入墓外的广袤空间。

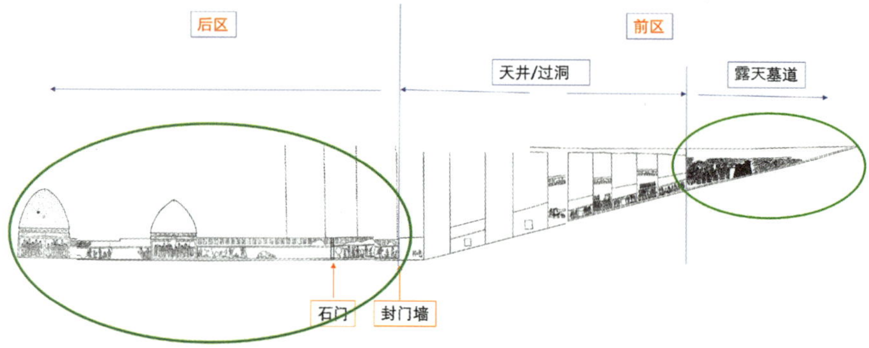

图15 李重润墓“后区”与“前区”中的露天墓道部分

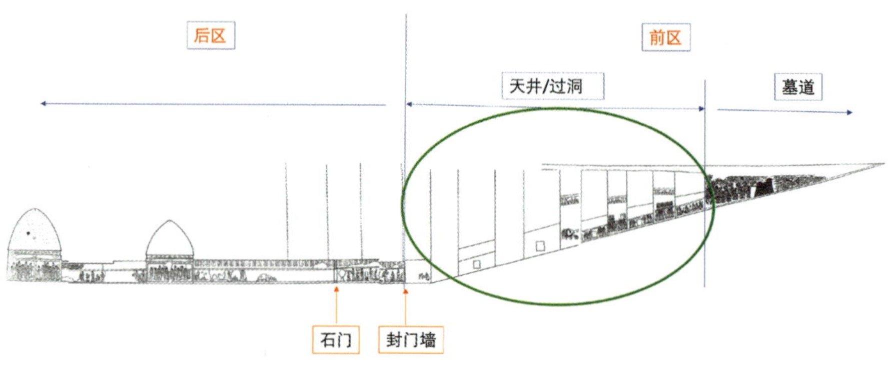

图16 李重润墓“前区”中的天井和过道部分

至此我们检验了墓中的两组画像，一组被封闭在墓葬内的“后区”之中，另一组位于“前区”或“中介空间”首端的露天墓道部分（图15）。这两组图像的内容和逻辑似乎有意相反：后区中的人像全部为女性，墓道前部的所有人物均为男性；后区中的女性均面向墓葬深处，墓道前部所绘男性均面向墓葬外部；后区壁画表现的是众多女侍和私人家居环境，墓道前部壁画描绘的是一个浩大的公众礼仪场合。在这两组图像和所属空间之间，是五个天井和六个过洞构成的建筑单位及附属图像（图16）。此处壁画的若干特点，表明设计者有意将这个单位营造为墓葬后区与墓道前部之间的过渡区域。这些特点之一是过洞和天井中均画有木构建筑，与后区中的甬道和墓室相接，表现的是一系列的宫殿。第一过洞上方所绘阙楼标志着这个系列的开始，其后的建筑图像描绘的是宫殿区内部的层层结构。另一个特点是这一部分中的人物既包括男性又包括女性，既有礼仪内容又有家居成分，人物的面向也不完全一致。如第一和第二天井东、西壁上绘有象征死者官阶级别的列戟，戟架前的官员均面向墓外拱手致敬，方向与墓道前部的仪仗队一致。但第二和第三过洞中的壁画又呈现了手持团扇和提着炭盆的宫女，身躯半向墓内（图17）。第三天井东西两壁各画一辆车和侍者，车的方向也是面朝墓内。我们现在还无法完全解释这些图像的内涵，但其混合性与其处于墓葬后区与露天墓道之间的过渡位置似乎十分吻合，构成了“中介空间”内部的一个过渡阶段。

图17 李重润墓天井和过道部分壁画

地上和地下之间：一个可能的解释

据我所知，现存初唐文献没有提供死者入葬后在墓地中举行了何种礼仪。但是中古时代的一些历史和文学作品透露了一些隐约消息。如成书于初唐时期的《北史》记载了西魏文帝乙弗皇后的葬礼，讲到这位皇后于540年葬在甘肃麦积山的一个崖墓中的时候，当灵柩将被送进陵墓，有两丛云朵先行飞进崖墓之中。等到灵柩安放好了之后，一朵云从墓中飞出，另一朵云则消失在墓内。[17]这个近乎灵异的事件以一个目击者的角度被记录下来，间接说明了吊唁者对葬礼的参与和对埋葬过程的观察。这则记录也反映出一个古老灵魂观念在北朝和初唐时期的持续影响：根据这个观念，人有魂魄二气，死时魂气归天，形魄则返回地下，附在遗体之上。对这个观念最权威的表述见于《礼记·祭义》[18]，它在汉代以后被奉为儒家正统观念，成为历代制定丧葬和祭祀礼仪的基础。虽然我们没有直接的文字证据，但是通过对懿德太子墓的建筑和画像的分析，我们可以推测这个墓葬的设计也可能隐含了这种魂魄观。这进而意味着这个墓葬的目的并不仅仅在于显扬死者的地位和提供保护遗体的物质环境，而是能动地参与和促成了生死之间的转化，使死者的形魄得以安居于地下，也使他的魂气得以自由地“发扬于上”。

从此墓的建筑设计和图像程序可以看出，在墓葬设计者的观念中，这个转化是分两步进行的，先后次序与《北史》中对乙弗氏葬礼的记载十分相似。第一步是尸体的入葬：死者的遗体被送入墓中，他的形魄在墓室和棺椁中得到安顿。第二步是魂气之飞扬：死者的无形灵魂由墓道“中介空间”中描绘的浩大礼仪队伍陪送，在青龙、白虎的带领下飞入天空。如果对乙弗氏葬礼的参加者来说，飞出墓室的云朵代表了这位皇后的魂气，那么懿德太子魂气的飞升则以图画的象征而得到实现。在此之后，墓道和天井 / 过洞的部分，也就是墓葬的“前区”或“中介空间”被填入泥土。这个区域中的精美壁画被全部掩埋，融入环绕墓室的大地（图 18）。在墓葬设计者和礼仪官员看来，这些壁画已经完成了它们的象征性功能。当墓主的灵魂升天之后，生人和死者都不再需要这些图像。

对此墓的营建和埋藏过程的这一重构，把我们带回到这篇文章的核心目的，即对“地上 - 地下”这个基本二元框架进行更细致的考察，进而对“墓葬”的概念进行反思。对懿德太子墓的分析使我们就这个目的提出两点看法。一是此墓的地下结构包括“前”“后”两个区域。封门墙之内的水平“后区”是为死者建构的领域，封门墙之外的斜坡状“前区”则是沟通地上与地下的中介地带。这个“中介空间”在建筑结构、画像内容和礼仪功能上都有自身的特点和理由。我们不应该简单地将其看成是墓穴的一个附加部分，而应该在中国古人的生死观和丧葬礼仪的基础上理解这个“地上和地下之间”的中介地带的逻辑性。

另一点看法是：一个“墓葬”的形态和定义不是固定的和一成不变的，而可能在营建和葬礼的过程中不断发生演化。以此墓为例，开始修建时构造的天井，有些在完成实用建筑功能后被掩蔽，有些则被转化为礼仪场所和象征性空间。更重要的是，在入葬之前，这个墓的“前”“后”两区共同构成其建筑和图像的内涵。但在入葬之后，墓道前部以及天井和过洞所构成的“中介空间”被泥土填埋，它们不再具有自身的建筑空间和观看空间，而是与周围的大地融合，从“墓”的概念和想象中消失。原先“后区”中的墓室和甬道则成为墓葬的唯一实体（见图 18），深深地被掩埋在墓冢之下和门墙之后，这个封闭的建筑体保存着自己的空间和所有美妙的图画。不再具备与外界交通的中介地带，它在概念上和物质形态上都与生人完全隔绝。

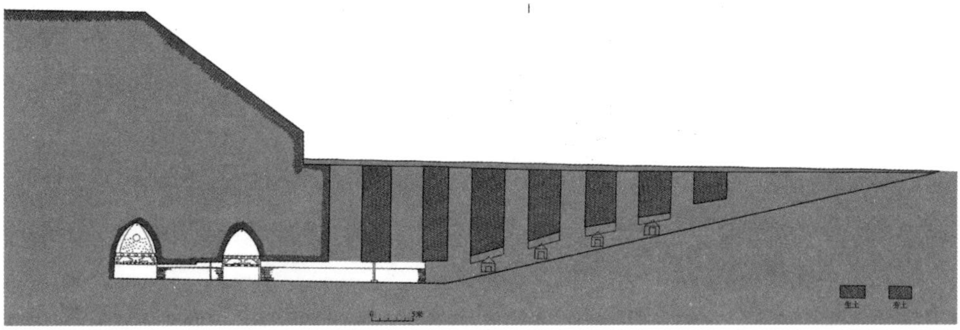

图18　李重润墓填埋以后示意图

注释：

[1] 唐贾公彦注《周礼·春官·冢人》：“隧与羡异者，隧道则上有负土，羡道上无负土。”可以作为唐人对于墓葬这两部分的定名。

[2]《文物与考古论集》，第322—343页，文物出版社，1986 年。转载于《傅熹年建筑史论文集》，文物出版社，1998年，第245—263页。

[3] 如申秦雁 、杨效俊：《陕西唐墓壁画研究综述 》，载周天游编《唐墓壁画研究文集》，三秦出版社，2001年，第3—4页 ； 李丹婕：《初唐铁勒酋长政治身份的多重表达——细读蒙古巴彦诺尔壁画墓》，载《艺术史研究》（第19辑），2017年，第146页。

[4] 傅熹年：《唐代隧道型墓的形制构造和所反映的地上宫室》，载《文物与考古论集》，文物出版社，1986年，第322页。

[5] 同上。

[6] 同上，第328—329页。

[7] 同上，第328页。

[8] 柏宇亮：《试论中国古代天井墓形成原因》，载《学术论丛》2009年第18期。

[9] 巫鸿：《黄泉下的美术——宏观中国古代墓葬》，生活·读书·新知三联书店，2010年，第215—224页。

[10] 有关讨论参见郑岩：《魏晋南北朝壁画墓研究》，文物出版社，2002年，第161—162页。

[11] 参见郑岩：《魏晋南北朝壁画墓研究》，第130 —135页。

[12] 发掘报告参见《文博》1988年第3期、《考古》1977年第2期。

[13] 如陕西咸阳苏君墓墓道中有七个天井，大大多于懿德太子、章怀太子等更高级别死者的天井数目。

又如一品亲王李凤的墓葬只有三个天井，而三品的李爽墓也是三个。种种情况说明天井的数量并不一定受到严格的礼制约束，也不一定确切地反映死者的官阶和地位。

[14] 陕西考古研究院、乾陵博物馆：《唐懿德太子墓发掘报告》，科学出版社，2016年。

[15] 巫鸿：《黄泉下的美术——宏观中国古代墓葬》，第222页。

[16] 陕西考古研究院、乾陵博物馆：《唐懿德太子墓发掘报告》，第119—121页。

[17] 原文为："神柩将入，有二丛云先入龛中，顷之一灭一出，后号寂陵。" 李延寿：《北史》，中华书局，1974年，第507页。

[18] "宰我曰：吾闻鬼神之名，而不知其所谓。子曰：气也者，神之盛也；魄也者，鬼之盛也；合鬼与神，教之至也。众生必死，死必归土，此之谓鬼。骨肉毙于下，阴为野土。其气发扬于上，为昭明，焄蒿凄怆，此百物之精也，神之著也。因物之精，制为之极，明命鬼神，以为黔首，则百众以畏，万民以服。"

唐代墓俑的制度与想象

林伟正　美国芝加哥大学

徐胭胭　湖南工业大学

20世纪70年代，陕西西安集中发掘了唐昭陵的一批陪葬墓，当时仅在《文物》发表了简报[1]，配以寥寥几张并不清晰的插图，对于墓葬内容和陪葬品未多说明。2016年，一套五卷本的昭陵陶俑图录[2]出版，在发掘的40年后首次公布了这批陪葬墓的出土陶俑，为这批并不新的发掘成果增加了大量新的材料和细节。其中，几个女俑很是特别，此类俑图录一共公布了四个，分属于长乐公主墓和段蕳壁墓。它们有一些共同特点：题材均为骑马女俑，制作方法都是彩绘陶俑。与其他同类型俑相比，它们虽也制作精细、色彩华丽，却不完整，明显缺少部分发髻，看起来有点奇怪。图录里是这么描述的："俑头顶中空且平直，应属于在制作成型后被削去上半部分。"[3]也就是说，这四件女俑的不完整是在制作完成后有意"加工"的，而非下葬之后造成的损毁。出土的两组俑相较，段墓的两件只是被部分地削去发髻顶端（图1），长乐公主墓的两件则被削成了平头（图2），完全看不出原有的发式。报告仅阐述了这一特殊现象，并未分析其为何如此，"有何用意值得去研究"。若想究其原因，可能并不复杂，图录中就已透露出线索。如果将之与同墓葬中的骑马女俑仔细比较，长乐公主墓各种类型的骑马俑通高均为22厘米，被削之后的两件女骑马俑测量高度为23厘米，差别不大。段墓两件被削发髻女骑马俑通高分别为40厘米、42厘米，该墓葬中造型完整的骑马俑最高一件为42厘米。削去发髻之后，"削发俑"的通高便与其余的骑马俑相近了。可以想见，未削发之前，这几件骑马女俑的尺寸是明显高于同墓葬中同题材俑的。也就是说，削发的原因应该就是其尺度过大。

图1　西安昭陵长乐公主墓出土女骑马俑，643年（采自昭陵博物馆《昭陵博物馆陶俑珍品集》，第四册，第42页，北京：北京联合出版公司，2016年）

其实，"削发俑"的出现有其特定的历史背景。按理说，俑的制作过程繁复，在制作完成后，俑的尺寸出现不一的情况理应是可预期的。长乐公主墓下葬时间为643年，段墓为651年，同属丧葬制度管理比较严格的初唐，两座墓又均为帝陵陪葬墓[4]，在墓葬制度趋于鼎盛的时期，墓俑的尺度有一定的规范，倘若尺度超过了制度的规定，不太过于影响外观的“削发”，似乎是已然失误的前提下不得已为之的补救措施，因此推断削发之因为尺度过大应可以成立。然而，“削发俑”虽然从制度层面上可说得通，但在削发的同时，“俑”似乎突然成了“东西”，我们的注意力从俑在墓葬内所扮演的角色功能，转移到这件东西在制度上的材质、尺寸、样式。[5]也就是，一刀削去发髻的同时，不但破坏了这几个俑的完整性，将我们拉进了理性的制度面，同时摧毁了俑带给我们对于墓葬的想象力。因此，从“削发俑”引申出的问题是：到底何谓“俑”？尤其是我们应该怎么理解唐代墓葬制度之下的俑？

图 2　西安昭陵段蕳壁墓出土女骑马俑，651年（采自《昭陵博物馆陶俑珍品集》，第四册，第73页）

（唐）俑的想象

作为特别为死者准备的陪葬品，俑自公元前 6 世纪开始在墓葬中使用，归属于明器的范畴。[6]《礼记・檀弓》中说：

孔子谓为明器者，知丧道矣，备物而不可用也。哀哉！死者而用生者之器也，不殆于用殉乎哉。其曰明器，神明之也。涂车刍灵，自古有之，明器之道也。[7]

“刍灵”指的即是用草扎成的人。虽然明器皆具沟通生死两界的功能，刍灵作为生人的替代品，自然不同于其他的明器（或“冥器”）。孔子虽然认同刍灵的使用，却反对使用“俑”，因为“俑，偶人也，有面目机发，有似于生人”[8]。孔子认为使用俑为不仁，却也正是因为人俑具有“形似”真人的外貌，他们不但为死者服务，还似乎具备一种“灵性”，因此可以在地下墓葬中与神灵沟通。

在讨论人俑之前，在墓葬中还有其他值得注意和比较的俑。第一类是镇墓俑，作墓葬驱魔辟邪之用。[9]早期多以镇墓兽出现，其形式简单，仅可见圆首、平面直身，立于没有纹饰的底座。战国中期之后，逐渐出现人面样式，有些例子上端并插有鹿角。到战国后期，“镇墓神物越富有理性和人性的特征”[10]，发展成为之后的镇墓俑。除此之外，墓葬中还有一类较具备人形的俑，就是所谓的“假形代人”，这或许是受到原始人形方术的影响，从战国开始，文献记载有不同材质（土、纸、木、石、金属）所制作的人形，用以替人受厄。[11]在墓葬里，东汉开始出现类似的这种人形“俑”，多用铅或锡制作，因此称为“铅人”或“锡人”，经常与其他镇墓品置于陶瓶中。[12]东汉晚期的河南灵宝张湾汉墓 M5 出土一件此类陶瓶，内装两件铅人，制作粗糙简单，只有人形和四肢轮廓而无细节。瓶上的“镇墓文”曰“以铅人金玉为死者解适，生人除罪过”，即以铅人替代死者接受地下鬼神的惩罚，同时使生人受益。[13]类似的代厄人形还有“桃人”“柏人”等，湖南长沙马王堆一号汉墓即发现三十余件这样的桃木人形。[14]这两类“俑”的例子，都因形似人而有别于作为明器的器物，但也仅限于“形似”。作为明器的一员，这些“俑”既非“物”也非“人”，置于特定的位置（比如椁内靠头箱处或四个角落），非物非人的中介性，使其得以应付死后地下世界（或阴曹地府）的各种神灵。不同于这些俑，本文所讨论的“人俑”虽然也都为了墓葬而存在，但他们更具真人形象，并直接服务于墓主人的需求，在地下作为陪伴墓主人主要乃至唯一的成员，更多是反映出地上的社会关系在地下世界的再现。

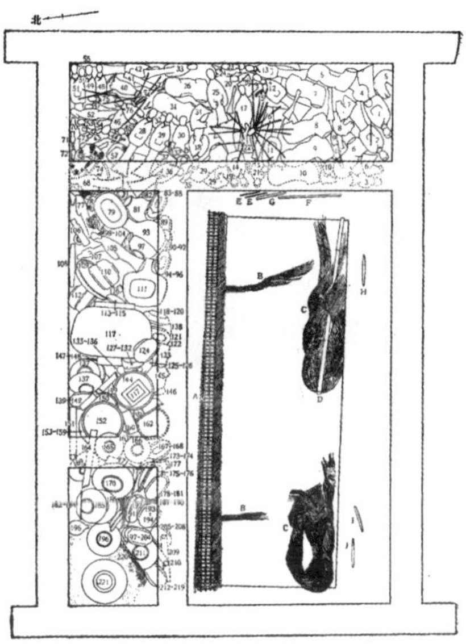

图3　湖北江陵凤凰山一六八号汉墓随葬器物分布图，公元前167年（采自湖北省文物考古研究所《江陵凤凰山一六八号汉墓》，《考古学报》1993年第4期，图7.1）

图4　湖北江陵凤凰山一六八号汉墓头箱北段随葬器物，公元前167年（采自《江陵凤凰山一六八号汉墓》，图版3.2）

湖北江陵凤凰山一六八号西汉墓（公元前167年）是一个长方形土坑竖穴墓[15]，棺椁置于墓坑底部中央，长方形椁室内分隔为三部分，棺在西南侧，北侧为头箱，右侧为边箱。出土时发现随葬品五百多件，主要集中在头箱和边箱（图3），头箱中置放颇为有序的人俑（图4），有佩剑、骑马、驾车的男俑，及其他袖手和持物的女俑共46件。人俑皆用整木雕出人形和姿态动作，头部和服饰以半圆雕与线彩绘出人物表情，看起来每个人俑都在椁室中各司其职，随时可服侍棺室中的死者。边箱底部发现的竹牍则证实了这些木俑的身份：

江陵丞敢告地下丞：市阳五夫，（大夫）遂自言与大奴良等廿八人、大婢益等十八人、轺车两乘、牛车一两、驺马四匹、駠马二匹、骑马四匹。可令吏以从事，敢告主。

告文中所记录的件数，确与实际情况吻合，同时出土竹简所记载的随葬物清单，即“遣策”，更逐一说明：

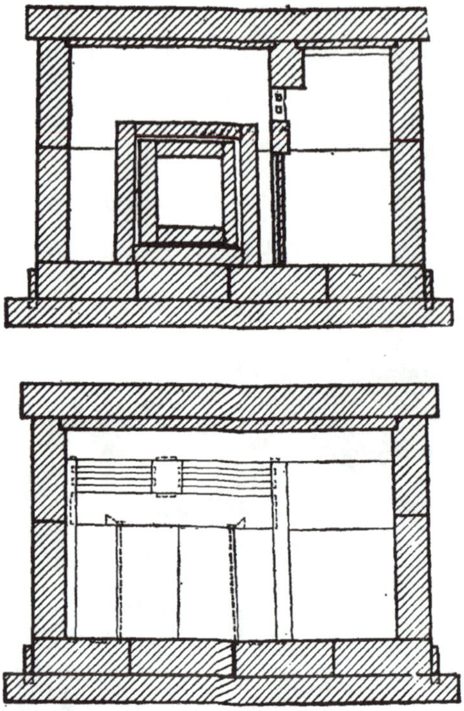

图5　湖北江陵凤凰山一六八号汉墓棺椁棺室和头箱之间，公元前167年（采自《江陵凤凰山一六八号汉墓》图版5）

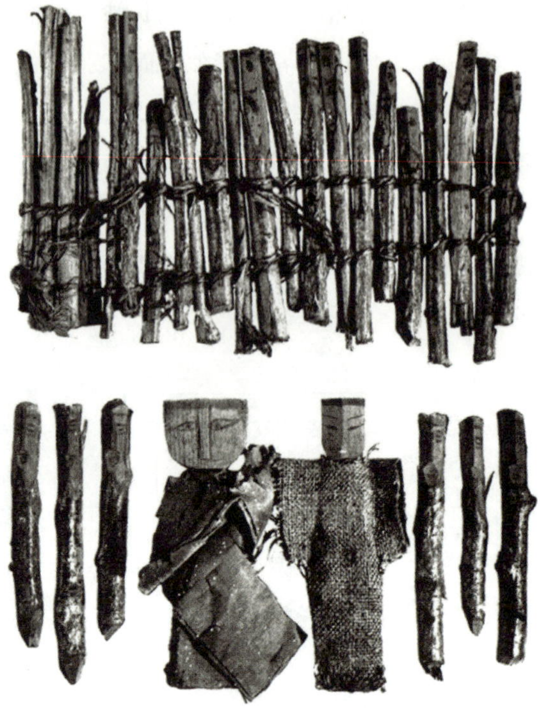

图6　湖南长沙马王堆一号汉墓棺盖板上出土的“桃人”（采自湖南省博物馆、中国社会科学院考古研究所《长沙马王堆一号汉墓》，下集，图版200，北京：文物出版社，1973年）

图7　湖南长沙马王堆一号汉墓出土戴冠着衣男侍俑（采自《长沙马王堆一号汉墓》，下集，图版201）

从马男子四人，大奴。

美人女子十人，大婢。

养女子四人，大婢。

……

这些不同的“角色”将人俑与其他俑区别开来，同时，在墓葬中构成一组以墓主人为中心的社会关系，暗示可能发生的活动与活动空间。通常，这类人俑大多出现于较大的棺椁结构中，椁内箱板还多有不同的门窗结构[16]，显示其模拟室内空间的意图。比如，凤凰山一六八号墓中，在棺室和头箱之间有一对相通的双扇门（图5），门板两侧有门框，上端有横额，组成简单的建筑构件。[17]虽然外椁高有2.19米（含垫木），但其实椁内箱板高仅1.54米，不足人高，这些门窗设置自然不是为生人而做，但它们的存在，却也为墓主死后生活提供各种可能性。

更完整的做法可见于长沙马王堆一号汉墓。前述该墓中发现桃人33件（图6），出土时全数置于内棺盖板上；不同于这些攘除凶邪的“俑”，椁内边箱中出土了16件木俑。其中北（头）箱最为特别，有26件一组的木俑，其中身着锦绣长袍、双手垂拱的男侍俑（图7），除了五官细致雕琢、彩绘外，还穿有丝绸衣服，显然不同于辟邪功能的俑。另有五个席地而坐的乐俑，手持不同乐器，坐东朝西面对墓主人的灵座，将北箱作为他们演奏的场所，这些木俑的摆设和所从事的活动，让墓葬似乎又“活”了起来、真实了起来。虽然这些人俑为木头制成，但装扮精致；另外还有一件身着罗袍的男立俑，其履下有“冠人”二字以表身份。[18]这些细节都充分表明这些人俑并非单纯的随葬物，可以在棺椁之中替代“真人”的功能。这样的替代给予我们一种“想象”，想象这些人俑会在墓门关闭之后，从事其被赋予的职责与功能，服侍墓主。也就是说，从实际墓葬的角度而言，“俑”的重要性并非只是“它是什么”，还有在墓葬建筑空间的建构中“它能做什么”[19]。但从俑“是什么”到“做什么”，需要我们用“想象”来完成，想象幽暗沉寂的墓葬“幻化”为一个热闹的世界。而俑的视觉形象和物质特性则是决定如何建构这个想象最直接的因素之一。

罗森（Jessica Rawson）在一系列的文章中分析了中国墓葬中“像”或“图像”（image）的概念，认为墓葬中不同的“像”，尤其是人俑和壁画，为死后空间建构了一个可以认知的世界，其中“像”的“形似”成为重要的依据。譬如秦始皇陵的兵马俑，从每个俑发饰的细致呈现，盔甲细节正确的塑造，以及表情、动作、姿态的再现，以至于整个兵马坑内军队阵型的安排，都可以看出在兵马俑制作的背后，有种希望模糊“像”和“真实”之间区隔的意图。在此意图之下，罗森认为兵马俑并非替代物，而是实质意义上可在地下完成使命的军队。[20]在其另一篇分析墓葬的文章中，她认为我们不应仅将“像”作为名词（比如“人像”），更应将之视为动词（“创造一个人”）。[21]比如《史记·秦始皇本纪》关于始皇帝陵地宫的记载说“以水银为百川江河大海，机相灌输”，这些设计并非仅在“以形写实”，安置机关令其自行运行，而是在墓室中创造一个更大的宇宙图像，使之“上具天文，下具地理”[22]。

从东周末年开始，楚墓中就出现了组装的木俑，头与四肢分别雕刻，再以木榫组装，木俑因此成为四肢可以活动的装置。在西汉陵墓中也见类似俑的做法[23]，但更胜于东周的例子，这些高约60厘米的“着衣式木臂陶俑”不但原身着衣物、有可活动的木制手臂（已腐朽），还有更多的身体细节。男俑面部有须，发髻挽于头部后方（图8）；女俑则面容秀气，发髻在颈后梳理成锥形（图9）。同时，掩盖于衣服之下的身体特征和生殖器官皆有表现，似乎只有如此的巨细靡遗，才足以赋予木俑宛若真人的形象。换句话说，当我们想象这些木俑“能做什么”时，并非只是空想，俑的制作、装扮、形象不但反映了当时古人对于俑的期待，更诱发我们将“俑”这个东西视为能做什么的“人”的想象。而汉代之后，尤其是隋唐时期，在墓俑的

图8　西汉景帝阳陵出土男俑，约60厘米，公元前141年（采自李库《西汉景帝阳陵随葬陶俑研究》，《荣宝斋》2016年第3期，第42页）

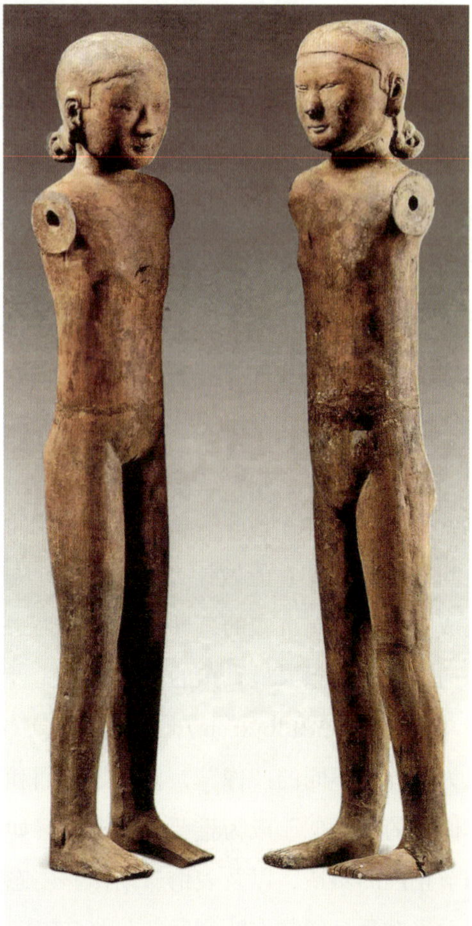

图9　西汉景帝阳陵出土女俑，约53厘米，公元前141年（采自《西汉景帝阳陵随葬陶俑研究》，第44页）

制作达到高潮的时期，对于俑与人之间互换的想象似乎也最为明显。

五代的《北梦琐言 》中记载一则晚唐有关女俑的故事。据说唐文德中（888 年）有位京官姓张，寓居于苏台，常往来于文人陆平事的院子，为一个美人所爱，但来往多时之后，张生心里开始有些疑虑，疑窦不解因而日渐消瘦。此时他遇上了开元观道士吴守元，道士观之便说他带有不祥之气。于是“授以一符，果一冥器婢子，背书‘红英’字”，张生在恍然大悟之下，将符给烧了，之后那位名为“红英”的婢女也就不再出现。[24]这类志怪小说自然并非事实，但唐墓中确实有大量婢女形象的女俑，她们的身份也常书写于身上。咸阳、福州、扬州、衡阳、郑州、洛阳、巩义的中小型唐墓中都出土过带有“题字”的俑，多为素烧或彩绘，也有少数为三彩。这些俑的背后题有辨别身份的文字，有类似“文官”“武官”的职称；但也有称名的，如“素卿”、“春花”（图 10）、“秋月”等。[25]这些题名女俑的出现，间接证实了上述“红英”婢女的故事或许确有实物依据。

这类有关墓俑的传奇故事，似乎将“俑”作为可穿越生死两界的媒介，透过制作中有意的装扮，赋予它们似人的形象，俑也因之超越了其原本的物质性，成为“神明之器”，也因此，当“红英”女俑的形象随符焚烧之后，作为“红英”的女婢也就随之不再。若这是唐人可能普遍的认知，“削发俑”的做法似乎不合常理，因为俑被削发的同时，也挑战了墓俑在唐代被人所预期的功能和想象。

图10 唐“春花”女俑，巩义南河渡采集（采自梅则文、廖永民《唐代题字俑探秘》，《收藏》2010年第12期，图版6）

唐俑的制度

跟墓葬、人鬼相关的故事自堪舆术发展的秦汉时期就已出现，反映了早期灵魂观念、祖先崇拜、鬼神信仰等有关墓葬文化的思想，当时也是镇墓概念发展完备的主要时期。[26]在志怪小说成熟的魏晋南北朝，从鬼神世界的想象发展出的更多是人鬼关系的故事，它们反映在许多迁墓、盗墓所引发的怪谈中，比如《搜神记》《列异传》等。但这些故事的叙事角度多是以死者为主，少有墓中其他“人物”的参与。[27]进入唐宋时期，才始见“俑”在故事中出现，甚至成为故事的主角，比如前述《北梦琐言》中晚唐女俑的故事。[28]虽然这些都是志怪传奇，然而故事所记载发生的时代，却大多是在葬制最为严格的唐代，似乎指向两者之间可能存在的关系。

唐代葬制的发达有两个历史背景。第一，俑在墓中的数量逐渐增加。南北朝时期，全国并无统一葬制，从墓室形制、空间布局、葬具使用、陪葬品数量，到壁画内容都因地域而异。但总的来说，越到五六世纪越可见包含数量庞大墓俑的墓葬，尤其是北方高等级墓葬。如北魏镇西大将军司马金龙墓（484 年）中出土了 367 件俑，东魏皇室茹茹公主墓（550 年）出土了 1064 件俑，磁县湾漳北朝壁画墓（约 560 年）则出土了超过 1500 件俑（图 11）。为了应付数目逐渐增加的俑群制作，制作技术也相对提高。其中，“模制”成为主要生产方式，不仅有合模陶俑，更多是半模整体制作，或分段压模粘接，烧制后表面先施以白色，再上彩绘，用精简的方式得到最大的效果。唐代多延续这样的制作方式，但技术上的更进步，造型和装饰上的更丰富、完备，成就了唐俑变化多端的美名。[29]第二，在秦汉时期墓俑几乎只见于高等级墓葬，但魏晋南北朝时期墓俑则被普遍使用，因此墓俑的有无或多寡等也逐渐跟墓葬形制、墓道长度、天井和过洞的数量一样，成为墓葬等级的标志，体现墓主人身份地位的方式。[30]

图11　河北磁县湾漳北朝壁画墓墓室及其中发现的陶俑，约560年（采自中国社会科学院考古研究所、河北省文物研究所：《磁县湾漳北朝壁画墓》，图版5.1，北京：科学出版社，2003年）

隋唐墓葬制度大致承袭统合了北魏、北齐和西魏、北周的做法[31]，但在丧葬制度层面更加完善、规范。齐东方在《唐代的丧葬观念习俗与礼仪制度》一文中强调“丧葬礼仪中的等级规定是核心”[32]，一语道破唐代墓葬相关的制度中最重要的架构。三品以上、五品以上、九品以上、庶人的墓葬，在唐代文献中都有相对应严格缜密的等级制度，这在墓葬形制和随葬品上也多有体现。相较于前朝，唐代制度上的管控更为严密，使墓葬规格设计有规范可循。由此观之，唐代丧葬仪式和内容都应视为唐代社会阶级区分的一个延伸，这也包括墓俑的制作及其在丧葬中的使用。

就制度而言，唐代律令对于随葬品有明确的规定，《唐会要》中有记载：

王公以下，送终明器等物，具标格令，品秩高下，各有节文。[33]

而对于明器的规定则见于开元二十六年（738年）《唐六典》中《匠作监》下的“甄官令”。据载：

凡丧葬则供其明器之属（别敕葬者供，余并私备）三品以上九十事，五品以上六十事，九品已上四十事。当圹、当野、祖明、地轴、诞马、偶人，其高各一尺；其余音声队与僮仆之属，威仪、服玩，各视生之品秩所有，以瓦、木为之，其长率七寸。[34]

唐代明器的内容以俑为主[35]，除了人俑与动物俑等之外，还有神煞之属的当圹、当野、祖明、地轴，作为镇墓之用。[36]文中针对俑的规定，主要是提出了“俑”在丧葬中如何作为区分品秩的标准，这包括俑的类型、数量、高度、材质。人俑部分，“偶人”是个较为宽松的类别，“音声队”当指仪仗、鼓吹俑，“童仆”则是墓葬传统常见的男女侍从、婢子仆人等。这些不同类型俑应符合其相应的数量与高度，并按照指定允许的材质为之。当然，从这些规定中可窥知，在法制的语境之下，“俑”其实被视为陪葬品的部分，以“事”为量词，为可按计算来衡量的事物。这些都看似合理，但在制度这个角度之下所见的俑，似乎也丧失了其“神明之器”的意涵。

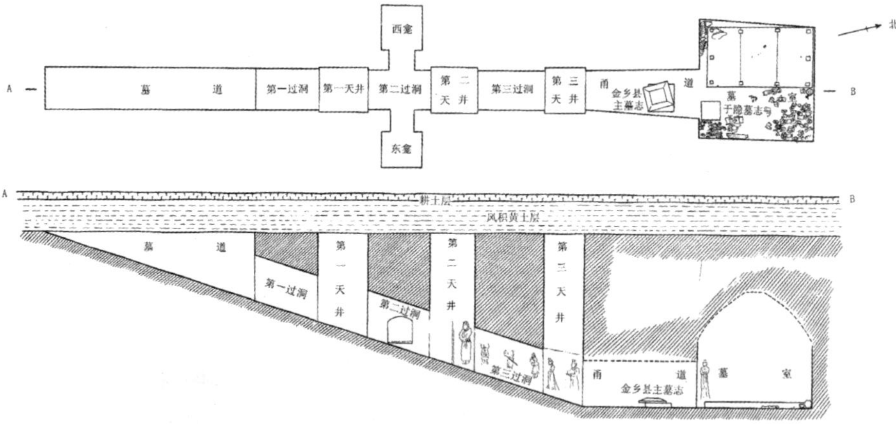

图12　西安市东郊金乡县主墓的平、剖面图，724年（采自王自力、孙福喜编著《唐金乡县主墓》，北京：文物出版社，2002年，图版3）

让我们拿单一墓葬来审视上述制度的规定，并提出一些问题。且以位于西安市东郊的金乡县主墓为例。[37] 金乡县主为唐高祖之孙女，滕王李元婴之三女，按《旧唐书・职官志》载，王之女，视正二品。但由于其丈夫于隐先死，于隐任蜀州司法参军，为七品下，墓初建时（689年）即按照于隐的官秩兴建。该墓是单室方形土洞墓，有三个过洞和三个天井（图 12），符合于隐的身份；但墓中出土大部分的陪葬品，都是金乡县主下葬时（724 年）的随葬，陪葬品组合也因此皆按金乡县主的身份而定。墓中共出土 155 件墓俑，参照《唐六典》规定的类型，再按高度排列，得出如下：

（1）58—63 厘米：神煞者，镇墓兽、天王、文官、武官

（2）40—50 厘米：偶人者，牵驼牵马俑

（3）37.5—36 厘米：仪仗者，各式骑马俑

（4）28—31 厘米：鼓吹者，骑马鼓吹俑

（5）24—26 厘米：童仆者（大），男女立俑

（6）16—18 厘米：童仆者（小），男女立俑

（7）10 厘米以下：各类百戏俑和动物俑

如果不将 24 件动物俑列入总数计算，金乡县主墓中的明器仍有 131 件之多，超过了“九十事”的数量规定。齐东方曾推论，前述《唐六典》“甄官令”规定的文首处，若判读为“别敕葬者，供余并私备”，则可解释为：九品以上官员获“敕葬”者，明器当按照死者品级由官给，超过规定数量的随葬品则由丧家自备。[38] 这或许可以解释唐初盛期许多墓葬所出明器数量都不符合规定的原因。若是如此，死者在获“敕葬”官供明器的同时，就已符合其身份品秩，丧

家为何还要自备？

其次，虽然墓俑总数超越规定，同时尺寸也高于规定中最高的一尺（约 30 厘米），但类型间相对的尺度大致符合前文中的原则，即分为三大类：尺寸最高大的镇墓和偶人，中等的鼓吹仗仪俑，以及最小的童仆俑和更小的百戏动物俑。属于神煞的俑因为在墓葬内的镇墓功能与其他墓俑不同，其高大的尺寸是可以理解的。但其他墓俑之间，为何还要以尺寸大小来区分呢？最直接的答案是因为重要性不同，越大者似乎越具礼仪功能，越小者则越不重要。但同样是童仆的男女立俑，还有大小之分，这区分并不在《唐六典》甄官令的规范之中，我们又该如何解释呢？

总的来看，《唐六典》中对于明器的规定起到一定作用，但在实际制作上，也就是"俑该怎么做"这方面，并没有实际规范，也就成为丧家可着力之处。比如金乡县主墓出土了五件少见的"骑马伎乐女俑"（图 13），通高约 36—37.5 厘米，每个女俑手持胡乐乐器，身穿窄袖缺袴袍，侧身做出演奏的姿态，粉面秀唇，优雅有致，同时生动传神，从她们专注的表情，观者似乎也可听见乐声一般。这组骑马伎乐俑比同墓中的鼓吹俑高大，应该不属于鼓吹性质，考古报告称"应属一部'女乐'"[39]。暂且不管它们是否确实是"女乐"，其刻画之细致、构思之巧妙，与约为同时期的永泰公主墓（706 年）、懿德太子墓（706 年）、惠庄太子墓（724 年）中所出骑马俑相比甚至更为高大一些的事实，都显示这些细腻的视觉表现、精致的制作程度是制度无法管控到的盲点。

图13　金乡县主墓出土女乐伎俑，724年（采自《唐金乡县主墓》，图版61）

其实，丧葬制度较为严格的初盛唐时期，也是墓俑的外观最受注重且华丽的时代。三彩俑出现的 690—750 年也属这个时期。彩釉陶的烧制所需温度较高，又要二次入窑，但烧成后除了面部细节的刻画外，不需额外加工。其色彩浓艳的外观符合当时的需求，在中下品官墓葬中特别受到青睐。[40]高等级墓葬中三彩俑的制作、颜色控制和层次则更佳（图 14），但更多更华丽的则是彩绘俑，即素烧陶俑在烧制后以彩绘在其上刻画细节，其虽没有三彩釉烧后整体的

图14　西安唐懿德太子墓出土三彩骑马武士俑，706年（采自陕西省考古研究院、乾陵博物馆编著《唐懿德太子墓发掘报告》，图版24.1，北京：科学出版社，2016年）

光泽感，但手工绘彩的技法更能表现其细节，而其繁复精细的程度尤仅见于高等级墓葬中（图15）。懿德太子墓出土的“彩绘兜鍪甲骑具装俑”（图16），其身甲和膝裙都残留金片，考古报告推测“可能其兜鍪和身甲原本都是金色甲”[41]。也就是在彩绘之外，局部还有贴金。又如骑马武士的头盔和马的面帘都可见保存完整的金箔，衬托精细的彩绘。其虽通高仅33.8厘米，还不足于金乡县主墓出土的骑马伎乐女俑，但其丰富的色彩光泽和整体的视觉效果似乎更胜一筹。

上述的两个例子，即金乡县主墓及懿德太子墓的墓俑中，其制作都是在没有逾越规范的前提下，追求外观的华丽和视觉表现，但这两个应不是特例，恐怕也是因为如此，在前引开元二十六年《唐六典》“甄官令”规定之后的

图15　西安唐懿德太子墓出土彩绘风帽骑马乐俑及其服饰复原图，706年（采自《唐懿德太子墓发掘报告》，图版57.1、55.1）

图16　西安唐懿德太子墓出土彩绘兜鍪甲骑具装俑细部，706年（采自《唐懿德太子墓发掘报告》，图版64.2）

图17　河北磁县湾漳北朝壁画墓出土甲胄骑兵俑，约560年（采自《磁县湾漳北朝壁画墓》，图版10.2）

第三年，朝廷即以诏敕的方式更新规定，即《唐会要》卷三十八《葬》中所记的开元二十九年正月十五日敕：

古之送终，所尚乎俭。其明器墓田等，令于旧数内递减。三品以上明器，先是九十事，请减至七十事。五品以上，先是七十事，请减至四十事。九品以上，先是四十事，请减至二十事。庶人先无文，请限十五事。皆以素瓦为之，不得用木及金银铜锡，其衣不得用罗锦绣画。其下帐不得有珍禽奇兽，鱼龙化生。其园宅不得广作院宇，多列侍从。其辆车不得用金银花，结彩为龙凤，及垂流苏，画云气。其别敕优厚官供者，准本品数十分加三等，不得别为华饰。[42]

开元二十九年敕令是对丧葬内容的削减和限制，明器数量按品秩递减，同时“皆以素瓦为之，不得用木及金银铜锡，其衣不得用罗锦绣画”，也就是俑应都以素陶为之，不可使用贵重金属，或穿戴过分装饰繁复的衣服。显示新的敕令在数量之外，也包括对于俑外观的规范，针对的似乎是当时的厚葬之风，学界一般也持相同见解。但值得注意的是，诏令最后还加了一句“其别敕优厚官供者，准本品数十分加三等，不得别为华饰”，意思是获得“敕葬”优厚待遇者，允许明器件数增加30%。对比《唐六典》所载的规定，新的规定允许三品以上明器数量的上限为70件（原90件），五品以上为40件（原70件），九品以上为20件（原40件）。可见更新后的规定其实受影响最大的是中下品官墓葬（尤其是中品），而非上品或高等级墓葬。但上述对俑制作的规范——不论品秩——则保持不变，同时还“不得别为华饰”。足见开元二十九年中所谓“减丧令”的规定，着重于全面的限制过度华丽装饰墓俑的现象。但为何如此呢？

同是皇家级墓葬，若比较懿德太子墓（706 年）所出的彩绘兜鍪甲骑具装俑与磁县湾漳北朝大墓（约 560 年）所出土的甲胄骑兵俑（图 17），后者骑兵和马之间的比例及姿态显得有些许笨拙。同样都是彩绘俑，后者既无前者缜密刻画的细节和线条，又无颜色的光泽华丽，但其实前后两者之间在制作陶俑技术上并无巨大的差异。唐代不断重申丧葬“尚乎俭”的同时，也是墓俑表现出最生动如真、最具戏剧感的时期，制度的规范似乎无法抑制唐代制作生动写实的墓俑。但问题是，为何需要此一限制呢？

唐代丧葬礼制：被观看的语境

墓俑虽然是为墓葬制作的明器，在唐代有两种被生者观看的语境。第一种是在送葬的过程中，当墓葬等级制度成为标示死者社会身份的方式时，也就表示有借违礼越制以彰显个人或家族地位的可能性。贞观十七年（643 年）唐太宗就曾下诏明察违纪者，录状闻奏：

勋戚之家，多流遁于习俗。闾阎之内，或侈靡而伤风，以厚葬为奉终，以高坟为行孝，遂使衣衾棺椁，极雕刻之华；刍灵明器，穷金玉之饰。富者越法度以相尚，贫者破资产而不逮。徒伤教义，无益泉壤，为害既深，宜为惩革。其王公以下，爰及黎庶，自今以后，送葬之具有不依令式者，仰州府县官明加检察，随状科罪。[43]

这表明，早在贞观年间就已有“刍灵明器，穷金玉之饰”的情况，虽有禁令，但似乎屡禁不止，本文所讨论的丧葬制度的制定也是这个长期风气之下的产物，但如果这个趋势只见于墓葬中，是如何被查知的呢？曾参与《大唐开元礼》修撰的唐丞相张说（667—731 年）于开元十五年（727 年）曾告诫奢侈越制的后果：

开府王仁皎（651—719 年）以外戚之贵，坟墓逾制，襚服明器，罗列千里。坟土未干，家毁子死。殷鉴不远，子其择焉。[44]

这里所说的“逾制”显然并非仅限于墓葬中，而是在丧礼进行间，丧家在道路上炫耀展示馈赠死者的衣物明器，浩浩荡荡，罗列千里。原本应该只属于墓葬的陪葬品，反而成了吸引路人眼目的道具，而这也解释了为何有势力的丧家，在备齐与死者身份相符的明器数量后，还另自备更多的陪葬品；同时，开元二十九年的“减丧令”，也旨在遏止类似制作过度华丽装饰的墓俑。但显然这也非个别的例子。《旧唐书》记载，早在太极元年（712 年）左司郎中唐绍（卒于 713 年）就已针对类似现象上疏过，谏曰：

臣闻王公已下，送终明器等物，具标甲令，品秩高下，各有节文……近者王公百官，竞为厚葬，偶人像马，雕饰如生，徒以眩耀路人，本不因心致礼。更相扇慕，破产倾资，风俗流行，遂下兼士庶。若无禁制，奢侈日增。望诸王公已下，送葬明器，皆依令式，并陈于墓所，不得衢路舁行。[45]

可见明器中的偶人像马“雕饰如生”实为炫耀路人的手段，许多人更是倾家荡产以此相互竞赛，因此上疏文中希望王公以下之人能按品秩高下为之，同时不得于路上罗列繸服明器，而是按照礼制陈列于墓所。

关于此时期礼制对于“丧葬礼”的规定，则可从开元二十年编成的《大唐开元礼》中“凶礼”的相关内容里窥知。上述举例有关明器的规定，多是针对官员在执行丧葬礼法中细节的问题，以“令”规范不同品秩官员所允许的做法。而“礼”所涵盖的则是“丧葬规定的内容、程序”[46]。如果以三品以上的礼制为例，按照仪目，其丧葬的程序可分为“丧”“将葬”“墓上进止”“葬后祭”及“改葬”。由于最后两项不在本文讨论范围之内，这里仅就前三项作说明。[47]“丧”指从死者死后开始到家属在丧宅内服丧结束的整个过程，仪式包括为死者沐浴更衣、小殓、大殓、吊唁、亲属宾客致奠等，并预备将死者送往墓地。“将葬”则包括装载死者的柩车从自宅出发、沿途的程序，以及到达墓地的送葬过程。“墓上进止”则指在抵达墓地之后在墓前举行的仪式，下柩入墓直到掩圹以及之后祭祀的整个过程。

在上述的整个过程中，丧葬礼三次提到对于明器的规定。第一次是在“将葬”仪目之下的“陈器用”，即在柩车出发前，需将明器“陈于柩车之前”，为车行做最后的准备。第二次则是在到墓之后，先“陈明器”于圹东南，预备祭奠。第三次则是入墓后，在陈设供给墓主人的食物之后，将“明器设于圹内之左右”[48]。若按照《大唐开元礼》的规定，类似“当衢设祭”的第一种观看语境则不应发生。相较之下，《大唐开元礼》所提到的三次“陈明器”则是明器的第二种观看语境。除了最后一次在墓中陈设，前两次的“陈明器”则提供了明器参与丧葬仪式的机会，一次在丧家出发时，另一次在抵达墓地处。两处之间，明器则是送葬车行中的一部分。按“器行序”的规定，送葬车行由鼓吹者在灵车中先导，后方跟着“方相车、次志石车、次大棺车、次辆车、次明器车”等。[49]即载明器的车具在乘载灵柩的辆车之后而行，直到墓地。经过第二次在墓圹前的“陈明器”，明器最后才安放于墓中。

这两个观看语境虽然性质不同，但也证实墓俑在入墓之前，确有为人观看的环节。它们华丽而雕饰如生的装扮可炫耀路人，展现丧家声望地位。在丧葬仪式中，生动写实的墓俑更是鸣鼓喧哗的丧葬仪式中栩栩如生的参与者。金乡县主墓志铭对于送葬至墓地时的情景有如此描写：

> 山云寡色，陇树凝阴。野旷而笳鼓喧哗，林静而旌旗黯色。[50]

词句足令人想象鼓吹引导之下送葬车行来到城郊墓地的景象。而金乡县主墓出土的明器中，数量最多的正是一组18件的骑马鼓吹俑（图18）。虽然在骑马俑中体积最小，制作也没有骑马伎乐女俑精致，但其造型强调了演奏的姿态和瞬间，似乎在送葬的过程中，鼓吹俑也随着引导的鼓吹仪仗在灵柩之后“笳鼓喧哗”地将死者送入墓中，并随墓主人被陈设于圹内。当所有陪葬物安置完毕，“掩户”“覆土”，明器在地上的语境才永远终止。

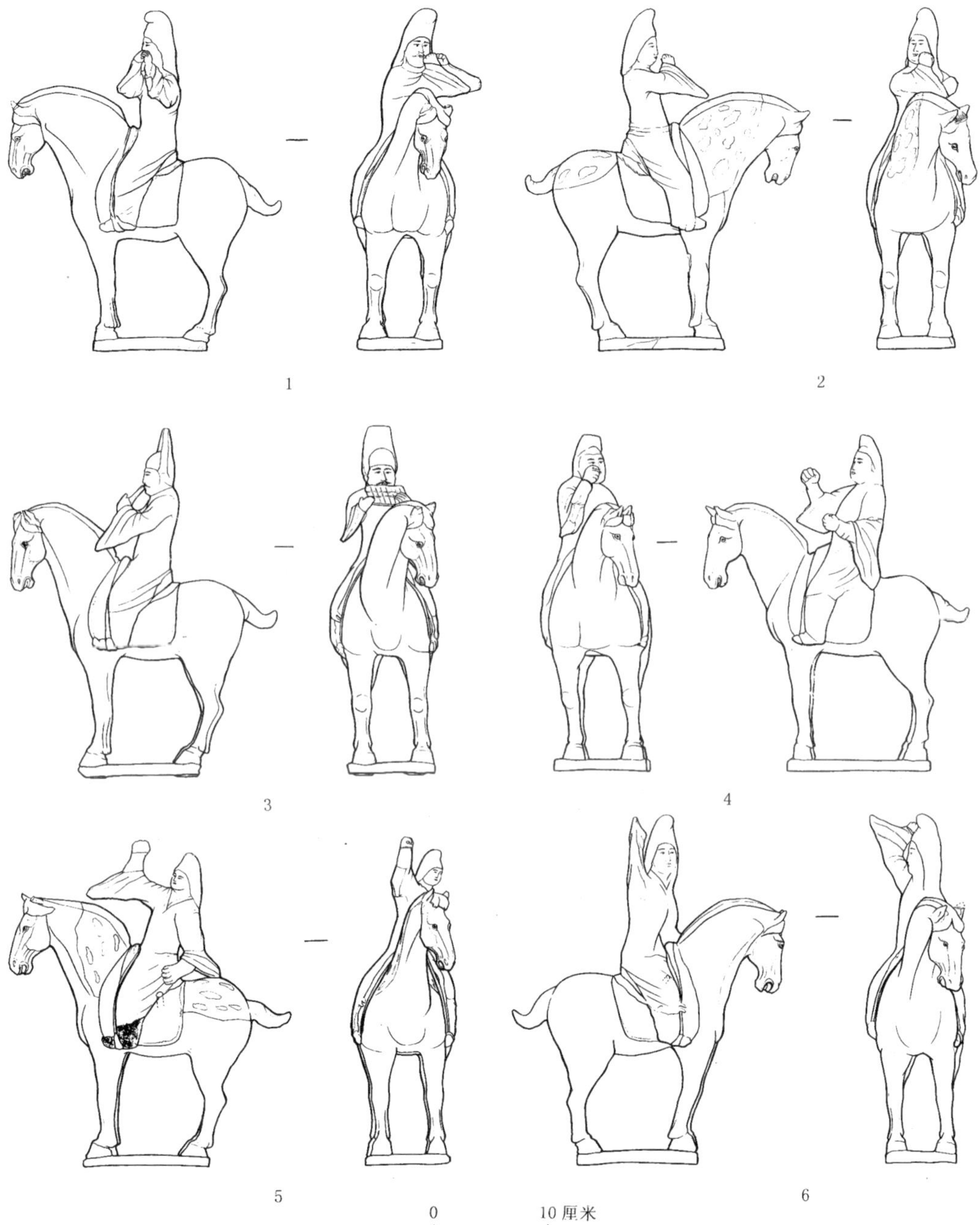

图18　金乡县公墓出土鼓吹仪仗俑，724年（采自《唐金乡县主墓》，图版33）

地下墓葬：跨媒材的想象

丧葬过程虽然繁复，但透过种种程序才足以完成死者的身份转变，由社会中人转为地下墓主人。相应地，墓俑经过送葬的过程，完成了其在地上的功能，才由丧葬规范所认定的明器转变为陪同墓主人建构地下死后世界的角色。因此，墓门的关闭不但完成了这个从地上到地下的转变，也给了我们一个理解墓俑的封闭完整的空间和语境。但有关丧葬制度的文献材料止于掩圹，对于墓门关闭后其内的空间却只字不提。同时，再以金乡县主墓为例，只有不到三分之一的墓俑进入了墓室，其余则分置在墓道两侧的东西龛内（见图12），骑马鼓吹俑均在东龛，骑马伎乐女俑则在西龛内。当黑暗的墓中不再提供一个被观看的场合时，是否这些制作精致、雕饰如生的墓俑也就无用武之地了呢？

在进一步分析这些放进墓葬中的唐俑之前，我们想先讨论唐代高等级墓葬中使用房形石椁的一个重要先例。隋代李静训墓建成于大业四年（608年），墓主人是隋文帝杨坚（541—604年）的孙女，墓葬属皇家等级。但因李静训死时仅九岁，墓中做了许多特殊的调整[51]，比如房形石棺的使用和墓俑的放置。不同于此前的房形石葬具均为石椁，且多放在墓室靠北壁处，面向入口的南壁[52]，李静训的葬具则为一具房形石棺，先装在完全没有雕刻装饰的椁内，再置于长方形竖穴坑的正中间（图19），面朝西。墓中所有贵重的陪葬物都放在棺内；其余随葬品则放置于棺上以及棺椁之间的空隙，其中包括了84件墓俑（图20）。虽然看似凌乱，但墓俑摆设的位置并非随机。比如，石棺南侧石板上有线刻的两扇大门，两侧门墙上各刻有一名男侍（图21）面对墓室的入口，武士俑和镇墓兽也因此都是放在南侧，作为镇墓之用；石棺的正门（面向西）则除了少数文官俑和女侍俑立在门扉之外，别无其他陪葬物；同

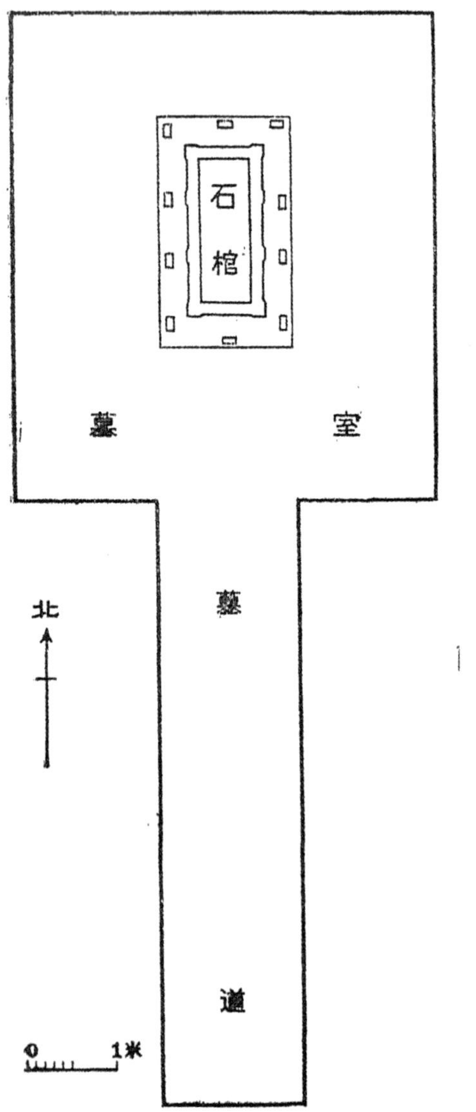

图19 西安近郊隋代李静训墓墓室平面图，608年（采自中国社会科学院考古研究所编著《唐长安城郊隋唐墓》，图版2，北京：文物出版社，1980年）

时，石板上雕刻出大门一对，门扇上有门钉和铺首门环，两侧门墙上还有直棂窗，与南侧的“侧门”有所区别。有意思的是，虽然正门两侧并无线刻门吏，靠在正门门扉上的男侍俑（图22、图23）却与南侧线刻的男侍形式相同，不同点在于南侧为二维线刻，正门前则是三维的立俑。其次，虽然出土报告没有提及石棺内部四壁的图像，但据报告，相对于石棺正门前的立俑，石棺门的背面亦有线刻二女侍。总的来看，李静训墓中刻画在石板上的人物角色与实际墓俑相对应，彼此所扮演的角色似乎也可互相取代。

在墓葬中，把画面上的人物也当成是俑的做法可能起源很早。在比较长沙马王堆三号汉墓（前168年）出土的墓俑和遣策时，学者已注意到，虽然该墓有104件俑，远不及遣策上所记的“右方男子明童，凡六百七十六人”“右方女子明童，凡百八十人”[53]。极可能遣策上的数字也包括画在东西两壁帛画上的人物。[54]确实，在研究墓葬时，我们一般惯性地将墓中的人物按照媒材来区分，同时，若非在同一个画面，也很少注意到人物之间的关系。比如，之前所见金乡县主墓中男女立俑的大小之别（图24），从俑的装扮可知，尺寸的大小也意味着墓中人物阶级之别。唐俑中常见这样的区别，比如河南洛阳唐定远将军安菩夫妇墓，最大一件女立俑为39厘米，两件中型女立俑高34厘米，其余女立俑23件高矮不等，最矮者24厘米。俑的大小成了地下空间中等级评判的绝对标准。[55]同时，虽然同墓室中东西棺床上的人骨散乱，无法判定墓主夫妇，但从男女俑按性别分别置于两个棺床的情况推测，男俑所在的东棺床应当是属于安菩的，西棺床则为其夫人的。这些进一步的尺寸和性别之别虽不在丧葬令或礼的规范之内，但却是建构和想象墓葬之中人物角色阶

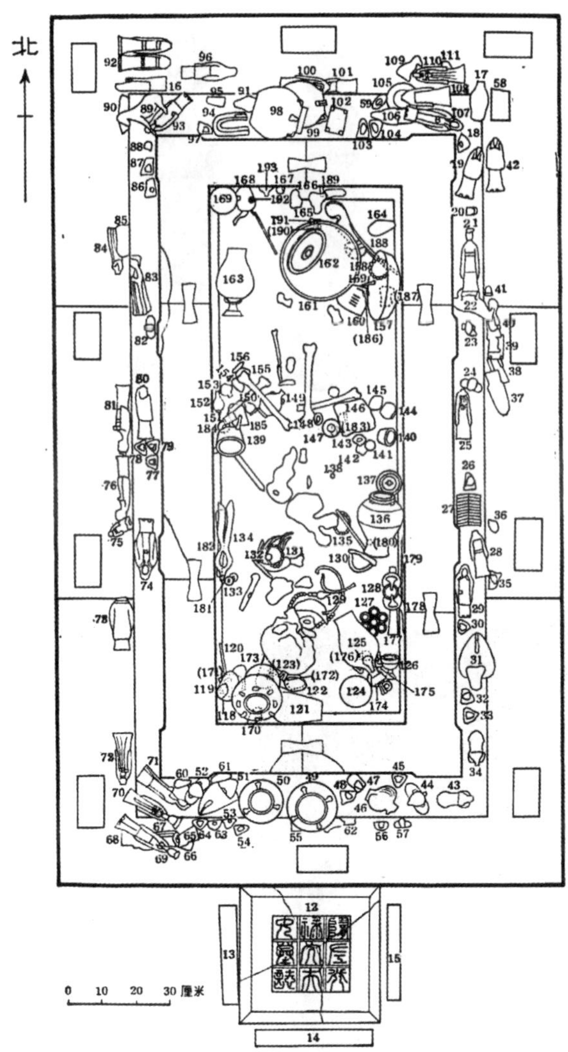

图20　西安近郊隋代李静训墓棺椁内外陪葬物分布平面图，608年（采自《唐长安城郊隋唐墓》，图版4）

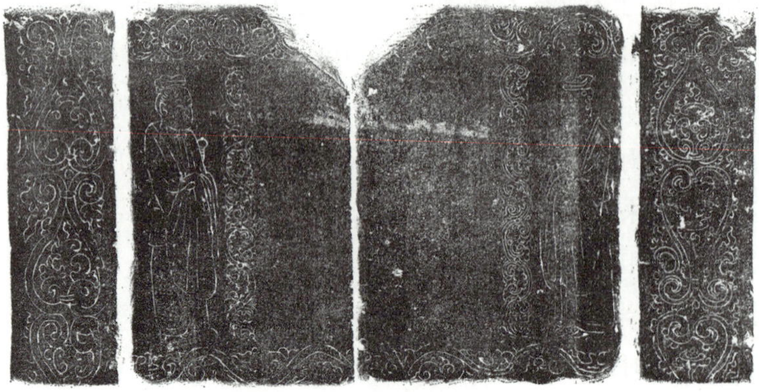

图21　西安近郊隋代李静训墓石棺南壁线刻大门和两侧男侍，608年（采自《唐长安城郊隋唐墓》，图版10）

图22　西安近郊隋代李静训墓石棺正门出土情况，608年（采自《唐长安城郊隋唐墓》，图版5.1）

图23　西安近郊隋代李静训墓石棺正门出土的男俑，608年（采自《唐长安城郊隋唐墓》，图版22.4）

图24　金乡县主墓出土三种不同尺寸和装扮的女俑，724年（采自《唐金乡县主墓》，图版26、29、36）

级关系的重要依据。

这样的区分也可见于壁画。例如在懿德太子墓前室西壁上有两组相对的壁画（图 25），每组各有七位仕女，从位置和发髻形式来看，各组为首的仕女身份较高，同时也是尺寸最大的。同样，永泰公主墓的前甬道两侧（图 26）各画有两组仕女，身份较高者明显也是身长高者，在服饰、发饰等装扮上也有相应的区别。前述墓俑身份区分的原则和方式，同样也适用于壁画中的人物。反之，壁画中人物从事的活动及其互动，似乎暗示墓俑有同样的行为和活动能力。或许有读者会问：唐墓中大部分的墓俑都是堆放在墓道两侧壁龛[56]中，甚至被“关在”带着铁锁的木门之后，似乎与墓室其他空间和壁画相隔离，没有提供给我们想象它们在墓室中活动的线索，这又该如何理解呢？

图25 西安懿德太子墓前室西壁南北两幅相对的壁画，706年（采自《唐懿德太子墓发掘报告》，图版103、104）

图26 西安永泰公主墓前甬道壁画，706年（采自 Cao Yin, ed., Tang: Treasures from the Silk Road Capital, Sidney: Art Gallery of New South Wales, 2016, 102–103）

图27 唐桥陵惠庄太子李㧑墓中第一天井西壁壁龛陶俑出土情况，陕西蒲城县，724年（采自陕西省考古研究所编著《唐惠庄太子李㧑墓发掘报告》，图版5.1，北京：科学出版社，2004年）

唐惠庄太子李㧑墓（724）是唐睿宗桥陵陪葬墓之一，由墓道、三天井三过道、甬道和墓室组成。另外，三个天井东西两侧各有两个壁龛，共六个。其中，第一天井东西壁龛中摆放了大量的骑马俑和男立俑（图 27）。虽然堆放看似凌乱，但根据发掘报告可知，原本龛内的墓俑是分上下两层置放，因支撑上层的架板腐朽坍塌，才呈现紊乱无序的样子。[57]按现状仍可以推测，墓俑原是有次序地由内往外分排放置，两翼和后部均为骑马俑，中间部分则为密集的男立俑。走出壁龛，即第一过洞的东西壁可见壁画，两壁各绘有一幅六人一组的官吏（图 28），头戴笼冠帽，身着 V 形交领宽袖袍服，双手持笏，面朝墓道出口，做行走状。仔细比较，壁画中男性官吏的服饰、姿势、体态皆如龛中所见的“笼冠俑”（图 29）一般，甚至其合抱的双手处，“有一圆形小插孔，似应便于持笏”，似乎同壁画中人物从事相同的活动。[58]若继续沿斜坡道往下走，在第二、第三天井东西壁龛口外侧，还可见残留的壁画，各绘有一位头戴幞头、双手抱拳的吏者，侧立面朝过洞洞口（图 30）。而姿态相仿的幞头男立俑也可见于龛内，仅上身衣着颜色不同（图 31）。这些墓俑与壁画人物的对应不像巧合，更像是龛内的墓俑暂时备于墓中，随时可以“上”到壁画中，如同壁画中的人物在墓室这个虚拟空间中粉墨登场，扮演它们被赋予的角色。

图28　唐桥陵惠庄太子李㧑墓中第一过洞西壁壁画，724年（采自《唐惠庄太子李㧑墓发掘报告》，彩版4.1）

图29　唐桥陵惠庄太子李㧑墓出土笼冠俑，724年（采自《唐惠庄太子李㧑墓发掘报告》，图版7.1）

确实，唐代墓室内的建筑空间在视觉上充满了戏剧性，尤其是透过影作仿木结构，给予观者一个室内建筑空间的感受和视觉效果，同时室内空间仿佛可以往壁画内的空间无限延伸。[59]以新城长公主墓（664 年）[60]为例，该墓为长斜

图30　唐桥陵惠庄太子李撝墓中第三天井西壁壁龛龛口外左侧壁画，724年（采自《唐惠庄太子李撝墓发掘报告》，图版5.1）

图31　唐桥陵惠庄太子李撝墓出土幞头男立俑，724年（采自《唐惠庄太子李撝墓发掘报告》，图版8.1）

图32　唐昭陵新城长公主墓墓室西壁壁画，664年（采自陕西省考古研究所、陕西历史博物馆、礼泉县昭陵博物馆编著《唐新城长公主墓发掘报告》，彩版16.1，北京：科学出版社，2004年）

坡道多天井单砖室墓，从第一过洞开始，墓道两侧的壁画就可见有赭红色所绘的橑檐枋、阑额和廊柱，直到墓室入口，使斜坡道和甬道看似一个连续的长廊。进入墓室，除了南壁有入口，其余三壁的壁画皆有前述相同建筑构件，以及柱头上的斗拱和之间的人字拱。（图 32）立柱之间各有三四位仕女，着不同颜色的束胸长裙，梳不同发髻样式，或侧身或正面地悠闲交谈。有意思的是，几位仕女部分为赭红色立柱所遮挡（见图 32 中间左侧），看似正要在建筑的后方从墓室中走出来，仿佛壁画中立柱之后还有更宽敞的空间，抵消了壁画内外空间的差异。壁画中的人物似乎随时可以走出来，而衣着发髻都类似壁画中人物的仕女俑（图 33）也可随时“上”到壁画中去，不受人物媒材和空间不同的限制。[61]

图33　唐昭陵新城长公主墓出土高髻女立俑，664年（采自《唐新城长公主墓发掘报告》，图版3.3）

唐制度之下想象的墓葬世界

《太平广记》中有个盗墓贼盗墓不成的故事。[62]故事发生在唐天宝初年（742 年），一黄衣太监骑马驰入县衙门，向县尉捕贼头官宣敕说：有盗墓贼正在京城南边挖掘某公主墓，令你前往捉捕盗贼。捕贼头随即带人前往，刚到墓地便看见六七个盗贼才进了墓道，因此顺利将他们全部抓获。而当捕贼头正不解为何盗贼才开墓，皇帝便已知道的时候，盗贼说他们打开墓道就觉得有异状，才到第一道门就见到数个身穿黄衣的骑马俑。此时，捕贼头才恍然大悟，原来前来报信的黄衣太监其实是墓中的陪葬俑。

这个故事中，墓俑按照其被赋予的角色完成任务，于这一点上，唐代类似的传奇故事确实证实了唐人在认知上对于墓俑所持有的想象。但更为重要的问题是，墓俑如何有这样的作用，能够诱发如此的想象？若再细读一次会发现，故事对于黄衣骑马俑样貌有着详细的形容，文中说黄衣骑马俑中，“一人持鞭，状如走势，袱头脚亦如风吹直竖，眉目已来，悉皆飞动”。这里描述的骑马俑确实充满了动感，捕捉了黄衣使者持鞭骑马飞驰的瞬间和真实感，盗墓贼也是在见到这些制作生动的墓俑后即有预感此次盗墓“必败也”。然而，并非所有的“俑”都能诱发如此生动的想象，只有在墓俑制作最为华丽的唐代，墓俑细致的刻画，“雕饰如生”的形态样貌，才具备了令人想象他们“宛如真人”的条件。换言之，墓俑栩栩如生的装扮，不只是炫耀路人、吸引眼光的手段，也是在唐人认知中墓俑具备“神灵”特性的必要条件。

唐代对于人偶具备神灵可能性的认知并非仅限于墓俑。在唐传奇小说《玄怪录》中，就有一个关于两件雕饰巧妙的“木偶人”的故事。这两件木偶长一尺余（约 30 厘米），分别名叫“轻红”

与“轻素”，原属南朝诗人谢朓（464—499年）所有，为当时天下第一巧工所制。当谢朓死时，两件木偶也随主人入葬。在墓里，轻红、轻素负责为谢朓夫人洗脚。一天，盗墓贼来将墓中陪葬物一扫而光，见两木偶曰“二明器不恶，可与小儿为戏具”，便将之当作玩具带回了地上，从此流落不同人家，终于在唐初武德年间（618—626年）为江州参军曹惠所发现。曹参军在听了两位女木偶的遭遇后说道：你们两位如此灵异，我还是让你们离开吧。轻红、轻素欣然答应，决定前往庐山山神处。但她们这一路来“丹青剥落”，轻素于是请求：“然君能终恩，请命画工，便赐粉黛。”曹参军即令画工来“为图之”。后来两人果然成为庐山山神的妃子。

这些传奇故事自然不能视为史实，但对墓俑角色的设定和其外貌形态的刻画与描述，在本文提到的几个故事中，却十分一致，足以说明唐代对于华丽墓俑的一种普遍认知。若比照之前讨论开元二十九年敕减丧令中，对于墓俑“不得别为华饰”的规定，或许也是限制人们对墓俑为“神灵”之器的想象。同样，之前已经讨论过丧葬相关敕令中对于墓俑长度的规定，如《大唐开元礼》中关于明器的部分，有更明确的规定：

四神、驼马及人，不得过一尺；余音乐卤簿等，不过七寸。三品以上帐高六尺，方五尺；女子等不过三十人，长八寸。园宅方五尺，奴婢等不过二十人，长四寸。[63]

从理性实用的角度而言，墓俑无须有长度之别。但从唐代丧葬礼仪视之，墓俑长度的区别在辨别墓俑之间礼仪性的重要性上是有意义的。在分辨墓俑身长高低的同时，也区分了墓俑们在墓里的阶级关系。因此，不管是墓俑不得华饰的规定或对其长度的规范，其实都反映了唐代对于墓俑在墓葬世界中的想象。换个角度说，种种制度的规定并非是对于墓葬想象的一种否定，而是将它制度化的一种方式。

但如前文讨论，按照品秩高下而制定的制度并没有完全遏止逾越阶级所限制尺度的情况，反见制作更华丽、更生动墓俑的趋势，或许还因此激发了唐人对于墓葬更丰富的想象，进而促使有些人制作更肖真、更具“神灵”特征的墓俑。2000年西安南郊发掘了一座中小型墓葬，建于750—760年间，由墓道、甬道、墓室组成。墓室坐北朝南，平面呈长方形，西半部为生土台棺床。墓室内共发现陶俑29件，包括四神、人俑、动物俑。人俑中最为高大者是两件仕女俑（图34），分别高36.3厘米与34.8厘米，其形态、发型都显得夸张，尚可见身上的粉彩和服饰上的花点，但不属华丽。尽管如此，根据简报，两件仕女俑“发髻上贴有真发，纹理清晰，现已脱落”（图35）。[64]类似已知的例子并不多，但其用心明显。虽他们的装扮不如前面讨论的例子，但贴真发的手法似乎将“似真”的意图推到了极致，也呼应了传奇小说中有些墓俑能“化”为真人的故事。

这座中小型墓中还出土了另一种俑，清理简报称之为“胸像俑”（也称“半身俑”），即此类俑仅有头与躯干而无四肢。[65]这类俑也出现在西安附近的大墓，比如，唐骠骑大将军杨思勗墓（729年）即出土过96件半身俑（图36）。[66]半身俑多为男女侍俑，并多置于靠近

图34 西安紫薇田园都市工地M60出土女立俑正面，约750–760年间（采自陕西省考古研究所《西安紫薇田园都市工地唐墓清理简报》，《考古与文物》，2006年第1期，彩图4）

图35 西安紫薇田园都市工地M60出土女立俑背面，可见头后方贴发痕迹，约750—760年（采自《西安紫薇田园都市工地唐墓清理简报》，彩图3）

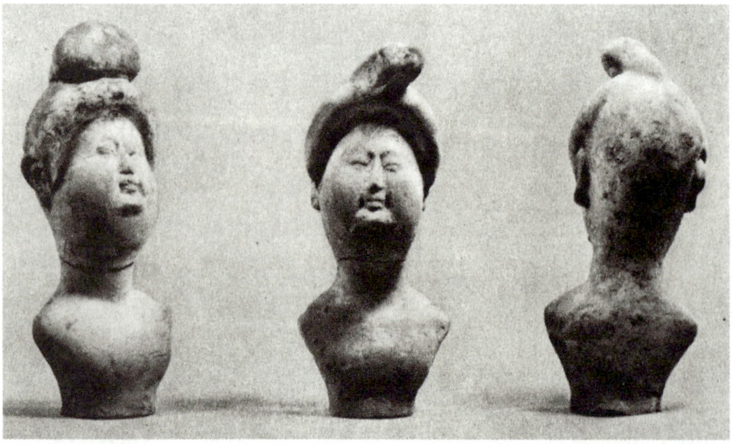

图36 唐骠骑大将军杨思勗墓出土“半身俑”，729年（采自《唐长安城郊隋唐墓》，图版102）

图37 新疆吐鲁番阿斯塔那206号墓出土女舞俑，668年（采自"The Metropolitan Museum of Art",China: Dawn of a Golden Age,200–750 AD, New York: The Metropolitan Museum of Ar, 2004, P189）

墓主人的位置，作为服侍墓主人之用。由此观之，这些俑应该原有木构的身躯和可活动的四肢。新疆阿斯塔那墓群也出土过不少类似的木俑，其中 206 号墓（688 年）所出仕女俑保持完整（图 37），其头胸亦是陶制，但身体有木制骨架，四肢则为纸制，身着华丽复杂的丝绸锦绣。[67] 中原地区的半身俑很可能原本也是身着服饰，但出土时已腐朽。由于木制俑不易保存，也因此不常为学者所讨论。然而，从阿斯塔那的例子可知，木制陶俑可做得更细致和华丽；也因此，残存的木人俑和马俑常出现在高等级墓葬中。[68] 而半身俑具备了可活动的关节和四肢，可更显得真实，成为唐人对于墓俑幻化为真人的依据。或许，这就是为何在开元二十九年的“减丧令”中规定了“皆以素瓦为之，不得用木”的原因吧。

结论：想象世界之中的唐代墓葬制度

唐代文献中仍可见对于孔子所谓“俑者不仁”[69] 的记载，也就是对于“俑”似真的形象有所顾忌。然而，在墓葬历史发展过程中，当人们赋予“俑”一个越来越似真“人”的样貌，甚至可活动的四肢时，人们就已经给予了俑作为自主个体的可能性和主动权。当人们赋予它们不同的角色，甚至为它们命名时，俑也就开始有了可认知的身份、地位、功能。这些都在唐代前、中期达到了高潮。人们开始想象俑的存在感，而俑的存在也反过来影响了人们对他们的认知。唐新城长公主墓在发掘前已多次被盗，除了陪葬物的损失外，墓中壁画也遭破坏，尤其是墓室壁画中的仕女，其面部几乎无一幸免（见图 32）。这显然是盗墓者刻意破坏，似乎是盗墓者畏惧于壁画中刻画真实的人物——即便她们只是装扮鲜丽的仕女图像——所做出的防范措施。如同上节所提到《太平广记》的盗墓故事，盗墓贼见到刻画生动的木俑，即知此次盗墓必败。

唐代对于墓葬制度的规范应在这个认知上理解，对于墓俑数量、尺寸、材质的规定，并不否定“俑”作为神明之器的历史和看法，而是将之纳入了唐代丧葬礼仪的等级规范，实践在丧葬仪式中观看的语境，使之成为社会品秩阶级的表征。同样是在新城长公主墓，出土的女骑马俑共 30 件，其中 8 件原都放置于第四天井东龛。据发掘报告，这 8 件女骑马俑，“头梳单刀半翻髻，但其上都被削去”（图 38）。[70] 究其因，恐怕与文章开头所述长乐公主墓和段蕳壁墓中所发现的“削发俑”相似，皆因尺度过大不合规范，这些女骑马俑在置入墓中前即被削去发髻。而这个裁量尺寸的规范，在墓室中还有另一层意义。再细看同墓中出土的 30 件女骑马俑，共可分为三类。第一类完整无削发髻者，头梳单刀半翻髻，共有 5 件（图 39），通高皆在 48.5 厘米至 48.8 厘米之间。第二类亦是完整无削发，共 17 件，头梳两种不同发髻，髻顶皆较平，其中一件头戴黑色笼冠（图 40），通高全在 45.6 厘米至 46 厘米之间。从发髻形式和高度可知，这第一、第二类女骑马俑是刻意被区分开的。第三类女俑即我们说的“削发俑”，发髻与第一类相同（见图 38），但发髻从脑后往斜前下方被削掉髻顶的部分；削去髻顶后，通高则为 46.5—46.8 厘米，高度在第一和第二类之间，可见“削发”亦是有意为之，旨在与第一

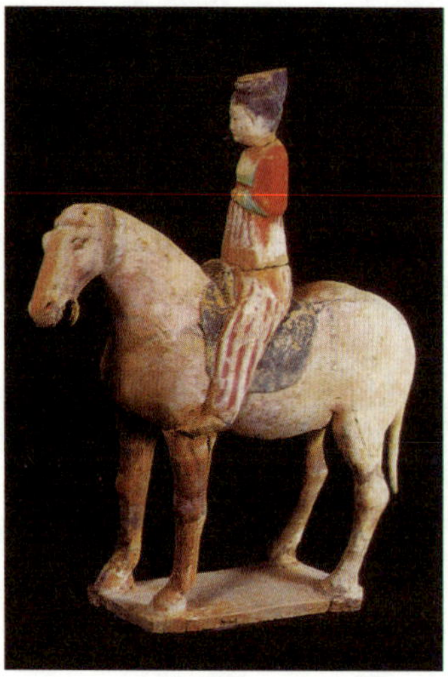

图38　唐昭陵新城长公主墓出土削发“头梳单刀半翻髻”女骑俑（采自《唐新城长公主墓发掘报告》，图版5.1）

图39　唐昭陵新城长公主墓出土完整“头梳单刀半翻髻”女骑俑（采自《唐新城长公主墓发掘报告》，图版4.4）

图40　唐昭陵新城长公主墓出土削发“笼冠”女骑俑（采自《唐新城长公主墓发掘报告》，图版5.4）

类有所区别，在阶级上似乎较之低一等，但又比第二类似乎高一等。三种类型女骑马俑因“削发俑”有更清楚的等级之别，或许也因此在墓中有更清晰的角色分工。而认知这个等级区分和角色分工的前提，是认可这些粉饰打扮的女骑马俑在墓中确实能宛若真人地执行它们所被赋予的功能。

从上述的讨论我们可以试图得出以下结论：唐代墓葬制度在完备的同时，也规范了墓俑的制作和呈现方式，进而制度化了唐人对于墓葬中的想象。但反过来说，是否也有可能是唐代墓俑生动似真的制作和呈现方式，逐渐丰富了唐人对于墓中的想象，进而引发了更多关于墓葬灵异的传说，最终导致墓葬制度变得严苛？似乎两种推测皆有可能，就现有的文献和材料，我们也难判断孰先孰后。但无论如何，唐代墓葬的制度与想象，乍看之下似乎是对墓葬不同的思维方式，却是两个难分难解塑造唐代墓俑的重要因素。

注释：

［1］昭陵文物管理所：《昭陵陪葬墓调查记》，载《文物》1977年第10期。

［2］昭陵博物馆：《昭陵博物馆陶俑珍品集》，北京联合出版公司，2016年。

［3］昭陵博物馆：《昭陵博物馆陶俑珍品集》第4册，北京联合出版公司，2016年，第43页。

［4］从陪葬墓看唐代墓葬制度，见姜宝连：《试论唐代帝陵的陪葬墓》，载《考古与文物》1994年第6期。

［5］有关这类从事物的“内容”转移至该事物的“物”的理解和讨论，见Bill Brown,"Thing Theory,"Critical *Inquiry* 28, No. 1 (2001): 1–22。

［6］关于明器的讨论，见巫鸿以下文章：《“明器”的理论和实践——战国时期礼仪美术中的观念化倾向》，载《文物》2006年第6期；《“生器”的概念与实践》，载《文物》2010年第1期；"On Tomb Figurines: The Beginning of a Visual Tradition,"Wu Hung and Katherine R. Tsiang, eds., *Body and Face in Chinese Visual Culture* (Cambridge: Harvard University Asia Center, 2005), 13–47。

［7］郑玄注，孔颖达疏：《礼记注疏》卷二十《檀弓下》，载《重刊宋本十三经注疏附校勘记》，艺文印书馆，第172页。

［8］同上。

［9］有关镇墓兽的研究成果颇为丰富，不一一列举，可参考黄莹：《早期镇墓兽研究》，载《史学月刊》2018年第11期。

［10］郑州市文物考古研究所编：《中国古代镇墓神物》，文物出版社，2004年，第36页。

［11］王育成：《中国古代人形方术及其对日本的影响》，载《中国历史博物馆馆刊》1997年第1期。

［12］刘卫鹏、程义：《汉晋墓葬中随葬陶瓶内盛物的初步研究》，载《江汉考古》2008年第3期。

［13］见河南省博物馆：《灵宝张湾汉墓》，载《文物》1975年第11期。

［14］湖南省博物馆、中国社会科学院考古研究所：《长沙马王堆一号汉墓》上册，文物出版社，1973年，第100页；陆锡兴：《考古发现的桃梗与桃人》，载《考古》2012年第12期。

［15］湖北省文物考古研究所：《江陵凤凰山一六八号汉墓》，载《考古学报》1993年第4期。

［16］相关的讨论见赵明星：《战国至汉代墓葬中的仿木构因素——兼论仿木构墓葬的起源》，载《中国国家博物馆馆刊》2011年第4期。

［17］湖北省文物考古研究所：《江陵凤凰山一六八号汉墓》，载《考古学报》1993年第4期。

［18］关于“冠人”所反映的社会地位，见高明：《长沙马王堆一号汉墓“冠人”俑》，载《考古》1973年第4期。

［19］关于墓室建筑空间的讨论，见林伟正：《试论“墓室建筑空间”——从视觉性到物质性的历史发展》，载《古代墓葬美术研究》（第四辑），湖南美术出版社，第34—52页。

［20］Jessica Rawson,"Thinking in Picture: Tomb Figures in the Chinese View of the Afterlife,"*Transactions of the Oriental Ceramic Society 61* (1996/7):19–37.

［21］Jessica Rawson,"The Eternal Palaces of the Western Han: A New View of the Universe,"*Artibus Asiae 59*, No.1/2 (1999): 5–58。罗森对于“像”的解释参考了Willard J.Peterson的研究，见 W.J.Peterson,"Making Connections : 'Commentary on the Attached Verbalizations' of the Book of Changes,"*Harvard Journal of Asiatic Studies 42*, No.1 (1980): 67–116。

［22］司马迁：《史记》卷六，载《秦始皇本纪第六》，鼎文书局，1981年，第265页。

[23] 这在西汉皇陵和陪葬墓中皆有发现，比如景帝阳陵、宣帝杜陵及其陪葬墓。见王学理：《着衣式木臂套俑的时代意义》，载《文博》1997年第6期；李库：《西汉景帝阳陵随葬陶俑研究》，载《荣宝斋》2016年第3期。

[24] 孙光宪撰，贾二强点校，《北梦琐言》，中华书局，2002年，第193页。

[25] 傅永魁、周到：《河南省巩县出土的唐代书名陶俑》，载《文物》1965年第5期；梅则文、廖永民：《唐代题字俑探秘》，载《收藏》2010年第12期。

[26] 参考李如森：《汉代丧葬礼俗》，沈阳出版社，2003年；余英时：《东汉生死观》，上海古籍出版社，2005年。

[27] 石昌渝：《论魏晋志怪的鬼魅意象》，载《文化遗产》2003年第2期；张玉莲：《古小说中的墓葬叙事研究》，人民出版社，2013年。有关志怪文学发展和文化意涵，见 Robert Campany:*Strange Writing: Anomaly Accounts in Early Medieval China*,Albany: State University of New York Press, 1996。

[28] 在《太平广记》中，还有一个发生于唐开成年间（836—840年）类似的传说记载。故事中有洛阳学究卢涵，一日独自在大柏林间，忽然见到一位青衣女子，甚有媚态，邀请卢生进屋饮酒，卢生进屋后，女子捧出古铜樽送卢生酒时，吟诗曰：“独持巾栉掩玄关，小帐无人独影残，昔日罗衣今化尽，白杨风起陇头寒。”卢生不晓其理，起初并不在意，但越发觉得有疑，才匆匆离去。次日卢涵再回到前夜来饮处，仅见败坏空屋数间，并无人烟，而在柏林中搜寻之际，发现一大盟器婢子，于是将之与空屋拆毁一同焚烧。见李昉：《太平广记》卷三百七十二《精怪》五，2956—2957页，中华书局，1961年，第2956—2957页。

[29] 谢明良：《唐俑札记》，载《故宫文物月刊》，2013年第361期。有关唐陶俑烧窑窑口的例子，见陕西省考古研究院：《唐长安醴泉坊三彩窑址》，文物出版社，2008年。

[30] 有关唐墓形制与墓主人身份的研究，见宿白：《西安地区的唐墓形制》，《文物》1995年第12期。

[31] 见宿白：《宁夏固原北周李贤墓札记》，载《宁夏文物》1989年第3期；赵超：《试论隋代的壁画墓与画像砖墓》，载《考古》2014年第1期。

[32] 齐东方：《唐代的丧葬观念习俗与礼仪制度》，载《考古学报》2006年第1期。关于等级制度较详细的讨论，见齐东方：《试论西安地区唐代墓葬的等级制度》，载《纪念北京大学考古专业三十周年论文集》，文物出版社，1990年，第286—310页。

[33] 王溥：《唐会要》卷三十八，上海古籍出版社，2006年，第692页。

[34] 《唐六典》卷二十三，中华书局，1992年，第597页。此处的规定与《通典》卷八十六《荐车马明器及饰棺》中的“其百官之制”的文字相同。在《大唐开元礼》卷三《序例》下，“杂制”中则有对明器更明确的规定。

[35] 《唐六典》卷四《礼部郎中员外郎》条曰：“凡百官葬礼皆有辆车、引、披、铎、翣、明器、方相、魌头之制，皆载于鸿胪之职焉。” 说明“明器”为葬礼所需用品中一个单独的类别，归鸿胪所掌管。

[36] 对于此“四神”所指为何仍不确定，但学者大致认为在唐墓中可能指文官、武官和一组对称的镇墓

兽。见郝红星等：《中原唐墓中的明器神煞制度》，载《华夏考古》2000年第4期。

[37] 此处有关金乡县主墓的讨论，参照王自力、孙福喜：《唐金乡县主墓》，文物出版社，2002年。

[38] 齐东方：《略论西安地区发现的唐代双室砖墓》，载《考古》1990年第9期。有关"敕葬"的研究，见吴丽娱：《终极之典：中古丧葬制度研究》（下册），中华书局，2012年，第506—711页。

[39] 王自力、孙福喜：《唐金乡县主墓》，第107页。

[40] 有关三彩俑在墓葬使用的研究，见徐胭胭：《唐三彩：艺术与历史》，中央美术学院2015年博士论文。

[41] 陕西省考古研究院、乾陵博物馆：《唐懿德太子墓发掘报告》，科学出版社，2016年，第315页。

[42] 王溥撰：《唐会要》卷三十八《葬》，中华书局，1955年，第693页。

[43]《唐大诏令集》卷八十《丧制、戒厚葬诏》，商务印书馆，1955年，第462—463页。

[44]《大唐新语》卷十三《记异》第二十九，中华书局，1984年，第195页。

[45]《旧唐书》卷三十五《舆服》，鼎文书局，1981年，第1958页。

[46] 前引吴丽娱：《终极之典：中古丧葬制度研究》（下册），第423页。有关《丧葬令》和《丧葬礼》制度规范的讨论，见该书第407—473页。

[47] 萧嵩：《大唐开元礼》卷一百三十八至一百四十一，载《景印文渊阁四库全书本·史部十三》，第646册，第637—677页，台湾商务印书馆，1983—1986年。对于丧礼程序的说明，见前引吴丽娱：《终极之典：中古丧葬制度研究》下册，第423—425页。

[48] 前引《大唐开元礼》卷一百三十八至一百四十一，载《景印文渊阁四库全书本·史部十三》，第646册，第651页。

[49] 前引《大唐开元礼》卷一百三十八至一百四十一，载《景印文渊阁四库全书本·史部十三》，第646册，第649页。

[50] 前引王自力、孙福喜：《唐金乡县主墓》，第84页。

[51] 中国社会科学院考古研究所：《唐长安城郊隋唐墓》，文物出版社，1980年，第1—28页。

[52] 比如大同宋绍祖夫妇墓（477年），见山西省考古研究所、大同市考古研究所：《大同市北魏宋绍祖墓发掘简报》，载《文物》2001年第7期。另一个例子是北魏智家堡墓，但该墓墓圹狭小，东西宽2.11米，南北进深1.13米，仅足以容纳石椁，但依然是坐北朝南，房形石椁的正门向南。见王银田、刘俊喜：《大同智家堡北魏墓石椁壁画》，载《文物》2001年第7期。

[53] 湖南省博物馆、中国社会科学院考古研究所：《长沙马王堆二、三号汉墓发掘简报》，载《文物》1974年第7期。

[54] "明童"或"冥童"应该都是指明器中的俑。见刘晓路：《论帛画俑：马王堆3号墓东西壁帛画的性质和主题》，载《考古》1995年第10期。巫鸿也持相同看法，见Wu Hung,*The Art of the Yellow Sprigs: Understanding Chinese Tombs*,Honolulu: University of Hawai'i Press, 2010:101。但值得注意的是，其实，就算将两幅帛画中的人物皆算进去了，数目仍不及遣策上的数字，同时帛画中几乎找不到女性形象，说明遣策上的数目可能是夸大的说法。见杨怡：《何为"遣策"？——以马王堆三号墓

为例》，载湖南省博物馆编《纪念马王堆汉墓发掘四十周年国际学术研讨会论文集》，第327—333页，岳麓书社，2016年。

[55] 洛阳市文物考古研究院：《洛阳龙门唐安菩夫妇墓》，文物出版社，2017年。

[56] 有关墓葬中“壁龛”的讨论，见刘昭惠：《试论唐墓壁龛与它的丧葬礼仪功能》，载《古代墓葬美术研究》（第三辑），湖南美术出版社，2015年，第185—195页。

[57] 陕西省考古研究所：《唐惠庄太子李撝墓发掘报告》，科学出版社，2004年，第15页。

[58] 前引陕西省考古研究所：《唐惠庄太子李撝墓发掘报告》，第53页。

[59] 见前引林伟正：《试论“墓室建筑空间”——从视觉性到物质性的历史发展》。

[60] 陕西省考古研究所、陕西历史博物馆、礼泉县昭陵博物馆：《唐新城长公主墓发掘报告》，科学出版社，2004年。

[61] 唐代对于图像能够提供“幻视”的记载很多，例如，李白《观元丹丘坐巫山屏风》诗中云：“昔游三峡见巫山，见画巫山宛相似。疑是天边十二峰，飞入君家彩屏里。”又如段成式（约803—863年）在《酉阳杂俎》中记载唐元和（806—820年）初，一位士人因酒醉倒卧在大厅的床榻之前，醒来时赫然看见“古屏上妇人等，悉于床前踏歌”，并互相展示如何弓腰舞蹈。士人大惊，“因叱之，忽然上屏，亦无其他”。这古屏中的歌舞人物画不只十分写实，画面内容更像是室内空间的延伸，充满了动感和生气，甚至让人忘却屏风内的图画空间和屏风外的室内空间之间的差别。就如故事中的士人，在那些妇人“忽然上屏”之际才恍然大悟。见段成式《酉阳杂俎》卷十四。

[62] 前引《太平广记》卷三百九十《冢墓二》，第3114页。

[63] 《大唐开元礼》卷三《序列》下《杂制》，载《通典》卷一百零八《礼六十八》，中华书局，1988年，第2812页。

[64] 陕西省考古研究所：《西安紫薇田园都市工地唐墓清理简报》，载《考古与文物》，2006年第1期，第20页。

[65] 前引陕西省考古研究所：《西安紫薇田园都市工地唐墓清理简报》，第22页。

[66] 前引中国社会科学院考古研究所：《唐长安城郊隋唐墓》，第80—82页。

[67] 阿斯塔那古墓群出土了许多木俑，但或遭烧毁，或已损坏。除了206号墓有保存较好的例子，还有许多为陶制“半身俑”，显然木制和衣服的部分已不存。见新疆维吾尔自治区博物馆、西北大学历史考古专业：《1973年吐鲁番阿斯塔那古墓群发掘简报》，载《文物》1975年第7期。有关阿斯塔那206号墓的仕女俑，见 *The Metropolitan Museum of Art, China: Dawn of a Golden Age, 200–750 AD*, New Haven: Yale University Press, 2004:288-289。

[68] 比如唐懿德太子墓中出土了木俑16件，但无完整者。见前引陕西省考古研究院、乾陵博物馆：《唐懿德太子墓发掘报告》，第360—365页。

[69] 比如《通典》卷八十六《礼四十六》之《凶八》。

[70] 前引陕西省考古研究所、陕西历史博物馆、礼泉县昭陵博物馆：《唐新城长公主墓发掘报告》，第37页。

昭陵十四蕃君长像的形塑

耿　朔
中央美术学院

相对于六骏蔚为大观的研究成果而言，学术界对同处于昭陵北司马门内的纪念性石刻——十四蕃君长像的讨论要少得多。[1]原因非常简单，北宋游师雄所立《唐太宗昭陵图碑》对诸蕃君长像题名的记载已有错乱[2]，明代所立的数通祭陵碑甚至直接挪用了石像基座[3]，从这些情况看，当年拱立在享殿两侧的石像早年已遭破坏。人们对蕃君长像的了解，很长时间里来自传世文献的记载，《旧唐书》《资治通鉴》《唐会要》《长安志》《金石录》对此都有涉及，学者们由此对立像的时间和动机已有基本了解，尤其是《唐会要·陵议》列出了一份包括国别、官职、姓名等信息在内的十四蕃君长完整名单：

突厥颉利可汗、右卫大将军阿史那出苾，突厥颉利可汗、右卫大将军阿史那什钵苾，突厥乙弥泥孰候利苾可汗、右武卫大将军阿史那李思摩，突厥都布可汗、右卫大将军阿史那社尔，薛延陀真珠毘伽可汁，吐蕃赞普，新罗乐浪郡王金贞德，吐谷浑河源郡王、乌地也拔勒豆可汗慕容诺曷钵，龟兹王诃黎布失毕，于阗王伏阇信，焉耆王龙突骑支，高昌王、左武卫将军麴智盛，林邑王范头黎，帝那伏帝国王阿罗那顺十四人（下略）。[4]

但如果要探究造型特征、雕刻技法以及安放方式这些关乎石像本体的问题，那就必须基于对实物材料的观察。

十四尊石像长期湮没无闻，直至20世纪后半叶才有实物发现的明确记录。这些发现可分为两个阶段：

第一阶段是昭陵博物馆等机构在对北司马门遗址进行调查和整修过程中，于1965年、1982年和2001年三次发现人像和基座残块，共计基座8件、较完整的躯干1件、上半身残块1件、下半身残块4件和头部残块6件。

第二阶段是陕西省考古研究所、昭陵博物馆于2002年对北司马门遗址进行的正式考古发掘，出土头部残块14件、躯干残块6件和带题名字样的基座残块12件。尤为重要的是，这次发掘揭露了安放蕃君长像和六骏的廊房建筑的基本结构和内涵，进而究明了石刻原来的位置和朝向（图1）。[5]

至此，已有相当一部分蕃君长石像残块重见天日，特别是题名基座大多已被找到。相关文章除了文字介绍外，还刊布了部分实物的图版、拓片和线图。[6]

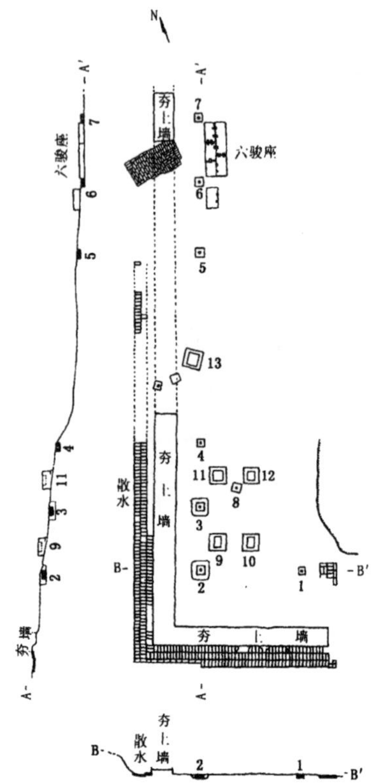

图1　2002年发掘的昭陵北司马门西廊房遗址（ZLJIF4）平剖面图，十四蕃君长像和六骏像中的一半原先就安置于这座建筑内，发掘显示部分基座尚在原位（采自陕西省考古研究所、昭陵博物馆《2002年度唐昭陵北司马门遗址发掘简报》）

随着新材料的发现，学术界出现了一些对石像本体的研究。概而言之，这些研究将出土实物与文献记载相结合，重在复原蕃君长像排布方式、考释像座题名、分析立像动机、考察石刻意蕴，并由此讨论唐初政治与族群等问题，取得了一系列成果。其中张建林、史考《唐昭陵十四国蕃君长石像及题名石像座疏证》一文披露了较多材料，相关研究也最为系统。[7]

上述研究给笔者以极大启发，但本文的关注点有所不同，意在讨论十四蕃君长像的视觉形式本身，即它们如何被塑造出来的。

蕃君长像的塑造原则

中国古代陵墓树立石刻的用意，历来重在区分等级，而在同一等级内则强调统一。因此可以根据石刻的组合和数量来考证陵墓时代与级别，但墓主本人的面貌却相当模糊，只有镌刻在神道碑、神道柱或墓碑上的文字才会交代所葬何人。从尚存的陵墓石刻实物看，唐以前如南朝陵墓，唐以后如宋、明、清陵墓，莫不如此。而昭陵六骏和十四蕃君长像这两组石刻具有鲜明的个性色彩，前者为太宗身前四方征战所骑，而且图形刻石全过程直接来自他的授意[8]，后者虽是在太宗归西后所立，但高宗为其立像的原因，不仅是要遵从太宗遗旨，阻止“阿史那社尔、契苾何力请杀身殉葬”的行为[9]，更是“欲阐扬先帝徽烈”，所记录的是贞观年间周边邦国君长“擒伏归化”的重大事件。[10]如果说绝大多数陵墓石刻主要体现朝代、等级这些总体性特征，那么昭陵的石刻可视为“天可汗”个人功业的纪念碑，在强调遵从“祖宗之法”的中国古代，这是很不寻常的。

2002年北司马门遗址的发掘表明，六骏和十四蕃君长像当初都有建筑物遮蔽。考古工作者在北司马门内南部享殿前方两侧，发现了对称分布的廊房遗址，其中西廊房遗址保存较好，平面呈南北向的长条形，地面原为台阶状，每间一台，从北向南逐级升高。廊房未发现明确的墙体，可能是开敞式建筑，配置形式上颇接近宗庙寺观轴线两侧的配殿。东、西廊房放置的六骏和蕃君长像数目相同，各有六骏中的三尊和蕃君长七尊。石像的具体排布方式也已究明，廊房的北部三间共置六骏石刻中的三尊，即每间一尊，南部四间共置七尊蕃君长石像，其中廊房正中那间置一尊，而靠南的三间各置两尊。从西廊房尚留在原位的人像基座分析，石像均面朝东，基座上有题名的一面也朝东，东廊房的情况应相反，因此两廊的蕃君长像都是朝向神道站立。需要指出的是，南部三间廊房中每间的两尊蕃君长像并非错落放置，而是在东西一线上，也就是说靠外侧的人像会挡住其后那一尊。（图 2）

图2 经过复原的昭陵北司马门内东廊房遗址，内置三件六骏像和七件蕃君长像（笔者摄）

如此，谒陵者须入内近观石刻，方可明辨人物身份，而一般意义上的神道石刻群都置于露天，气势恢宏，可见两者在取意上明显不同。六骏所采用的石屏形式，也不是为了构建战马成群的视觉冲击力，而是通过对细节的准确表现，唤起太宗记忆的某个重要片段，这也是唐朝创业过程的集体记忆。这在丘行恭为飒露紫拔箭的塑造中表现得淋漓尽致。

那么，对于同样指向具体人物的蕃君长像，又是依据什么原则进行雕刻塑形呢？关于这个问题，文献中颇有一些线索，现摘录如下：

皆琢石为其像。[11]

乃令匠人琢石。写诸蕃君长贞观中擒伏归化者形状，而刻其官名。[12]

琢石肖（其）形状而刻其官名。[13]

《旧唐书》列国传有七处记载涉及传主形象被刊刻于昭陵北司马门：

乃刊石像其形，列昭陵玄阙之下。[14]（吐蕃赞普弃宗弄赞）

太宗崩，刻石图诺曷钵之形，列于昭陵之下。[15]（吐谷浑河源郡王慕容诺曷钵）

太宗之葬昭陵，乃刻石像其形，列于玄阙之前。[16]（龟兹王诃黎布失毕）

太宗葬昭陵，刻石像其形，列于玄阙之下。[17]（于阗王伏阇信）

及太宗葬昭陵，乃刻石像龙突骑支之形，立于玄阙之下。[18]（焉耆王龙突骑支）

及太宗崩，刊石像智盛之形，列于昭陵玄阙之下。[19]［高昌王麴智盛（勇）］

太宗崩，诏于陵所刊石图头黎之形，立于玄阙之前。[20]（林邑王范头黎）

上述文献中出现了“像”“写”“肖”“图”“形”等用语，显然指向了同一个创作原则，就是要让石像尽量反映蕃君长们的相貌特征。很显然，由于每一尊石像都代表具体某位蕃君长，因此在创作时要有异于神道石刻中对文臣武将概念化的表现。

根据《资治通鉴》叙事顺序，沈睿文认为：

司马光便将立十四国君长像置于葬太宗于昭陵以及礼部尚书许敬宗奏弘农府君庙应毁一事之间，亦即 649 年 9 月 29 日至 649 年 10 月 6 日之间。……高宗即位后开始着手雕琢蕃酋石像，并于 649 年 9 月 29 日至 649 年 10 月 6 日之间树立石像于昭陵玄阙。此举很可能是跟太宗入藏昭陵同时，因为这样杀身殉葬的意味才最强烈。[21]

这一看法是有道理的，再参照考古发现的廊房结构、人像布局以及基座题名的书体风格，可以判定这组作品应当是在太宗入葬昭陵后不久，同时设计和树立的。

如果说六骏有太宗铭赞和可能出于阎立本之手的画稿作为参考因而易于塑形的话[22]，那么如何表现十四蕃君长就颇考验创作者了。

笔者认为可以从刻石立像那段时间里十四蕃君长的情况来考虑这个问题，以贞观二十三年五月己巳（649 年 7 月 10 日）太宗崩到八月庚寅（649 年 9 月 29 日）入葬昭陵这两三个月为时间标尺，根据《两唐书》《资治通鉴》《唐会要》以及出土墓志等文献，笔者整理统计十四人的生平如下：

蕃君长名	生年	卒年	太宗崩时（649 年）情况	是否来过长安
突厥颉利可汗阿史那咄苾[23]	不详	贞观八年（634 年）	已过世 15 年	生前已入唐为官
突厥突利可汗阿史那什钵苾[24]	隋仁寿三年（603 年）	贞观五年（631 年）	已过世 18 年	生前已入唐为官
林邑王范头黎[25]	不详	不详	已去世数年	一生未到长安
薛延陀真珠毗伽可汗夷男[26]	不详	贞观十九年（645 年）	已去世 4 年	一生未到长安
突厥乙弥泥孰候利苾可汗、右武卫大将军阿史那思摩[27]	隋开皇三年（583 年）	贞观二十一年（647 年）	已过世 2 年	生前已入唐为官
高昌王麴智盛（勇）[28]	不详	永徽二年（651）十一月以前	不能确定是否去世	贞观十四年（640 年）入唐
突厥答布可汗、右卫大将军阿史那社尔[29]	隋大业五年（609 年）	永徽六年（655 年）	年 40 岁	应在长安
帝那伏帝国王阿罗那顺[30]	不详	不详	在世	在长安
焉耆王龙突骑支[31]	不详	不详	在世	在长安
龟兹王诃黎布失毕[32]	不详	不详	在世	在长安
于阗王伏阇信[33]	不详	不详	在世	太宗崩后两月到长安，入朝并谒梓宫
吐谷浑慕容诺曷钵[34]	不详	垂拱四年（688 年）	20 多岁	此前数次到长安
吐蕃赞甫弃宗弄赞[35]	隋义宁元年（617 年）	永徽元年（650 年）	年 33 岁	一生未到长安
新罗乐浪郡王金真德[36]	不详	永徽五年（654 年）	在世	一生未到长安

从上表的统计可以看出，当工匠们受命着手创作蕃君长像时，这十四人的情况很不一样。

首先，蕃君长们的年龄差距很大，在贞观二十三年（649 年）这个时间节点上，有的人还活着，有的人已经死去。阿史那咄苾、阿史那什钵苾、阿史那思摩、夷男、范头黎五人已先太宗去世，其中前四人分别已过世 15 年、18 年、4 年和 2 年，范头黎也去世数年。麴智盛（勇）卒年不明，但史籍记载永徽二年（651 年）十一月高宗以麴智盛（勇）之弟智湛为左骁卫大将军、西州刺史，率旧部返回西州，时距太宗驾崩只有两年多，却未提其兄，因此颇疑麴智盛（勇）去世或在太宗之前，或在其后不久。阿史那社尔等八人可以肯定尚在人世，当时年龄明确的如社尔 40 岁，弃宗弄赞 33 岁，慕容诺曷钵推测在 20 多岁，而他一直活到垂拱四年（688 年），比太宗晚去世近四十年，与最早去世的咄苾可以说是两代人了。

就十四人与唐廷的关系来说，有的人来过长安，有的人一生未至长安，有的人当时正在长安。已去世的五人或六人中，咄苾、什钵苾、思摩和麴智盛（勇）生前已入唐廷为官，夷男也来过长安，范头黎则没有来长安的经历。其余肯定在世的八人中，社尔在太宗崩后主动要求殉葬，推测他应在长安。归降的西域焉耆、龟兹、于阗和帝那伏帝四国君长，当时也很可能都在长安，其中龙突骑支是贞观十八年（644 年）郭孝恪灭焉耆后送至洛阳的，后应居长安，阿罗那顺和诃黎布失毕都是在太宗崩前不到一年内先后入朝，而太宗崩后两月，伏阇信到长安，入朝并谒梓宫。诺曷钵此前也数次入朝。弃宗弄赞、金真德一生未曾入唐。

因此，石像创作者们当时面对的信息资源可以说相当不平衡，那么石像实物是理想化的作品，还是确如文献记述的重在写实呢？这就需要将目光移向现存的实物材料。

真实性与理想化的调和

根据公开报道和笔者实地调研所见，这些石刻人像在雕刻技法上较为统一，它们均为圆雕，躯干扁平，两腿之间都不透雕，双足之下原均连带有较厚的踏板，以便插在基座上面所挖的方槽中，从直观上就能感觉到这组作品应当是同时设计和树立的。下面，笔者尝试从体态、服饰、头部特征等几个方面对可见的实物材料进行分析。

已报道的实物中有三件为较完整的人像躯体残块，它们基本都保存了肩部到小腿或脚腕的部分。其中有两件的尺寸数据已经公布：1982 年出土的石人躯体（出土号 1）残高 120 厘米，肩部宽 49 厘米，厚 30 厘米[37]；2002 年发掘的石人躯体 ZLJ Ⅱ F3 南② :1，残高 130 厘米，肩部宽 56 厘米，厚 37 厘米[38]（图 3、图 4），都接近东亚成年男性正常身高，虽然显得略矮，但如上所述石像当初是安插在基座之中的，2002 年发掘的几个基座“形制相同，近似正方体，长 87—90、宽 85—90、高 50—57 厘米”[39]（图 5），可见当人像插入基座，两者合二为一后，就接近甚至略高于常人。2002 年发现的另一件石人躯干，具体尺寸未见公布，但报道称身材比较矮小。[40]

图3　2002年发掘的ZLJⅡF3南②:1石人躯干正面、背面（采自陕西省考古研究所、昭陵博物馆《2002年度唐昭陵北司马门遗址发掘简报》）

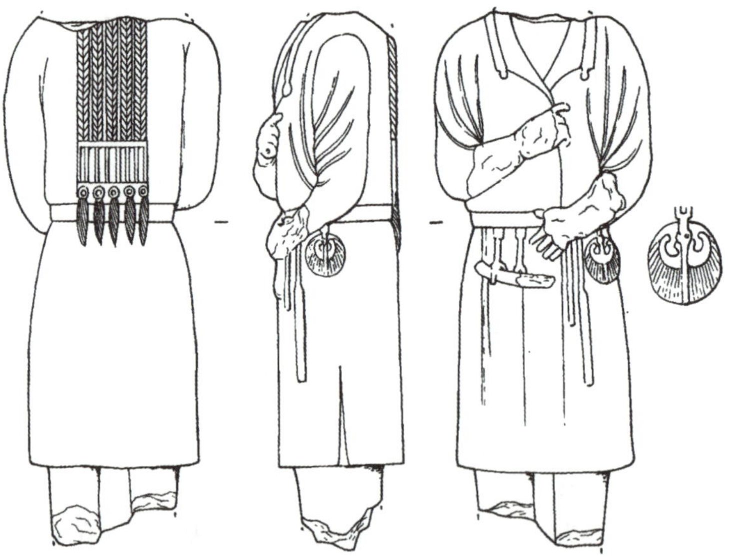

图4　2002年发掘的ZLJⅡF3南②:1石人躯干线图（采自陕西省考古研究所、昭陵博物馆《2002年度唐昭陵北司马门遗址发掘简报》）

石人上半身残块至少报道了两件，1982 年出土的一件（出土号 4）尺寸不明[41]，2002 年发掘的一件披露了背后辫发的长度，“辫子残长 58 厘米，宽 24 厘米”[42]，这差不多是从肩部到腰部的高度，由此可以推断这件石人的高度也在成年男性正常身高范围之内。

下半身残块至少发现了四件，笔者在昭陵博物馆都看到了实物。其中有三件均穿长袍，形态近似，且都公布了尺寸数据。1982 年发现的一件（出土号 2）存腰带以下、裙摆以上部分，

图5 2002年发掘的人像基座之一（采自陕西省考古研究所、昭陵博物馆《2002年度唐昭陵北司马门遗址发掘简报》）

高 78 厘米。同年发现另一件（出土号 3）存腰带以下、脚腕以上部分，高 93 厘米。而 2001 年出土的一件存腰部以下至小腿部分，高 98 厘米。可见这三件人像的下半身高度比较接近，按正常比例复原的话，似乎要高于上述三件保存较完整躯干的石人。1982 年还发现了一件石人的下半身，已经裂为左右两半，但可以完整拼对，虽然尺寸数据尚未公布，据笔者目测也在正常范围之内。

通过上述分析，可知已发现的人像没有明显的胖瘦差别，由此可以推断它们在体态方面比较和谐。而从身高来看，人像都在成年人的正常范围之内，而不像古代陵墓神道两侧的概念化人像那样极为高大，远逾常人，相信去过乾陵的人一定会对六十一蕃酋像与十对持剑翁仲的大小差别印象深刻。

不过如前所述，昭陵人像的身高彼此之间存在一定差异。特别值得注意的是 2002 年发掘的那件较小的石人躯干，报道称"袒露右臂，肩搭披帛，腰系拧成绳索状的布带，一看就是南亚一带的民族特征"[43]，看来其身高和装束都有鲜明的指向性。因此工匠对于十四蕃君长像高度的不同处理，应是有所凭据，有意为之。

人像服饰较为明显地表现了国别和地域差异。有三件人像残块腰部悬挂一把短刀，其中有两件是下半身残块，分别是 1982 年石人残块（出土号 2）和 2001 年发现的那件，第三件即 2002 年 ZLJ Ⅱ F3 南② :1。它们的短刀外形和悬挂方式一致，均带鞘，装双附耳以便悬挂在腰带上，刀把均朝向身体右侧。2002 年发掘的一件上半身残块，背后雕刻七根发辫，近辫梢处用细长管箍紧，2002 年 ZLJ Ⅱ F3 南② :1 背面也雕出同类发式，只不过发辫数量为五条而已。这种脑后梳有多条长发辫的形象常见于北方草原石人，如新疆昭苏小洪纳海被认为代表突厥泥利可汗的石像背后就有辫发，只是刻画要简略一些。张建林已对唐陵石刻蕃酋像中的突厥人形象进行了专门研究，准确指出了腰刀和辫发是唐代突厥人的外形特征。[44] 这两个特征同时出现在保存了整个躯干的 2002 年 ZLJ Ⅱ F3 南② :1 这尊石人身上，而且它的衣领还是左衽，正与《周书》

《北史》《隋书》所记突厥具有“被发左衽”之俗相合。[45]笔者认为可做进一步的推测，似乎不能排除这样的可能性，即上述那两件只有下半身的石人也带有辫发，那件只有上半身的石人也佩挂腰刀，四件石人躯体残块或许正好对应了蕃君长中的四位突厥君长。

2002 年 ZLJ Ⅱ F3 南② :1 石人“左手扶腰带，右手举胸前，微伸食指”[46]，双手姿态颇不可解，不过却有所本，这与上举昭苏小洪纳海突厥泥利可汗石像的动作如出一辙，只不过后者左手握住一只酒杯，右手按在腰刀之上。手部具有相似动作的石人在中亚草原亦可见到。

图6　2002年部分蕃君长像出土时的情景（采自陕西省考古研究所、昭陵博物馆《2002年度唐昭陵北司马门遗址发掘简报》）

部分人像残块的出土位置信息也为上述判断提供了一点旁证。据介绍，1982 年 2 号石人残块发现于“山门外东侧道，距 5 号（出土号）石人东北 300 米”，后者与 6 号残块可以拼合，都“出土于山门外东侧道向北 1000 米处”[47]。从器物号看，2002 年 ZLJ Ⅱ F3 南② :1 应该出土于九嵕山北坡从北向南数第四台地[48]，而简报所附彩图 3 显示，它和那件身材较矮小的石像躯干残块出土位置靠得很近（图 6）。虽然这些石像都已不在原位[49]，但根据张建林、史考的研究，位于东侧廊房的七尊蕃君长像分别是四位突厥君长、南亚的帝那伏帝国王、林邑王以及海东的新罗女王。[50]如前所述，1982 年 2 号石人残块腰佩短刀，2002 年 ZLJ Ⅱ F3 南② :1 身上短刀和辫发皆备，2002 年发掘的身材较矮小的人像躯干残块应是南亚某国君长，那么必是阿罗那顺或范头黎中的一位，而 5、6 号残块拼合后的石人着三重拖地长袍，下露一对脚尖，而且腹前垂一条三重长带，“目前认为此乃‘新罗乐浪郡王金真德’石像残躯”[51]。由此可见，虽然人像残块都已不在原位，但已知属于东侧蕃君长像的几块残石，或者依然相对偏东，或者彼此还是靠在一起，与原始布局多少还有一丝联系。

张建林还指出，“辫发”在唐代除了专指突厥外，“但更多的情况下成为对所有外蕃异族的泛指。这恐怕是北朝至唐代突厥人给中原人留下的印象太深，一提到外族就冠以‘辫发’的缘故”[52]。这一观点很有启发性，不过从下文将要分析的石像头部情况看，蕃君长们的发型和装饰非常多样，辫发所占比例并不大。《旧唐书·铁勒传》记载薛延陀部“自云本姓薛氏，其先击灭延陀而有其众，因号为薛延陀部。其官方兵器及风俗，大抵与突厥同"[53]。因此笔者认为有可能也被塑造成"辫发"的是薛延陀真珠毗伽可汗夷男。

相对于身形和衣饰，蕃君长像的头部造型更能体现个性特点。（图 7）笔者均未见过实物，根据相关报道估算，历年发现头部残块总数估计在 20 件左右。《昭陵十四国君长石像考》简单介绍了 1982 年出土的几件，并公布了其中两件的图片。《2002 年度唐昭陵北司马门遗址发掘简报》介绍了三件标本——ZLJ F4 围墙西南角② :1、ZLJT0103 ② :1、ZLJ 东阙西侧② :1，附有线图或照片。《唐昭陵十四国蕃君长石像及题名石像座疏证》分辨出 2002 年发掘的 14 块石人头残块属于 9 个不同个体，其中两件还与 1982 年出土的残块完成了拼接。

现有的材料虽不完整，但已经表现出头部造型上的较大差异。发掘者对于头部残块进行了整体概括，"从相貌来看同样各具特色，或粗眉大眼，或小眼细密，或颧骨突起，或髭须浓密"，从发型来说，"卷发的就有 4 个个体，相比较都有些差别。……辫发者也各不相同，有的发纹细密整齐，有的粗疏随意"[54]，而且头上的装饰也多种多样，有一件头戴软帽，另有一件卷发的头勒额带。尽管很难在史籍中翻检到有关十四蕃君长相貌的信息，但也不是没有一点线索，十四蕃君长中的阿史那思摩因为长相问题，早年间还因此影响仕途，《旧唐书·突厥传》对此有专门记载：

始毕、处罗以其貌似胡人，不类突厥，疑非阿史那族类，故历处罗、颉利世，常为夹毕特勤，终不得典兵为设。[55]

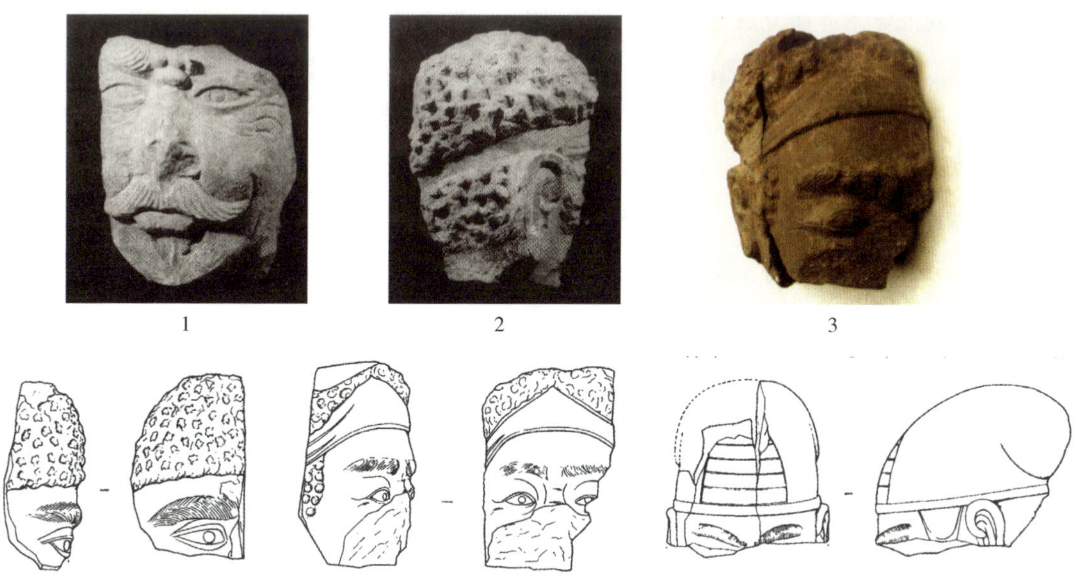

图7 历年发现的部分蕃君长像头部残块照片和线图
（1、2 采自孙迟《昭陵十四国君长石像考》，3—6采自陕西省考古研究所、昭陵博物馆《2002年度唐昭陵北司马门遗址发掘简报》）

思摩在唐廷任职多年，这一貌似胡人的面部特征既被记入史传，或许在当年的长安也是士林熟知的逸闻，为官方效力的石像创作者恐怕对此也未必陌生。虽然目前无法确认留存下来的头部残块中是否有属于阿史那思摩的，无法获知上述细节是否得以表现，但创作者的一番匠心还是可以从现有材料中得窥一斑。如图 7–1 所示，1982 年出土的这件石像头部保留了大部分正脸，可以清楚地看到该蕃君长不仅留有浓密的胡须，而且眼角和脸颊专门刻画出数道皱纹，似乎正是以此来烘托他较大的年纪。

综上所述，根据对文献与实物的初步分析，笔者认为十四蕃君长像的创作者并非截取一个静态的时间断面，而是在真实性和理想化之间进行调和。一方面将十四人的外形塑造出大体和谐的效果，注重这组作品的整体性。另一方面也突出彼此在身高、服饰和相貌方面的差异，这些差异恐怕不只是概念化地表现唐人关于周边族群的一般印象，而有可能直接与个体特征有关。但到底是何种程度上的关联？目前还无法展开进一步讨论。

形塑活动的信息来源

以常理推断，对于十四蕃君长中那些于太宗去世前后正在长安的人，为其身形塑像不是难事。但对那些已经过世或未曾来过长安的人来说，就要依赖其他的信息来源，那么会有哪些渠道呢？

主要的渠道应该是官方对外邦来使所做的文字和图像记录。南朝梁元帝萧绎所绘《职贡图》是目前所知此类材料中最早的一例，这幅美术史上的名作乃是萧绎出镇“胡人遥集”的荆州时开始创作，对此学术界研究成果甚多。[56]《职贡图》包括图画与题记两部分内容，这种体例在中古时期很有影响，聂溦萌最近对纪传体官修史“列国传”编纂模式的探讨值得重视，她总结道：

与以往正史列国传的编纂不同，《梁书·西北诸戎传》与《隋书·西域传》都有一种体例、内容十分接近的文献作为蓝本。与《梁书·西北诸戎传》对应的是梁代裴子野的《方国使图》、梁元帝萧绎《职贡图》，与《隋书·西域传》相应的是隋代裴矩的《西域图记》，本文称之为“使图类”文献。[57]

这些被聂溦萌称之为“使图类”文献的作品，当时作为朝廷的官方档案，又成为后世史家编撰正史列国传的重要史源。

收入《艺文类聚》的《梁〈职贡图〉序》云：

窃闻职方氏掌天下之图，四夷八蛮，七闽九貉，其所由来久矣。……臣以不佞，推毂上游，夷歌成章，胡人遥集。款开蹶角，沿泝荆门，瞻其容貌，诉其风俗。如有来朝京辇，不涉汉南，别加访采，以广闻见，名为《贡职图》云尔。[58]

《隋书·裴矩传》所录《〈西域图记〉序》说：

皇上膺天育物，无隔华夷，率土黔黎，莫不慕化。风行所及，日入以来，职贡皆通，无远不至。臣既因抚纳，监知关市，寻讨书传，访采胡人，或有所疑，即详众口。依其本国服饰仪形，王及庶人，各显容止，即丹青模写，为《西域图记》，共成三卷，合四十四国。仍别造地图，穷其要害。[59]

这两条文献清晰地说明了《职贡图》和《西域图记》的编纂过程。其中最为值得注意的是，无论是坐镇荆州的萧绎，还是监知张掖的裴矩，都不只是记录身边容易看到的“入朝番客”，还曾主动派人四处搜罗信息，尽力构建他们理解中的完整的异国图景。出现在《职贡图》中的是各国使者，而《西域图记》关心的对象更为广泛，不仅西域诸国的庶人形象跃然纸上，国王们的模样也被赋予丹青，所绘内容包括了服饰、仪形和容止。通过这项工作，这些隋代“蕃君长”们的形象得以进入到官方视野。

6 世纪上半叶《职贡图》所开创记录藩国信息的传统，包括工作方法在内都被唐代沿用，而且更受重视。《唐六典》卷五《尚书兵部》记载职方郎中、员外郎的职责之一便是：

其外夷每有番官到京，委鸿胪讯其人本国山川、风土，为图以奏焉，副上于省。[60]

《新唐书》卷四十六《百官志》所记略同：

凡蕃客至，鸿胪讯其国山川、风土，为图奏之，副上于职方；殊俗入朝者，图其容状、衣服以闻。[61]

文献明确记载由中央政府的鸿胪寺、尚书省兵部职方司负责对外邦来使进行文字和图像记录，具体的过程是“番官”“蕃客”到长安后，鸿胪寺派员向其询问该国地理和人情讯息，然后绘图上奏，要将副本交给尚书省兵部职方司。聂溦萌指出，根据《唐会要》中有关“诸司应送史馆事例”记载，还有副本会送至史馆存档。[62]仁井田陞认为这条唐令的时代为开元七年（719 年），并指出日本《养老公式令》第七十九条与此相似，进而显示记录外人形象的工作是各个机构的普遍职责，应源于唐令：

凡远方殊俗人来入朝者，所在官司，各造图，画其容状衣服，具序名号处所，随讫奏闻。[63]

梁《职贡图》“别加访采”和隋《西域图记》“寻讨书传，访采胡人”那种主动出击的工作方法，也为唐廷沿用。根据聂溦萌的研究，唐廷在高宗显庆三年（658 年）西域平后，曾遣使往西域各国，采访各国风俗，画图以进，于龙朔元年（661 年）进《西域图记》，之后由许敬宗撰《西域图志》六十卷。[64]由此一来一往所获的关于外邦人物形象的信息，作为官方记录存于唐代中央政府，它们既可为史馆用于写史，应当也可为匠作监制陵墓雕像提供参考依据，特别是其中的图像信息会发挥很直观的作用。

虽然上述唐代条令、图志的时代要晚一些，但处于这一潮流之中的唐初贞观年间并不例外，阎立本就曾负责绘制这类图像，《历代名画记》记载“时天下初定，异国来朝，诏立本画《外国图》”[65]，并有《步辇图》传世，而现存《职贡图》曾长期被误认为出自阎立本之手，也能反映他在这个领域的影响之大。《资治通鉴》载太宗崩时“四夷之人入仕于朝及来朝贡者数百人，闻丧皆恸哭，剪发、剺面、割耳，流血洒地”[66]。贞观末期，在朝外邦人士如此之多，相信官方记录的工作会相当频繁，所获的资料信息也会很丰富。

由此不难理解，今天我们还能见到的反映异域人物风貌的视觉材料，包括《职贡图》、《步辇图》、昭陵十四蕃君长像、乾陵“六十一蕃酋像”、章怀太子墓“客使图”壁画等等，都是在这种条件下得以出现的。而如果联想到后世宋辽之间还曾互赠“御容”[67]，就能更进一步理解异国君长相貌实是非常重要的外交资料，势必会得到特别重视。

余 论

唐陵陵园石刻中的蕃人石像，除了昭陵以外，过去人们熟悉的只有乾陵陵园南门外神道两侧所立的“六十一蕃酋像”[68]。与昭陵蕃君长像的名衔刻在下部方座上所不同，乾陵是把这些内容刻在石像背后，从现存文字可辨的几例看，它们也代表了具体的个人。而且乾陵蕃君长像虽然如今处于露天，但考古发掘表明当初和昭陵十四蕃君长一样，也是有建筑遮蔽的。[69]乾陵设置蕃君长像的创意或直接源自昭陵，当无疑义。

近年来，陕西省考古研究院开展“唐陵大遗址保护”项目，对关中地区唐陵进行了多项考古调查、钻探、测绘和发掘工作，有不少重要发现，其中在多座唐陵发现了蕃君长像或“蕃酋殿”遗址，时间跨度从盛唐一直延续到晚唐，俨然成为唐陵陵园设施的标配。睿宗桥陵、玄宗泰陵的发掘情况已有专门报道[70]，中宗定陵、肃宗建陵、德宗崇陵、敬宗庄陵、武宗端陵、宣宗贞陵等的发现也有文章提及。[71]如桥陵发掘了南门西侧蕃酋殿，遗址夯土基址平面形状为曲尺形，推测整个建筑只有背侧墙，没有两端的山墙，这与昭陵将六骏和十四蕃君长像置于开敞式廊房的情况如出一辙，足见昭陵在制度方面具有开创性意义。

但乾陵及此后诸陵的蕃人像，从已公布的材料看，多为双手合握于胸前，有不少原本手中应持笏板。它们姿态恭敬，颇似朝会场景，这与昭陵十四蕃君长像手势多样的情况不大相同，乾陵数量众多的蕃人像大多身穿圆领或翻领的窄袖袍服，相似度很高，也与昭陵人像服饰带有鲜明地域特点的情况不同，这大概一方面反映了昭陵以后的蕃人像所代表的角色除了君长外，应当还包含了使节，另一方面说明石像手势和衣着的细微差异，体现了不同时期的人像在身份、地位和性质方面也有所变化，这有助于反过来思考昭陵树立蕃君长像的立意。

最后还想提及的是，十四蕃君长像的形塑过程是创作者单方面决定，还是与被塑人物及其家族、国家存在着双向互动的关系，特别是那些还活着的人，他们是否可以表达看法？虽然目前还无法回答这些问题，但就艺术创作来说，将想法或文本转化为可见的视觉形式，可以说是设计过程中最为关键的步骤。同时也启发我们要在中国艺术传统的语境中，重新思考诸如“写真”“写实”这类概念的内涵。

附　记

本研究得到陕西省考古研究院张建林研究员的悉心指导，并蒙其提供重要资料。2017 年 7 月上旬在陕西考察期间，笔者得到昭陵博物馆李浪涛、陕西省考古研究院胡春勃、耿庆刚的大力协助，得以观摩多件实物材料。文章在思考和写作过程中，还先后得到童岭、孙少华、仇鹿鸣、张雪松、史睿、吕博、巫鸿、朱青生、郑岩、林伟正、邓菲、魏坚、李梅田、赵俊杰、胡鸿、聂溦萌、徐畅、胡耀飞等众多师友的批评指正。在此一并致谢。

本文为国家社科基金青年项目“魏晋南北朝陵墓制度初探”（批准号：19CKG011）阶段性成果；中央高校基本科研业务费项目（项目编号：2552018021）成果。

注释：

［1］对这组石刻人像，学界存在“蕃君长像”“十四国君长像”“蕃酋像”“蕃臣像”等多种叫法。《唐会要·陵议》记刻石事件有“写诸蕃君长”一语，笔者据此称其为“十四蕃君长像”，为行文方便有时简称为“蕃君长像”。

［2］游师雄刻于绍圣元年（1094年）的《唐太宗昭陵图碑》现存于昭陵博物馆。碑文中对蕃君长官职和姓名的记录基本正确，但也有一些讹误，除了数处错字、漏字外，最明显的问题是只列出十三位蕃君长，碑文上“突厥乙沴泥孰候利苾可汗、右武卫大将军”之后的姓名为“阿史那弥（社）尔”，实际上这个身份对应的是十四蕃君长中的“阿史那李思摩”，也就是说游氏误将二者混为一人了，这与他在元祐四年（1089年）所立《昭陵六骏碑》中对六骏各方面信息的准确记录存在差距。如果再考虑到十四蕃君长是有文献记载可供参考，可以推测游师雄到访昭陵时，十四蕃君长像已所见不全。

［3］如昭陵北司马门现存的洪武四年（1371年）所立祭陵碑便是挪用了龟兹王诃黎布失毕石像基座作为碑座。据李浪涛《唐昭陵发现欧阳询书〈昭陵刻石文碑〉》一文介绍，另一块明代祭陵碑的碑座挪用了阿史那社尔石像基座，而这块祭陵碑本身也是唐碑的二次利用，是将贞观十年（636年）太宗御制、欧阳询书的文德皇后碑截断改制而成（《碑林集刊》第十期，陕西人民美术出版社，2004年，第89—91页）。

［4］见《唐会要》卷二十《陵议》（上海古籍出版社，2006年，第458页）。这是关于十四蕃君长身份最为完整的名单，准确性很高，如薛延陀和吐蕃的两位君长，《唐会要》未记姓名，这与出土人像基座上的题名格式完全一致，表明《唐会要》这条文献的史源相当可靠，应取自原始档案。但文中仍有一些讹误，孙迟结合多种传世文献和人像像座题名，已做出很好的辨析，包括阿史那出苾应名咄苾，阿史那社尔应为答布可汗而非都布可汗，阿史那李思摩应写成阿史那思摩或史思摩，吐蕃赞普

宜写为赞甫，薛延陀真珠毘伽可汗应为毗伽可汗等，本文在叙述诸蕃君长称号、姓名时多依此文意见。参见孙迟《昭陵十四国君长石像考》（《文博》1984年第2期）。

［5］关于历年石像的发现详情，参见张建林、史考《唐昭陵十四国蕃君长石像及题名石像座疏证》（《碑林集刊》第十期，陕西人民美术出版社，2004年，第82—88页）。对1965年和1982年石像的发现情况，还可参考孙迟《昭陵十四国君长石像考》（《文博》1984年第2期）。另外，2002年北司马门遗址的发掘情况，见陕西省考古研究所、昭陵博物馆编《2002年度唐昭陵北司马门遗址发掘简报》（《考古与文物》2006年第6期）。

［6］历年出土的石刻残块，据笔者所知分别存于昭陵博物馆、陕西省考古研究院和昭陵北司马门。2017年7月笔者在昭陵博物馆观摩了五个人像基座、一个较全的人像躯干和四个人像下半身，并在昭陵北司马门明清祭陵碑群中考察了“隐身”于此的阿史那社尔和诃黎布失毕像。

［7］张建林、史考：《唐昭陵十四国蕃君长石像及题名石像座疏证》，载《碑林集刊》第十期，陕西人民美术出版社，2004年，第82—88页。其余值得重视的研究还有如葛承雍：《唐昭陵、乾陵蕃人石像与“突厥化”问题》，载《欧亚学刊》2001年；张建林：《腰刀与发辫——唐陵陵园石刻蕃酋像中的突厥人形象》，载《乾陵文化研究》2008年第四期；沈睿文：《昭陵六骏与十四国君长像》，载《唐陵的布局空间与秩序》，北京大学出版社，2009年，第227—246页；胡春勃：《关于唐陵蕃酋像的几个相关问题》，载《艺术科技》2016年第5期。

［8］根据《太宗实录》、两唐书《丘行恭传》、游师雄立《昭陵六骏碑》所引《唐陵园记》等文献，一般认为刊刻六骏是太宗本人意愿，系生前所立，可能是在贞观十年（636年）葬文德皇后入昭陵后不久。

［9］《资治通鉴》卷一百九十九《唐纪十五》：“（贞观二十三年五月己巳），有倾，上崩。……壬申，发丧太极殿，宣遗诏，太子即位。……四夷之人入仕于朝及来朝贡者数百人，闻丧皆恸哭，剪发、剺面、割耳，流血洒地。……（八月）庚寅，葬文皇帝于昭陵，庙号太宗。阿史那社尔、契苾何力请杀身殉葬，上遣人谕以先旨不许。蛮夷君长为先帝所擒服者颉利等十四人，皆琢石为其像，刻名列于北司马门内。”（中华书局，1956年，第6267—6269页）

［10］《唐会要》卷二十《陵议》：“上欲阐扬先帝徽烈，乃令匠人琢石。写诸蕃君长贞观中擒伏归化者形状，而刻其官名。”（上海古籍出版社，2006年，第458页）

［11］《资治通鉴》卷一百九十九《唐纪十五》，中华书局，1956年，第6269页。

［12］《唐会要》卷二十《陵议》，上海古籍出版社，2006年，第458页。

［13］唐太宗昭陵图碑，现昭陵博物馆。

［14］《旧唐书》卷一百九十六《吐蕃传》，中华书局，1975年，第5222页。

［15］《旧唐书》卷一百九十八《西戎传》，中华书局，1975年，第5300页。

［16］同上，第5304页。

［17］同上，第5305页。

［18］同上，第5302页。

[19] 同上，第5296页。传世文献皆记末代高昌王名“麴智盛”，唯有昭陵蕃君长石像基座题名将“盛”写作“勇”。

[20]《旧唐书》卷一百九十七《南蛮西南蛮传》，中华书局，1975年，第5270页。

[21] 沈睿文：《昭陵六骏与十四国君长像》，载《唐陵的布局空间与秩序》，北京大学出版社，2009年，第230页。

[22] 罗宏才：《昭陵六骏蓝本、仿绘、仿刻、拓本、模制及相关问题的研究》，载《碑林集刊》第九期，陕西人民美术出版社，2003年；张鹏：《穿越古今的逐梦之旅——〈六骏图〉研究》，载《美术研究》2014年第2期。

[23] 阿史那咄苾，生年不详，其卒年在两唐书本传中有记载，《旧唐书》卷一百九十四《突厥传》称“（贞观）八年卒，诏其国人葬之，从其俗礼，焚尸于灞水之东，赠归义王，谥曰荒。其旧臣胡禄达官吐谷浑邪自刎以殉”（中华书局，1975年，第5160页），《新唐书》卷二百一十五《突厥传》所记与之略同（中华书局，1975年，第6036页），可知阿史那咄苾卒于贞观八年（634年）。

[24] 阿史那什钵苾，《旧唐书》卷一百九十四《突厥传》称“（贞观）五年，征入朝，至并州，道病卒，年二十九。太宗为之举哀，诏中书侍郎岑文本为其碑文”（中华书局，1975年，第5161页），《新唐书》卷二百一十五《突厥传》所记略同（中华书局，1975年，第6038—6039页），可知什钵苾卒于贞观五年（631年），享年二十九岁，古人计算年龄均用虚岁，倒推可知什钵苾应出生于隋仁寿三年（603年），与《旧唐书》本传“隋业中，突利年数岁”的记载相合。

[25] 范头黎，生卒年不详，据《旧唐书》卷一百九十七《南蛮西南蛮传》（中华书局，1975年，第5270页）、《新唐书》卷二百二十二《南蛮传》（中华书局，1975年，第6298页）、《资治通鉴》卷一百九十九《唐纪十五》（中华书局，1956年，第6281页），他在贞观中去世。而根据《新唐书》“头黎死，子镇龙立，献通天犀、杂宝。（贞观）十九年，摩诃慢多伽独弑镇龙，灭其宗，范姓绝”的记载，范头黎在贞观十九年（645年）前数年就已去世。

[26] 夷男，卒年见于《旧唐书》卷一百九十九《北狄传》“（贞观十九年）俄而夷男卒，太宗为之举哀”（中华书局，1975年，第5346页），据《资治通鉴》卷一百九十八《唐纪十四》记载“（贞观十九年）九月，壬申，真珠卒，上为之发哀”（中华书局，1956年，第6228页）可知，夷男卒于贞观十九年（645年）。

[27] 阿史那思摩，据《旧唐书》卷一百九十四《突厥传》（中华书局，1975年，第5165页）、《新唐书》卷二百一十五《突厥传》（中华书局，1975年，第6040页），在征辽战争中为流矢所击，返回长安后去世。阿史那思摩（李思摩）墓志于1992年出土于陕西礼泉县庄河村西北李思摩墓中，现藏昭陵博物馆，志文记载“以贞观廿一年岁次丁未三月丁亥朔十六曰壬寅，遘疾卒于居德里第，春秋六十有五。即以其年四月丁已朔廿八日甲申窆于昭陵”（参见昭陵博物馆：《昭陵碑石》，三秦出版社，1993年，第12、13页），可以确认阿史那思摩于贞观二十一年（647年）去世，享年65岁，由此推阿史那思摩生于隋开皇三年（583年）。

[28] 麴智盛（勇），据《旧唐书》卷一百九十八《西戎传》（中华书局，1975年，第5296年）、《新唐

书》卷二百二十一《西域传》（中华书局，1975年，第6223年），他在贞观十四年（640年）被侯君集俘至长安后，就一直居此，去世时间要比太宗晚一些。高宗永徽二年（651年）十一月以高昌故地置安西都护府，以麴智盛（勇）之弟智湛为左骁卫大将军、西州刺，率众迁回高昌故地，推测此时智盛（勇）已卒。

[29] 阿史那社尔，生年不详，其卒年在两唐书本传中有记载，《旧唐书》卷一百九《阿史那社尔传》载"（永徽）六年卒，赠辅国大将军、并州都督，陪葬昭陵，起冢以象葱山，仍为立碑，谥曰元"（中华书局，1975年，第3290页）。《新唐书》卷一百一十《诸夷蕃将传》所记与之略同（中华书局，1975年，第4116页），可知社尔卒于永徽六年（655年）。关于其生年和享年，可据两唐书和《唐会要》进行推算，据两唐书本传，社尔十一岁时拜为拓设；《唐会要》卷九十四《北突厥》记载更为详细——"（贞观）十年正月，突厥阿史那社尔降。社尔，处罗之子，年十一，以智略闻，处罗以为拓设，建牙于碛北"（上海古籍出版社，2006年，第2002页），可知任命社尔为拓设的是其父处罗可汗，同卷记"（武德）二年二月，始毕死，其弟处罗可汗立。……十一月，师都请为乡导，谋大举入寇。是月，处罗死。其弟颉利可汗咄苾立"（上海古籍出版社，2006年，第2000页），知处罗仅在武德二年（619年）做过十个月的可汗，社尔拜拓设当在此年，由此前推，社尔生于隋大业五年（609年），太宗去世时，社尔年41岁，他比太宗晚六年去世，享年47岁。这一推定结果可以加以验证，根据西安出土的社尔长兄阿史那摸末墓志记载，摸末"春秋卌三，以贞观廿三年二月十六日薨于宣阳之里第"（吴钢主编：《隋唐五代墓志汇编·陕西卷（三）》，天津古籍出版社，1991年，第29页），则可推定摸末生于隋大业三年（607年），年长社尔两岁，颇为合理。相关考证请参见朱振宏《阿史那摸末墓志笺证考释》（《唐史论丛》2012年第2期）。

[30] 阿罗那顺，生卒年不详，据《旧唐书》卷一百九十八《西戎传》（中华书局，1975年，第5308页）、《新唐书》卷二百二十一《西域传》（中华书局，1975年，第6238页），阿罗那顺是在贞观二十二年（648年）五月帝那伏帝国被王玄所破后被俘至长安的，太宗崩时他应在长安。

[31] 龙突骑支，生卒年不详，据《资治通鉴》卷第一百九十七《唐纪十三》（中华书局，1956年，第6213页），龙突骑支于贞观十八年（644年）十月被郭孝恪俘至洛阳，《新唐书》卷二百二十一《西域传》称"婆伽利死，国人请还前王突骑支，高宗许之，拜左卫大将军，归国。死，龙嬾突立"（中华书局，1975年，第6230页），可知去世时比太宗要晚，且太宗去世时龙突骑支应在长安。

[32] 诃黎布失毕，生卒年不详，据《旧唐书》卷一百九十八《西戎传》（中华书局，1975年，第5304页）、《新唐书》卷二百二十一《西域传》（中华书局，1975年，第6232—6233页）、《资治通鉴》卷第一百九十九《唐纪十五》（中华书局，1956年，第6265页）记载，诃黎布失毕于贞观二十三年（649年）正月被阿史那社尔俘至京师，太宗"责让而释之"，拜左武卫中郎将，故太宗去世时，诃黎布失毕应在长安。此后不久，"永徽元年，又以诃黎布失毕为右骁卫大将军，寻放还蕃，抚其余众，依旧为龟兹王，赐物一千段"（《旧唐书》，中华书局，1975年，第6233页）。

[33] 伏阇信，生卒年不详，《资治通鉴》卷一百九十九《唐纪十五》载"（贞观二十三年）阿史那社尔之破龟兹也，行军长史薛万备请因兵威说于阗王伏阇信入朝，社尔从之。秋，七月，己西，伏阇信

随万备入朝，诏入谒梓宫”，可知伏阇信在太宗崩后不久来到长安并入谒梓宫，那么葬太宗于昭陵时，伏阇信应在长安（中华书局，1956年，第6268—6269页），数月后，伏阇信返回于阗。

[34] 慕容诺曷钵，生年不详，据《旧唐书》卷一百九十八《西戎传》称“垂拱四年，诺曷钵卒，子忠嗣”（中华书局，1975年，第5300页），可知卒于武则天垂拱四年（688年）。清末民国以来，已有多方唐代吐谷浑王族墓志被发现，其中诺曷钵妻弘化公主墓志（武则天时改封西平大长公主，故志盖书“大周故西平公主”墓志）有助于推定诺曷钵的生年等信息，公主是唐宗室女，根据墓志，她卒于圣历元年（698年），享年76岁，则生于高祖武德六年（623年），公主适诺曷钵的时间，墓志说在贞观十七年（643年），则公主当时21岁（参见周绍良主编：《唐代墓志汇编》，上海古籍出版社，1992年，第944—945页），但《旧唐书》卷三《太宗本纪》（中华书局，1975年，第51页）、卷一百九十八《西戎传》（中华书局，1975年，第5300页）均记为贞观十四年（640年），则公主当时18岁，诺曷钵的年龄当相去不远。另，诺曷钵为王的时间是贞观九年（635年），史籍皆云其时年幼，大臣争权，国中大乱，如此看来，诺曷钵比弘化公主应还要小一点，推测太宗去世时，诺曷钵也就20多岁。

[35] 弃宗弄赞，《旧唐书》卷一百九十六《吐蕃传》称“永徽元年，弄赞卒”（中华书局，1975年，第5222页），《新唐书》卷二百一十六《吐蕃传》所记与之略同（中华书局，1975年，第6074页），可知卒于高宗永徽元年（650年）。《资治通鉴》卷一百九十九《唐纪十五》对具体日期记为“（永徽元年）夏，五月，壬戌，吐蕃赞普弄赞卒，其嫡子早死，立其孙为赞普”（中华书局，1956年，第6271页），只比太宗晚去世约一年。根据学者研究，弃宗弄赞的生年推定为隋义宁元年（617年）（白寿彝主编：《中国通史》，上海人民出版社，2007年，第1329页），那么，太宗去世时，弄赞33岁，第二年去世时34岁。

[36] 金真德，生年不详，其卒年史籍记载有异，《旧唐书》卷一百九十九《东夷传》载“（永徽）三年，真德卒，为举哀。诏以春秋嗣，立为新罗王，加授开府仪同三司，封乐浪郡王”（中华书局，1975年，第5336页），知卒于永徽三年（652年），但《新唐书》卷二百二十《东夷传》载“（永徽）五年，真德死，帝为举哀，赠开府仪同三司，赐綵段三百，命太常丞张文收持节吊祭，以春秋袭王”（中华书局，1975年，第6204页）；《资治通鉴》卷一百九十九《唐纪十五》载“（永徽五年四月）壬辰，新罗女王金真德卒，诏立其弟春秋为新罗王”（中华书局，1956年，第6285页）；《唐会要》卷九十五《新罗》载“（永徽）五年，真德卒，高宗为举哀于永光门，使太常卿张文收持节吊祭之，赠开府仪同三司，仍赐绫綵二百段，诏其子春秋嗣位”（上海古籍出版社，2006年，第2027页），其卒年或应以永徽五年（654年）为准。

[37] 张建林、史考：《唐昭陵十四国蕃君长石像及题名石像座疏证》，载《碑林集刊》第十期，陕西人民美术出版社，2004年，第83页。

[38] 陕西省考古研究所、昭陵博物馆：《2002年度唐昭陵北司马门遗址发掘简报》，载《考古与文物》2006年第6期。

[39] 同上，第8页。

［40］张建林、史考：《唐昭陵十四国蕃君长石像及题名石像座疏证》，载《碑林集刊》第十期，陕西人民美术出版社，2004年，第83页。文章称2002年发掘的“6件石人躯体中有2件较完整（同时出土于四台地东庑房南侧明清地层内），残高110—130厘米”，其中一件就是前述残高130厘米的石人，编号“ZLJⅡF3南②:1”，那么这件“身材比较矮小”的石人躯体可能残高就是10厘米。

［41］同上，第83页。

［42］同上，第85页。

［43］同上，第83页。

［44］张建林：《腰刀与发辫——唐陵陵园石刻蕃酋像中的突厥人形象》，载《乾陵文化研究》第四期，三秦出版社，2008年，第78—84页。

［45］《周书》卷五十《突厥传》载“其俗被发左衽，穹庐毡帐，随水草迁徙，以畜牧射猎为务”（中华书局，1971年，第909页），《北史》卷九十九《突厥传》相关记载直接来自《周书》“其俗：披发左衽，穹庐毡帐，随逐水草迁徙，以畜牧射猎为事，食肉饮酪，身衣裘褐”（中华书局，1974年，第3287页），《隋书》卷八十四《北狄传》载“其俗畜牧为事，随逐水草，不恒厥处。穹庐毡帐，被发左衽，食肉饮酪，身衣褐”（中华书局，1973年，第1864页）。

［46］陕西省考古研究所、昭陵博物馆：《2002年度唐昭陵北司马门遗址发掘简报》，载《考古与文物》2006年第6期。

［47］张建林、史考：《唐昭陵十四国蕃君长石像及题名石像座疏证》，载《碑林集刊》第十期，陕西人民美术出版社，2004年，第83页。

［48］简报对于发掘区的划分描述如下：“发掘前的遗址地形呈南高北低的台阶状，地面长满荒草。为了便于发掘，我们根据地形将发掘区域分为三个区：南端的第五台地为Ⅰ区，第四台地为Ⅱ区，北部的第三台地为Ⅲ区。”（陕西省考古研究所、昭陵博物馆：《2002年度唐昭陵北司马门遗址发掘简报》，载《考古与文物》2006年第6期。）

［49］不仅这些石人都已不在原位，而且历史上可能遭到过不止一次扰动。根据简报对发掘区地层的披露，“发掘区内的地层虽较统一，大体上是南部地层薄，中部偏北处较厚。以Ⅱ区为例：①层为表土层，厚10—20厘米，黄褐色，含大量植物根系；②层为近代堆积层，不同区域厚度差异较大，厚10—40厘米，黄褐色，包含少量清代砖瓦残块；③层为明清文化层……④层为唐代文化层……”（陕西省考古研究所、昭陵博物馆：《2002年度唐昭陵北司马门遗址发掘简报》，载《考古与文物》2006年第6期。）从2002年编号“ZLJⅡF3南②:1”的器物来看，这件石人出土于近代堆积层，恐怕是数次被扰动后的结果。

［50］张建林、史考：《唐昭陵十四国蕃君长石像及题名石像座疏证》，载《碑林集刊》第十期，陕西人民美术出版社，2004年，第85页。

［51］同上，第83页。

［52］同上，第80页。

［53］《旧唐书》卷一百九十《北狄传》，中华书局，1975年，第5343页。

[54] 张建林、史考：《唐昭陵十四国蕃君长石像及题名石像座疏证》，载《碑林集刊》第十期，陕西人民美术出版社，2004年，第84—85页。

[55]《旧唐书》卷一百九四《突厥传》，中华书局，1975年，第5163页。

[56] 如金维诺《“职贡图”的时代与作者》（载《文物》1960年第7期）、王素《梁元帝《职贡图》新探——兼说滑及高昌国史的几个问题》（载《文物》1992年第2期）。

就在《职贡图》诞生的梁代，还发生过一件与之相映成趣的事。梁代初建，位于今天印度尼西亚苏门答腊岛上的干陀利国曾遣使来朝，并携带画工，专为梁武帝画像带回本国。事情的缘起颇为蹊跷，《南史》卷七十八《夷貊传上·海南诸国传》对此记载甚详：干陁利国，在南海洲上，其俗与林邑、扶南略同，出斑布、古贝、槟榔。……梁天监元年，其王瞿昙修跋陁罗以四月八日梦一僧谓曰：“中国今有圣主，十年之后，佛法大兴。汝若遣使贡奉礼敬，则土地丰乐，商旅百倍；若不信我，则境土不得自安。”初未之信，既而又梦此僧曰：“汝若不信我，当与汝往观。”乃于梦中至中国拜觐天子。既觉心异之，陁罗本工画，乃写梦中所见武帝容质，饰以丹青，仍遣使并画工奉表献玉盘等物。使人既至，写帝形以还其国，比本画则符同焉。因盛以宝函，日加敬礼（中华书局，1975年，第1959页）。

《历代名画记》卷七在记录擅画的外国僧人时，也记录了这件事。彦远按《梁书·外国传》云：干陁国王瞿昙修跋陁罗者，亦工画，其国在南海洲上。天监元年四月八日，瞿昙梦一僧相告云，“中国今有圣主，十年内佛法大兴，汝可朝贡。不然，则汝国不安”。梦中与僧同到中国，见梁天子。觉而异之，记得梁主形貌，命笔写之。遂遣使并本国画工，请写高祖真，上许之，使还本国，陁罗以高祖真类已画者，盛之宝函，日加礼敬，以外国能画，附此记云。（浙江人民美术出版社，2011年，第123—124页）。

[57] 聂溦萌：《“列国传”模式与纪传体官修史体制的成立》，载《唐研究》2018年第24卷。

[58]《艺文类聚》卷五十五《文部一》，上海古籍出版社，1982年，第996—997页。

[59]《隋书》卷六十七《裴矩传》，中华书局，1973年，第1579页。

[60]《唐六典》卷五《尚书兵部》，中华书局，1992年，第162页。

[61]《新唐书》卷四十六《百官志》，中华书局，1975年，第1198页。

[62]《唐会要》卷六三《史馆上》，上海古籍出版社，2006年，第1285—1286页。

[63] 仁井田陞著、栗劲等编译：《唐令拾遗》，长春出版社，1989年，第798页。感谢武汉大学历史学院吕博先生提醒我注意这条史料。

[64] 聂溦萌：《“列国传”模式与纪传体官修史体制的成立》，载《唐研究》2018年第24卷。

[65]《历代名画记》卷九，浙江人民美术出版社，2011年，第139页。

[66]《资治通鉴》卷一百九十九《唐纪十五》，中华书局，1956年，第6268页。

[67] 这方面的最新研究，可参见张鹏：《美术史研究中的辽御容往来》，载《故宫博物院院刊》2016年第3期。

[68] 据刘向阳研究，乾陵的蕃臣像实际上“原置64尊，现存60尊（误为61尊），东群29尊，西群31尊，

分东西四行站立”，参见刘向阳：《唐代帝王陵墓》第三章“唐高宗与武则天乾陵”，三秦出版社，2003年，第106页。

［69］“东侧王宾殿基址东西长19页。7米，南北宽12页。8米，面阔三间，进深三间；西侧王宾殿基址东西长20页。65米，南北宽12页。5米，面阔三间，进深三间。北侧偏房长12页。6米，宽12页。5米，其北墙为夹层”。参见刘向阳《 唐代帝王陵墓》第三章“唐高宗与武则天乾陵”，三秦出版社，2003年，第85页。

［70］陕西省考古研究院：《唐睿宗桥陵陵园遗址考古勘探、发掘简报》，载《考古与文物》2011年第1期；陕西省考古研究院、蒲城县文物局：《唐玄宗泰陵园遗址考古勘探、发掘简报》，载《考古与文物》2011年第3期。

［71］参见张建林：《唐代帝陵陵园形制的发展与演变》，载《考古与文物》2013年第5期；胡春勃：《唐陵蕃酋像的几个相关问题，载《艺术科技》2016第5期。

平山县王母村唐代崔氏墓壁画简述

韩金秋
河北省文物考古研究院

2016年，河北省平山县王母村出土一座唐代墓葬，为圆形砖室墓，保存基本完整。据墓志记载，墓主为博陵崔氏，夫家为霍氏。天复三年（公元903年）亡故，天祐元年（公元904年）下葬。该墓出土保存较为完好的壁画，题材丰富。晚唐时期墓葬壁画发现不多，王母村崔氏墓中的壁画就显得尤为重要。下面简要介绍之。

需要说明的是，在墓葬的仿木构上也有彩绘，有的图案面积也较大，如墓门拱眼壁上的牡丹图案。此类一般是对现实建筑构件上彩画的摹写，性质与壁画不同，本文不予论述。

壁画的位置

王母村崔氏墓壁画的绘制位置不止在墓室内。从墓门前脸就有了绘画，在拱门以外、倚柱以内的范围内发现有红色、黄色图案残留，只是脱落殆尽，绘制图案原貌难以知晓。

从墓门向内，甬道内壁上也有壁画，西壁有折枝牡丹花。东壁前部也有折枝牡丹花，与西壁的折枝牡丹花相对。两枝花形态相近，绘制方法相同。（图1）东壁的折枝牡丹花以北还有一幅墨绘的灯檠。

图1　甬道东壁折枝牡丹花（郝建文、刘国华摄，下同）

图2　备茶图

图3　甬道东侧侍女

图4　墓室西壁右侧桌椅

图5　椁室北壁山水画整体

再向内进入墓室，甬道内口两侧有墨绘八哥，左右各一，形态似前后呼应。墓的穹隆形内顶有天象图，以藏青色颜料象征天空，点有白色星辰。星辰没有连线成为星座。

天象图以下的墓室南壁上可见奉侍图，分列于甬道内口东西两侧墓壁上，被影作倚柱分为四幅。内容为备茶、备酒。有侍女三人，服饰大体一致，发式有所差别，均手捧器物。两端的壁画上有桌椅、衣架及茶具、酒器等（图 2 至图 4）。

墓室最里面为房形椁室。其东西翼墙上各绘有一名侍从，东为男性，西为女性，均朝向椁室门站立。椁室内北、东、西绘制有屏风式壁画。北侧为通屏水墨山水画（图 5），东西侧为花卉图，西侧的严重褪色（图 6、图 7），东侧的画面几近完全脱落。

图6 椁室西壁植物画

图7 西壁

壁画所处的位置不同，意味着代表的意义不同。大致有三种情形。一是实际物件的仿制，如墓门和甬道上的壁画，应该是对实际建筑上壁画的仿制。椁室内的壁画应是仿制实际的起居室床榻旁的围屏。二是对生活场景的再现，如墓室内的奉侍壁画。三是只有象征性意义，如墓室顶部天象图则是法天象地的表征，椁室翼墙上的侍从应脱胎于佛教舍利塔门口的菩萨形象。

壁画的题材

王母村崔氏墓壁画题材较为丰富，有花卉、山水、侍奉、天象等。

花卉题材在墓葬中有两种表现，一种是甬道内壁上的折枝牡丹，一种是椁室内东西壁上的花卉图案。前者似为绘画小品，图案很小，没有边框，构图较为随意。后者为屏风画，是唐代典型的竖式茎干、枝叶轴对称布局，构图严谨有余而灵动不足。两种截然不同的花卉壁画共存于一座墓中，反映了当时社会上流行的两种花卉图画风格。从唐宋花卉图式演变序列上看，王母崔氏墓中花卉处于唐向宋的转变节点上，折枝花已经成为一种独立的图画，开宋代折枝花鸟图画的先河。

山水画只有椁室内北壁的通屏画，与两幅花卉图构成一幅围屏。较之更早唐墓中的山水画，相同之处是内容都有山峰、树木、大雁等，构图都是一水夹两岸式，多数位于棺床内侧。不同之处主要在于王母崔氏墓山水画为纯水墨绘制，没有着色。将这幅壁画放到唐宋山水画发展链条中，可以发现它是水墨山水画趋于成熟之作，填补了唐到五代墓葬山水画发展的空白。也是目前我国发现最早的一幅通屏水墨山水画。

侍奉题材在唐墓壁画中早有端倪，多为单幅侍从捧物。展示大场面侍奉情景的，目前以王母墓葬壁画最早。这类题材在辽、宋墓葬中常见，从王母村崔氏墓的发现看，应是从唐墓中发展而来。

天象图题材在墓葬壁画中出现很早，汉墓中就已经出现。以墓室顶部象征天空，是历代砖室墓葬的通行做法。天象图也是流传最为久远的壁画题材。王母村崔氏墓壁画的天象较为简单，没有星座，没有日月，而星辰则徒具其形，与实际天空中星辰的分布不类。

四类题材均或多或少都在其他唐墓或者更早的古代墓葬中出现过，所不同的是，除了天象图，其他三类都呈现出新的时代特点，这是王母村崔氏墓壁画可以作为唐末壁画墓标尺的关键所在。

壁画的保存情况

总体看，王母村崔氏墓壁画保存较好，但不同位置的壁画保存情况参差不齐。有的保存完好，如山水画、折枝牡丹花、侍奉图等，有的脱落严重，几近消亡，如椁室内东西两侧的花卉图、椁室外翼墙上的侍从图。壁画受损的原因与该墓壁画的地仗层有关，也与地下水位变化有关。

一般来说，壁画从内到外可分为支撑、地仗层、颜料层三部分。支撑者为墙体。地仗层是墙面上壁画的载体，通常用草拌泥、石灰等再混合其他材料制成，具有找平砖砌面、保持壁画面牢固、为壁画提供稳固支撑的作用。唐代西安地区唐墓壁画地仗层多为草拌泥再抹以石灰。王母村崔氏墓壁画的地仗层则为石灰，没有草拌泥，这可能是河北及其附近地区古代墓室内壁画的一个突出特征，从东汉时期的望都二号墓[1]和安平逯家庄壁画墓[2]、北魏时期景县高长命墓[3]和北朝湾漳壁画墓[4]到五代王处直墓[5]都是如此。

没有草拌泥的地仗层，其缺点是显而易见的，墙面只能靠石灰层找平。石灰层过薄不易脱落，但是墙面无法完全找平。而石灰层过厚则附着力变差，墙皮容易脱落。这一点在王母村崔氏墓中有所体现。墓葬中保存较好的壁画，石灰层都比较薄，如山水画、侍奉图，但画面的平整程度差些。脱落严重的，石灰层都比较厚，如椁室翼墙上的人物、椁室内东侧花卉图。对壁画的保护来说，缺少草拌泥层而只有石灰层的地杖，由于不像能与地杖结合为一体的草拌泥层那样可以整体揭取，只能原址保护或者连同砖壁一起整体迁移。

经过一个年度的监测，王母村崔氏墓所处区域地下水层较浅，水位变化幅度也较大，丰水期（4月—9月）水位可到椁室顶部，枯水期（10月—次年3月）则接近墓底，高差将近2米。在墓葬未曾发掘时，虽然整体埋藏环境没有变化，但地下水位则有周期性变化。石灰吸水性较强，水位变化也会对石灰层的稳定造成影响。壁面石灰层的饱水程度也会随着水位的变化而经历大幅度变化。在丰水期，壁画处于浸泡的状态，地仗层疏松，颜料溶解。枯水期则水分挥发，较厚的地仗层失水后结构蓬松，进而酥粉，乃至脱落。地仗层中的盐分析出也可造成画面破损。枯水期、丰水期随季节变化反复出现，壁画经历失水、饱水的循环，加剧了画面的破损、脱落。

余 论

王母村崔氏墓是一座平民墓葬，规模很小。壁画绘制水平较西安地区唐代高级官员或皇室墓壁画要逊色一些。毕竟墓主身份只是平民，画工最多也只是服务于中低级官员阶层的民间画工。不同题材的壁画绘制水平并不均等，绘制较好的有山水画、折枝花图等，绘制精细，技法纯熟。侍奉图次之，人物服饰样貌描绘详细，但桌椅、衣架比例失当，部分茶杯绘制错误。天象图最差，仅具形式而已。这应与绘制者的绘画水平和擅长的题材不同有关。

与同时期其他平民墓葬相比，该墓的级别又显得略高一筹，似与中下级官员墓葬相当。其中的壁画题材和规模远非其他平民墓葬可比。所以我们可以从中见到超出平民阶层的精美壁画。唐末纪年墓本就发现不多，能够出土如此题材多样、保存完整的壁画者更是寥寥无几，因此王母村崔氏墓壁画的重要性不在于技艺是否高超，而在于除此无他，至少目前如此。

本文得到国家社会科学基金重点项目（18AKG006）、河北省社会科学基金项目（HB15LS010）、河北省青年拔尖人才资金支持项目、河北省宣传文化系统“四个一批”人才项目的资助。

注释：

［1］河北省文化局文物工作队：《望都二汉墓》，文物出版社，1959年。

［2］河北省文物研究所：《安平汉壁画墓》，文物出版社，1990年。

［3］河北省文管处：《河北景县北魏高氏墓发掘简报》，载《文物》1979年3期。

［4］中国社会科学院考古研究所、河北省文物研究所：《磁县湾漳北画墓》，科学出版社，2010年。

［5］河北省文物研究所、保定市文物管理处：《五代王处直墓》，文物出版社，1998年。

墓葬艺术的地域性：以辽代西京的丧葬文化为例

洪知希（Jeehee Hong）
加拿大麦吉尔大学
李仪邦 译

中国墓葬艺术研究领域中的一种主流模式是将关注点放在祖先崇拜与来世信仰的宏大叙事上，虽然这种研究方式对关于死亡和丧葬仪式的一些观念做出了重要的梳理，但也不可避免地忽略了地域习俗间的差异。这一问题在对于中古时期（9 世纪至 14 世纪）的研究中显得尤为突出。这一时期以社会的流动性和民族间的交汇为标志，对之后数个历史阶段的文化形态有深远的影响。

本文以出自山西省大同市（即辽代和金代的西京）的一系列考古发现为研究对象，试图借此描绘出一个更为微妙的中古文化地域图景。大同在唐代原为云州（今天的大同和朔州）的一部分[1]，在后唐联合契丹人击败唐军后，它被纳入辽代的疆域。在此后的一个世纪中，它一直是契丹的一个镇，只拥有少量的人口和有限的经济文化资源，直至在 1044 年被更名为“大同府”并提升为辽代的西京[2]。正如下文将要讨论的，即便在成为西京以前，大同也已俨然成为一个多民族汇集的地区，而非由单一的文化体系所主导。就社会阶层而言，这里已发掘墓葬中的大部分都是为非官僚社会精英所建[3]，它们的奢华程度——大多装饰有壁画和（或）所谓的仿木建筑元素——或多或少与辽代其他地区为当地上层所建的墓葬相契合。而出土于该地区的大多数墓葬属于非官僚社会精英的现象也符合中古时期中国的中、北部装饰墓的发展趋势。[4]这两点特征，即在大同被纳入辽的版图之前就根植于当地的多样文化经验与记忆，以及墓主人社会地位的一致性（均属于非文人社会上层）中，使得出土于大同的辽代墓葬成为分析以生活为参照的丧葬习俗的一个理想案例，与此相对的是时常被汉族文人推崇的礼仪准则所筛选的教条式丧葬习俗。

本文是以简明的方法论介入的形式对大同地区墓葬文化的一次初步研究。该项目更大的目标是将在大同墓葬中发现的地域特征与中古时期更广泛的地域中的丧葬文化相联系，从而帮助我们重新评定目前关于中古宗教文化的一系列设想，并将其有意义地复杂化。这些设想很大程度上成形于预设的民族与朝代分界观念。

虽然整个研究项目以分析空间、图像与仪式三者之间的关系为主体，由此揭示既专属于西京又时常与相邻地区相关联的一些独特丧葬模式，但在本文中，作者主要关注大同居民如何塑造属于逝者的空间。由于认识到棺椁和坟墓（作为不同等级的尸身容器）之间的提喻性（synecdoche），笔者将以墓葬的修建者和出资人为这类容器选择的具体形态为下文讨论的重心。这一探索将会帮助我们理解他们是如何在熟悉的视觉、空间环境的基础上构想来世。该研究也将进一步挑战用一分为二的民族身份视角（即契丹相对于汉族）分析发生于辽地的种种文化活动（包括墓葬营建）的主流研究模式。[5]艺术史和其他类型的文化研究在讨论制作于多民族共存的历史时代的图像和器物时，时常借助二元对立的分析模式——一种文化产物的特征由制作者或出资者的民族身份决定，这同样也经常被用来研究辽代的墓葬艺术。正如下文将要探讨的，大同地区墓葬的主人在民族身份上的模糊性实际上可以帮助我们对上述占支配地位的研究模式的正当性质疑。由于当下以可利用的历史文献为基础的学术研究难以帮助我们对辽代大同的人口结构作出明确的分析，更不必说得出一个关于大同居民是否或如何从特定的民族文化层面审视自身的大致情况，以墓葬器物和遗址假定的民族属性来预设和描述它们的特征是没有意义的。与主流研究模式习惯运用的循环逻辑相反，本文的首要重点是将墓葬器物与遗址作为"地域性建构"，而非作为其制造者和（或）出资人的民族背景的物质反映来考察。这一研究方法可以为我们对墓葬空间的构思与设计模式中更微妙的层面的理解，提供多样的方法论的可能性，同时帮助我们发掘这些模式如何在辽代的文化版图内外跨越当时的宗教与丧葬分界。

建造尸身的"寓所"

自11至13世纪，对于有能力为族人建造得体的墓葬（通常为砖室墓）的大同居民而言，将火化后存留的遗骸供奉于瓷质或石质容器中并放置于墓室中的棺床之上是最常见的安葬方式。毫无疑问，火化作为起源于佛教的尸身处理方式，北宋、辽及其他地区的民间佛教信徒对之并不陌生。[6]

在大同以及山西北部其他地区的早于辽代的墓葬中，我们已发现造型相对简洁的骨灰容器。[7]从已发表的例子中可以看出，当时的大同居民似乎更倾向于这种处理尸身的方式，而不是另一种更晚出现的供奉死者尸身的方式，也就是将骨灰装入再现死者生前面貌的真容木偶像之中（图1）。到了辽代后期，这一新类型，即容器与肖像的结合体，开始出现于宣化（今张家口宣化区）和北京当地上层人士的墓葬中。从他们的姓氏可以看出他们出自与契丹上层通婚的汉人家族，其与契丹贵族的直接联系提醒我们，或许他们在墓葬中对这种新的安葬尸身方式的运用源于他们与契丹人的社会文化交流。[8]同时，正如以往学者们提到的，这也源于佛教视觉文化中制作肖像雕塑的影响。[9]由于大同是辽代都城中距离政治中心上京最远的一个，其居民对当地传统的遵循实属正常。

在大同的墓葬文化中，这类容器一般被塑造成三种不同造型，每一种都传达出一套理念与习俗，这些理念与习俗也相应地体现了不同的民族文化与宗教内涵。在中国南部和北部墓葬中均有出现的瓷罐是其中最为传统的类型（图 2）。笔者用“传统”来形容这一类型是因为放下瓷罐特定的功能不谈，它作为一种容器在中国使用的历史已逾千年。

图1 宣化辽墓2区1号墓出土的年轻女子形象真容偶像局部

图2 辽刻花白瓷骨灰罐，1963年大同卧虎湾7号墓出土

第一种容器的形态并未赋予其容纳的对象任何特殊含义，而另外两种则依据骨灰的重要意义塑造自身的形态。第二种容器模仿棺椁的造型，而第三种以契丹人居住的“穹庐”[10]或“棚帐”（trellis tent，现代汉语称之为“毡帐”或“毡房”）[11]为原型（图 3），最早出现于南北朝时期，此后成为被佛教信众用于在佛塔中供奉舍利和骨灰的棺椁形舍利盒[12]，并在辽代明显被大同墓葬中的棺椁形容器（一般为石制、陶制或木制）沿用（图 4）。

图3 辽灰陶骨灰罐，1987年大同城西三二二医院辽墓出土

图4 大同马家堡辽墓缠枝花卉纹琉璃棺

图5　大同雁北师院北魏墓毡帐模型

相较于棺椁形容器在文化与宗教语境中体现的强烈常规性，穹庐形容器反映了一种独特的文化特征。事实上，早在北朝时期，人们就开始仿照穹庐的结构制作器物，如发掘于大同北魏墓葬中的陶瓷容器（图 5）。虽然它们也反映了当地人以他们所熟悉的建筑形态为蓝本制作丧葬器物（如模仿建筑形态的器皿）这一普遍文化现象，但与辽代的穹庐形容器相比，这类器物明显被赋予了其他功能，因为在其中我们并没有发现尸身火化后的遗骸。更为重要的是，北魏和辽代的例子都以日常居住的房屋为仿制对象，而不是宏伟而具有形式感的建筑，比如对普罗大众具有象征意义的寺庙和宫殿。

这一点正是穹庐形骨灰容器与棺椁形容器在建构来世方面的不同之处：通过模仿日常居住的建筑样式，“持续的生活”的观念被融入用来供奉死者遗骸的容器之中。如果棺椁形容器究其本质是为了将骨灰与死者的尸身等同起来的话，那么对穹庐的模仿则反映了制作者（以及出资人）将容纳骨灰的容器塑造为死者在来世的寓所的构想。穹庐形容器由此可以在保持其容器功能的同时将其有限的内部空间转化为微观世界视角下的象征性寓所。实际上，自古以来便存在将棺椁内部作为日常空间的构想，比如东汉时被称为“梓宫”的帝王灵柩。[13] 与此同时，将棺椁的内部空间视为能够解放逝者肉体，使其居住于其中的观念与习俗并非只存在于中国早期。[14]

因为这两种容器类型（即棺椁形和穹庐形）在出土于大同的同一时期的器物中均有出现，我们有理由推断它们形态背后的理念在当时也是共存的，这也体现了当地文化的多样性和包容性。正如下一小节所要讨论的，地域化的墓葬艺术对特殊形制的选择往往是受一系列看似不相容的艺术、社会、宗教观念与实践的引导，而不是制作者与（或）出资者的民族身份。

墓室的“寓所”化

值得注意的是，“寓所”作为人的容身之处的概念在古代也同样被延伸至墓室的建筑框架。

几乎所有出土于大同的唐代和辽代墓葬的地基都呈圆形。[15]有充分的证据表明，这一现象不应仅仅反映流行于大同上层阶级的偶然趋势，更是民族文化交流的产物。

图 6　内蒙古巴林左旗辽上京博物馆茫和图坝辽墓木椁

为了更好地解答为何这一特殊的墓基形状会对大同的居民有如此持久的吸引力，我们先暂时将注意力转移到辽代上京（位于今天的内蒙古）墓葬习俗的转变上。在流行于内蒙古辽代皇室和上层阶级的安葬方式中，最为古老的一种是将墓主的尸身放入只略小于墓室的木椁中。在一些案例中，墓主的尸身被供奉于一座小型的木制神龛中。[16]值得注意的是，在 11 世纪，这种木椁最常见的造型开始由圆形变为六边形或八边形（图 6）。[17]与我们的讨论相关的是，尽管用木料制作圆形的木椁基座和主体所花费的时间及人力远超于制作正方形或矩形的同类部件，早期木椁的基座和主体仍然均为圆形。由此可见，这些木椁的圆形结构是有意为之，反映了契丹人对穹庐建筑空间的熟悉与适应。即使在发掘于同一时期的一些结构不甚常见的墓葬中（其中的大多数是为辽代皇室成员所修），我们仍能看到契丹人对圆形结构的偏好。例如，出土于通辽市的辽陈国公主与驸马萧绍矩的合葬墓（约 1018 年修建）的所有墓室（包括一间主室和两间耳室）均为圆形结构。这基本可以视为大同地区常见墓葬结构的升级版（图 7）。[18]引人注意的是，当时中原皇家墓葬的标准结构，无论体量大小，一律由方形墓室组成，虽然辽代皇室理应

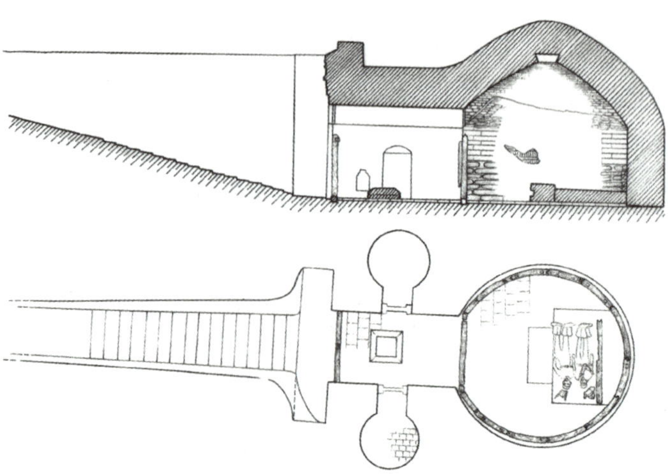

图7　辽陈国公主墓形制

对这一标准有充足的了解，他们却仍然坚持将墓基建为圆形而非方形。[19]

同样能够说明问题的是大同墓葬按照家居空间逻辑所布置的内部空间，这使人联想到穹庐的内部环境。尤其值得注意的是数个建造于 10 至 11 世纪的大同墓葬中相似的内部装饰，通过有机地呈现家具和日用器物（如灯、衣架等），它们将日常空间当作一个空间逻辑上的连续整体，用描述性的、无间断的方式复制于地下。（图 8）这与同一时期盛行于山西、河南以及山东的用浮雕再现家具以及其他建筑元素的墓葬装饰模式有微妙的差异。虽然表面上相似，这一模式的整体空间布置与大同的墓葬截然不同，它是由借喻式的（metonymic）空间局部结构拼贴而成；这些局部结构通常被用来分割描绘活动与场景的壁画，而这些壁画描绘的内容之间往往没有联系。在这种模式中，每一种母题，如墓主人肖像、葬礼仪式或宴乐场景，各占据墙面的一部分。它们所暗示的是存在于墙面之外的空间，而这一空间一般和墓室内部空间的布局没有太大关联。由此可见，该模式以壁画为媒介，运用的是最常见的空间幻觉主义（spatial illusionism）再现手法。相较之下，大同墓葬中对建筑元素的运用使其与游牧毡帐中常见的居住空间极为相似。与传统都市中典型的民居建筑不同，穹庐是一种单室结构建筑，用于不同日常活动（如睡觉、做饭）的空间被连贯地以线性的方式沿墙体布置（图 9）。

图8　山西大同浑源唐墓

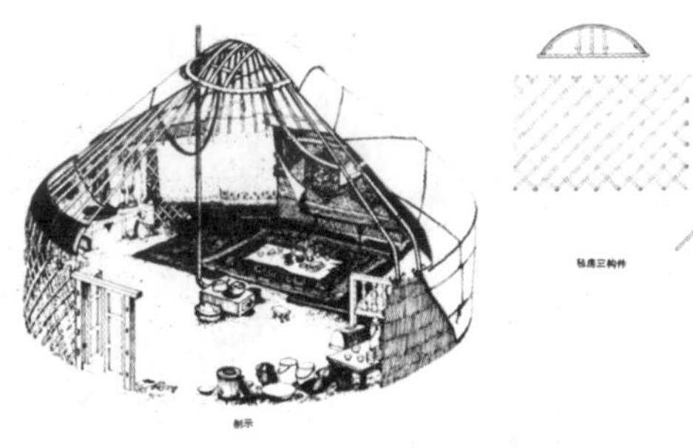

图9　毡帐示意图

或许有人会提出，任何墓葬空间都可以被视为死者的“寓所”[20]，但是从本质上讲，将“寓所”这一概念作为建造墓葬内部空间的源头，与模拟现实中寓所的空间逻辑和生活经验是有区别的。通过简单地比较这类辽代墓葬与同时代的中原墓葬便可看出其中的差异。在为人熟知的白沙 2 号和 3 号宋墓中，墓主的肖像均绘于西南的墙面上，西北和东北壁上开窗，而入口被安排于北壁。（图 10）其中的建筑元素与家具按照墓室的六边形样式布置，而不是根据现实中的家居环境，因而营造出一种抽象的、象征性的内部空间。此外，通过在墓室中加入逝者的肖像，通常在影堂中举行的祭奠仪式也被复制进这一墓葬空间。[21]因此，这类墓室并未被视为完全以现实中的寓所为参照的空间，而是一种象征性崇拜与阈限（liminal）的空间（位于北壁的墓门是证实这一论点的有力线索）。

由于缺乏文字记载，我们很难确定究竟是什么因素促使大同地区墓葬的建造者和设计者选择直接模仿寓所的内部环境，而不是用隐喻的方式提示墓葬与寓所的联系。无论出于什么动机，这一现象说明他们并不认为将死者的灵魂放置于模拟生活中居住环境的空间有何不妥，即使这一空间是压缩、拉平于墙面之上的。在这种模式中，将死者和生者区别开来（由此将现世与来世在观念层面划清界限）并不那么重要。与之相反的是，将生者与逝者的寓所在观念和物质层面上有所区分一直被中原地区的传统丧葬模式视为理应坚持的关键原则。事实上，之所以需要通过墓室营建和安葬尸身将复杂的丧葬习俗（其程度根据墓主人的社会地位有所增减）物质化，是因为要在观念上区分生者和逝者，借此创造一个能够跨越边界将死者送往来世的空间。在这一语境下，我们在大同墓葬中观察到的模拟寓所的模式说明，逝者灵魂的活动也许并不是通过将墓室内部塑造为一个抽象世界来展现的，而是借助墓室的可移动性（它们模仿的穹庐本身就是一种可移动的房屋）。此外，一些在之前的大同墓室壁画中并不常见的动物形象（如鹿、羔羊、骆驼等）的出现，不仅展现了墓葬的建造者和出资人的日常生活经验，而且暗示了围绕毡帐式住房的生活方式（图 11）。我们无法断定这种生活方式在他们的日常生活中有多大程度的保留，但至少这类壁画展现了一种理想化的日常生活图景。从这种意义上讲，绘于内蒙古辽代

图10 白沙宋墓2号墓墓室结构透视图

图11 山西大同东风里2011年出土辽墓墓室壁画（西壁）

庆陵的著名四季山水壁画也许不仅仅暗示微观世界的观念，还可以被理解为对流动性房屋随四季变化而迁移的表现。[22]

超越民族与空间性质的二分法

认识到这一用穹庐结构来塑造骨灰容器和墓室的形态的模式可以使我们进一步思考，是什么促使大同当地居民，在持续一个世纪的时期中，选择通过挪用日常居住空间的结构框架来建造供奉死者的场所。当我们意识到这些墓葬中的大部分都借由立柱和带有图绘或雕塑装饰的仿木建筑部件来布置室内墙面时，由于这些建筑元素都来源于外来文化，即在中原和中国南部普遍使用的木构建筑，它们对圆形墓基的坚持就显得格外耐人寻味。一方面，这类建筑细节反映了建造者对表现宏伟精致的建筑（如与普通民居截然不同的寺院或宫殿）的兴趣，因而这些墓葬，不论作为汉人还是契丹人的建筑环境，对于墓主人而言都具有与居住无关的特征。另一方面，无论这些建筑框架所分割的壁画的内容是什么（包括家居场景、室外场景和山水），其中的细节所再现的都是组成木构建筑外立面的建筑构件（图12）。[23]

图12　山西大同东风里2011年出土辽墓墓室壁画（东壁）

从大同墓葬营建的空间逻辑的多元性中，我们可以看出建造为逝者准备的空间的复杂程度。那些在文化、社会和宗教领域中时常被现代学者当作两个极端的范畴，在这些墓葬中时常被同时涉及，如汉族（木构建筑）相对于契丹（源于圆顶帐篷的圆形墓基）、公开（木构建筑的外立面）相对于私密（在圆形地基上围成的空间）以及神圣（指向寺院语境的木构建筑）相对于世俗（帐篷结构）。这三组相对应的范畴自然有作为分析工具的价值，但由于在多面的历史现实中，这些范畴往往是相互叠加、融合的，这种一分为二的分析方式在观念上的局限性往往容易阻碍我们把握复杂的历史真相。大同墓葬中，反映游牧生活经验的圆形墓基与内部的仿木建筑装饰（暗指与居住和游牧无关的建筑结构）背后看似互相抵触的中心思想无法通过上述三组对应范畴中的任何一个来透彻地解读。相反，从大同辽代墓葬营建的独特性和一致性中可以看出，这一在形式和观念上的矛盾并没有困扰墓葬的建造者和出资人。因此，我们应将注意力转移到这种多元化，作为空间营造的工作框架在当时的重要意义。

通过还原墓葬的设计和修建过程，我们可以看出这些表面上矛盾的空间建构方式是如何被付诸实践的。因为在对内部空间细致地进行装饰之前先要确定墓室的基本形态，大同墓葬设计者对于在圆形墓基上的建筑整体的构想不仅先于对墓室的挖掘与塑造，而且构成了本质上独立于其他工序的起步阶段。认识到这一阶段的独立性对于这种研究手段而言十分关键。与我们所习惯的将建筑营造的每个阶段视为同等重要且相互独立的分析方式不同，这类墓葬在营造中实质上的第一步，也就是构想阶段，通常比之后的实施步骤享有更多的独立性。[24]对圆形墓基的选择从根本上传达了逝者寓所的观念，但这并不意味着它也被预设为决定墓室内部结构和墙面装饰的总体框架。

图13　山西大同浑源唐墓

建造者根据圆形地基挖掘墓室，然后在内部墙壁和天顶上再现一系列转喻地指向木构建筑外部的视觉线索，从而提示墓室内部的空间结构（图 13）。砖砌的平整墙面上刷有灰泥以供装饰，并缀有描绘斗拱与圆柱的彩画或浮雕，这些都与决定墓室初步设计的游牧式建筑环境几乎没有联系。同样的，通过跟随墓室的建造者在建造过程中的视角，而不是将墓室的整体形态与它内部墙面上的建筑装饰之间的差异生硬地视为自相矛盾，我们可以获得更有价值的洞见。在最初的构思阶段，墓室作为一个建筑整体仅仅以概念或意象的形式存在，而其中并不包括内部空间，但在建造过程中，工人们便会在墓室内部制作建筑框架的细节。在该语境中，那些展示木构建筑外部面貌的特征说明建造者在进入墓室后发现周身被墙壁环绕，并将连续的墙体视为他们所站立的空间之外的虚拟建筑，这也体现了由内向外的观看视角。墙面通过这种方式被构想为超越平面界限的“非特定”建筑的外立面。[25]而被再现的建筑的这种“非特定”特质正是反驳之前提到的三组对应范畴的关键：我们很难确定墓室的建造者（以及当地民众）是否非此即彼地将被再现的这种木构建筑归类为“汉族的”而非“契丹的”，“公开的”而非“私密的”，或“神圣的”而非“世俗的”。其中的第一组对应范畴间的文化分界目前仍十分不明确，具有争议，因为我们并不能通过将现存的辽代建筑作为常规标准，来判断当时大同的地方上层是否将木构建筑单一地与“唐 / 汉族”或“辽”相联系。[26]相比之下，将这类“非特定”建筑在第二组和第三组对应中归入“公开”和“神圣”的范畴更容易理解。如果一座建筑是以宫廷中的宫殿或行政建筑为蓝本，那么它往往会被当作标明公共事务运作场域的分界。如果它仿照的是佛教或道教寺庙，那么它自然会被视为一个神圣的空间。这些被视为模板的建筑类型完全有可能在大同当地民众（其中包括墓室的建造者）的观念和生活中相互融合，同时，它们均未被用来传达空间的私密性或日常性。存在于这一多义的建筑表面之后的领域因而被默认为一个世俗的、本质上与另一个世界相连的空间。

结 论

回到大同墓葬的墓基和内部空间在构想上的明显差异，我们会发现这一表面上的矛盾事实上展现了将逝者的空间物质化的复杂过程。当我们缺乏线索来展现辽代西京是怎样一个被契丹人和唐朝后人共同占据且不断变化的建成环境（built environment）时，我们可以通过认识西京墓葬在空间和观念上的多元性来理解它是如何用独特的方式使这两种民族文化体系相互协调、共同运作的。这也许部分反映了在西京居住的不同族群在生活中发生关联的方式。

作为一个在方法论上的提议，本文所使用的研究方式适合被用来探讨“身处不同地域的中国古人如何用各种方式将他们的来世概念化”这一更宽泛的议题。到目前为止，笔者的研究说明这类以地域性为关注点的研究方式可以帮助我们打破固定的地理与民族界限，并超越以忽视地域性为代价对来世以及丧葬文化观念的普遍归纳，从而加深我们对于历史中丧葬文化的理解。

注释：

[1] 司马光《资治通鉴》卷二八〇《后晋纪一》，四部丛刊电子版。

[2] 也许是这个原因，该地区只发掘出少数辽代早期墓葬。其中年代最早的一座是节度使许从赟夫妇合

葬墓，只有少量瓷质丧葬器物出土。自澶渊之盟起，云州地开始迅速发展，尤其是在大同于1044年被提升为西京之后。参见脱脱：《辽史》卷四一《地理志五·西京道》，汉籍电子文献资料库。

[3] 目前所知的唯一例外是前述的许从赟夫妇墓，在墓中发现的墓志证实了他的节度使身份。需要注意的是，它在体量、结构和内部的装饰程度上都和出土于当地的其他辽墓类似。这证明那些由于墓志或墓室题记缺失而身份未知的墓主人也享有同等程度的经济文化资源，因此，即使他们中的大多数似乎并无官职，也可以被归为当地的上层人士。

[4] 洪知希：《“恒在”中的葬仪：宋元时期中原墓葬的仪礼时间》，载《古代墓葬美术研究》（第三辑），湖南美术出版社，2015年，第196—226页。另见Jeehee Hong,"Changing Roles of the Tomb Portrait： Burial Practices and Ancestral Worship of Non-Literati Elite in North China (1000-1400),"*Journl of Song-Yuan Studies*, Vol.44 (2014): 203-264。

[5] 例如，彭善国：《辽代契丹贵族丧葬习俗的考古学观察》，载《边疆考古研究》2003年第2辑；黄小钰：《辽墓壁画的考古发现与研究综述》，载《故宫博物院院刊》2015年1期。

[6] 徐苹芳：《宋元墓葬中的火葬》,载《文物参考资料》1956年9期。Patricia B. Ebrey,"Cremation in Song China,"*American Historical Review 95*,no.2 (1990): 406-428。徐吉军《论宋代火葬的盛行及其原因》，载《中国史研究》1992年3期。Christina Han,"Cremation and Body Burning,"*Journal of Chinese Studies* (中国文化研究所学报), No.55 (2012):1-22。

[7] 该地区隶属于原名幽都府（938年），后更名为析津府（1012年）的辽陪都南京（今北京西南）。参见脱脱：《辽史》卷四十《地理志四·南京道》，汉籍电子文献资料库。

[8] 有确切的证据可以证明这些上层人士与契丹贵族有直接交往，其中最显著的方式是通婚。与契丹上层通婚的主要有刘、韩、马、张、程五大家族。参见张先得《北京市大兴县辽代马直温夫妻合葬墓》（载《文物》1980 年12期）。契丹和汉人上层通婚的直接联系为我们理解出现于不同地区的后两种处理尸身的方式提供了关键线索。在更细微的层面，它可以帮助我们理解：真容木偶像作为一种从未被辽代以前的中国丧葬传统尝试过的类型，是如何以如此精致复杂的形式在辽代出现的。

[9] 参见Hsueh-man Shen,"Body Matters:Manikin Burials in the Liao Tombs of Xuanhua, Hebei Province,"*Artibus Asiae*,vol.65, No.1 (2005):99-141; 李清泉：《宣化辽墓——墓葬艺术与辽代社会》，文物出版社，2008年；Wu Hung, *The Art of the Yelow Springs: Understanding Chinese Tombs* (University of Hawai'i Press, 2015).

[10] “穹庐”一词到了中古时期已经长期被北方的游牧民族用来指代拱形帐篷式建筑结构，同时它也被用来指代契丹人居住的房屋。具体事例参见司马迁：《史记》卷一百一十《匈奴传》，汉籍电子文献资料库；叶隆礼：《契丹国志·契丹国初兴本末》，中华书局，2014年，第3页。契丹人使用的帐篷式房屋通常被称作“穹庐”，具事例参见脱脱：《辽史卷四十九·志第十八·礼制一·吉礼·爇节仪》和脱脱：《金史卷九十六·列传·梁襄》（汉籍电子文献资料库）。

[11] 在晚唐时期，契丹人处于突厥人的政治和文化控制之下，而他们的棚帐（trellis tent）也是源于突厥人之前的住宅。这种毛毡帐篷的墙壁由斜向交叉的木条组成，可以折叠，因此“棚帐”应是它最准

确的名称，然而在西方它一般被称作“yurt”（意为“圆形帐篷”）。这一名称其实并不恰当，因为它在突厥语中指的是“领地”或“营地”，而不是帐篷本身。它在蒙古语中的同义词是“ger”（意思是“住所”），从10世纪起，波斯人开始称之为“khargāh”。参见*The Grove Encyclopedia of Islamic Art and Architecture*的词条“Tent”（Jonathan M. Bloom and Sheila S. Blair eds., Oxford University Press, 2009）。在此要感谢Yong Cho为我搜寻相关资料。

[12] 关于不同材质的棺椁形舍利盒，参见陕西省考古研究所：《法门寺考古发掘报告》，文物出版社，2007年。

[13] “梓宫”的字面意思是由梓木建造的宫殿。在当时，梓木是被指定为制作天子灵柩的材料。参见《礼记·檀弓上》（四部丛刊电子版）和《汉书·霍光传》（汉籍电子文献资料库）。在早期历史文献中，梓宫的内涵更倾向于“宫”的家居属性而非皇家属性。例如，范晔在《汉书》的注释中通过引用《风俗通》来说明，之所以将帝王灵柩称为梓宫是因为“宫”意为帝王的居住空间。参见《后汉书·明帝纪》（汉籍电子文献资料库）。

[14] 虽然很少见，这种观念在一些罗马石棺中也有表现，其中最有代表性的例子是辛贝尔维尔德（Simpelveld）石棺。在它的四面内壁上塑有一组再现家具的浮雕，并有静止姿态的棺椁主人形象与之相匹配，所有的这些形象都与微型房间的比例相协调，参见：M.C. Galestin,"The Simpelveld Sarcophagus: a unique monument in a provincial Roman context,"*Die Maastrichter Akten des 5. Internationalen Kolloguiumsüber das provincialrömische Kunstschaffen–im Rahme des CSIR*. Panhuysen,T. A.S.M.ed., Maastricht:Stichting Willem Goossens(2001):63–76。

[15] 值得注意的是，出土于大同的隋唐墓葬的墓基也是圆形，而出土于山西其他地区的同时代墓葬则不然。这证实了大同地区丧葬文化根深蒂固的传统，而这一传统在辽代也得到了延续。参见大同市考古究所编《山西大同浑源唐墓发掘简报》（《文物世界》2011年5期）和李雨生《山西隋唐五代墓葬析论》（《西部考古》2012年第六辑）。

[16] Hsueh–man Shen, *Gilded splendor: Treasures of China's Liao Empire (907–1125)* (Asia Society, 2006).

[17] 在辽南京及相邻地区（即今天的北京和张家口宣化区）出土的一批呈六边形或八边形的墓葬尤为值得注意。以往学者认为它们是丧葬文化受佛教视觉文化，尤其是佛塔制作影响的例证（如李清泉：《宣化辽墓——墓葬艺术与辽代社会》，文物出版社，2008年）。虽然佛塔结构似乎为这一发展提供了借鉴，我们可以在墓室营建的习俗中找到另一个潜在的灵感来源——辽代早期被上京的契丹皇室与贵族采用的六边形或八边形木棚。换句话说，上京地区原本以模仿圆形棚帐为目的的多边形木棚形态，也许启发了之后的六边形或八边形墓室。在这个假设中，即使辽西京和辽南京的主要墓室形态从表面上看是不同的（分别为圆形和多边形），它们的设计也都源于同一种家庭建筑结构。在目前的研究中，我们并不清楚对于墓室的建造者而言这两种墓室形态的来源（即佛塔和多边形木棺）是不是截然不同的。然而，在这两案例中，墓室形态变化（即墓基的形状）的灵感并不一定决定了墓室内部空间的性质。对于墓室内部空间的构想其实更为复杂，因此在本文中笔者选择只展现大同的圆形墓室中的一种独特类型。

[18] 这一空间逻辑也被用于巴林右旗的庆陵，其中的每一间墓室都被塑造为圆形，并由走廊连为一体。参见田村実造、小林行雄、岩村忍《慶陵：東モンゴリアにおける辽代帝王陵とその壁畫に關する考古学的調查报告》（京都大学文学部, 1952—1953年）。关于辽代皇家墓室的简介，参见Nancy S.Steinhardt,*Liao Architecture* (Honolulu : University of Hawai'i Press, 1997)。

[19] 因为与上京宫廷相联系的宦官、文人、宗教领袖以及艺人中的大多数都来自山西和河北地区（以并、汾、幽、蓟州为主），辽代的官员与皇室有充分的机会接触中原，尤其是10世纪的墓葬营建规范，参见叶隆礼《契丹国志》卷二十五（中华书局，2014年，第266页）。

[20] 将墓葬视为逝者的寓所的确是一个跨文化现象。然而，即使在这个一般性概念的范围内，每一个墓葬的内部空间作为表达关于来世的不同观念的媒介，都应相应地用不同的方式来理解与推测。关于中古时期在墓葬空间观念上的重要发展，参见洪知希《中国中古时期的明器之变》（《艺术史研究》2017年第10辑），尤其是第143—145页。

[21] Jeehee Hong,"Changing Roles of the Tomb Portrait: Burial Practices and Ancestral Worship of Non-Literati Elite in North China (1000–1400),"*Journal of Song-Yuan Studies*,Vol.44 (2014): 203–264.

[22] 关于庆陵（东陵）的壁画，参见田村実造、小林行雄、岩村忍《慶陵： 東モンゴリアにおける辽代帝王陵とその壁畫に關する考古学的調查报告》（京都大学文学部, 1952—1953年）与《慶陵の壁画：絵画・彫飾・陶磁》（同朋舎，1953年）。

[23] 关于所谓的“翻转”建筑结构，参见Wei-Cheng Lin,"Underground Wooden Architecture in Brick: A Changed Perspective from Life to Death in 10th-through 13th-Century Northern China,"*Archives of Asian Art*,vol.61 (2011): 3–36; Jeehee Hong,"Virtual Theater of the Dead: Actor Figurines and Their Stage in Houma Tomb No.1, Shanxi Province,"*Artibus Asiae*,Vol.71,No.1,(2011):75–114。

[24] 由于缺乏资料，我们仍然不确定是否有一个个体或群体——无论是出资人还是工匠首领——自始至终掌控整个墓葬的建造过程，但是有明确的证据显示不同工匠间有劳动分工，他们通常被称为“工”“工匠”或“匠”，并且头衔中会标明他们的专长，如“画匠”“砌匠”“石匠”以及较少见的“烧砖匠”。鉴于墓室墙面的绘制工作是由多人共同完成的，那些负责挖掘墓室并建造地基的工人很有可能隶属于一个和其他工匠分离的群体，并由墓葬的出资人指挥。

[25] 参见Jeehee Hong, *Theater of the Dead: A Social Turn in Chinese Funerary Art, 1000–1400* (University of Hawai'i Press, 2016), Chapter 3，尤其是"Reordering the Tomb Space"，pp.89–104。

[26] 夏南悉（Nancy Steinhardt）与迪特・库恩（Dieter Kuhn）之间关于“所谓的‘辽’艺术与建筑由什么构成”的讨论揭示了一系值得反思的要点。参见Kuhn,"Liao Architecture:Qidan Innovations and Han-Chinese Traditions?,"*T'oung Pao*(Second Series), Vol.86,Fasc.4/5 (2000):325–362;Nancy Steinhardt,"A Response to Dieter Kuhn,'Liao Architecture:Qidan Innovations and Han-Chinese Traditions?'"*T'oung Pao*(Second Series),Vol.87,Fasc.4/5 (2001):456–462。

往生之桥
——宋金墓葬美术中的一个“连接”符号及其所承载的一段心史

李清泉
广州美术学院

引　言

桥，本是现实当中用以渡水的一种设施，古亦谓之“堤”，或“梁”。如《尔雅注疏》：堤谓之梁（注：即桥也，或曰石绝水者为梁）。可以说，它的出现和存在，本身就体现了人对克服、跨越空间地理环境中所存在的阈限和隔阂的一种努力。

由于桥是现实生活中客观存在的一种事物，各种各样的桥也便在历来的绘画作品中得到了大量的反映和描绘。比如说，史传唐朝大画家吴道子、韦无忝、陈闳奉诏合制的《金桥图》，虽然题为“金桥”，但内容却是表现明皇封泰山回驾途中经过上党，车舆过金桥时，见数十里间旗纛鲜华、羽卫齐肃，潞州父老负担壶浆，远近迎谒的情形。[1]这里的所谓“金桥”，即当时上党一带实有的一座桥。再如北宋张择端的《清明上河图》，虽然画题并无“桥”字，但整个画面却围绕于汴梁城中横跨汴河两岸的虹桥而展开，所绘亦是现实当中实有之桥。当然，古代艺术作品中更加常见的桥梁图像，尤其是寻常见于山水画作中的板桥、津梁等，往往不过是用以表示贯穿于山水之间的一些小径或道路的符号而已，并不特指某一具体的桥梁。但由于这类桥梁本身即是人类的造物，而且所跨越的又总是现实世界中的一些沟沟壑壑，所以这些无名之桥即便多出自艺术家的想象和创造，却依然还是对现实存在的客观反映。

然而，古人对于“桥”的想象并未止于现实生活的范畴。而且早有资料表明，在中国古人的视知觉经验中，基于现实的“桥”的图像，同时也被视为一种可以引起各种超现实幻想的媒介符号——一种可以用来象征某一现实空间与某一非现实空间之间、两个非现实世界之间乃至不同观念或思想之间的连接和跨越的“符号学”工具。例如，汉墓画像和壁画中时常见有表现车马过桥的画面，其中有些画面就明确表达出由“渭桥”而去往“昆仑”（仙境）的图像寓意。[2]而本文所要集中讨论的，是来自宋金时期墓葬美术中的一组具有象征符号意味的“桥”的实例。透过这些实例，我们不仅可以了解到这一视觉符号在当时丧葬美术中的特定意涵，同时更可以窥察到当时生死观念的重大变迁。

一、宋金墓葬装饰中的“桥”及其意义承载

正如学界所周知，整个宋金时期，墓葬装饰以表现墓主人的家居生活场面最为流行。尤其是在北宋中期以后的两京地区和晋南一带，由于经济和文化方面都比较发达，于墓葬装饰的题材变化方面也最得风气之先——除了于墓室的主要壁面描绘墓主夫妇像和各种家居奉侍活动，同时还开创了以四壁上方的拱眼壁等空白位置描绘二十四孝故事乃至各种神道天人活动场面的墓葬美术惯例。这里所要讨论的“桥”的图像，据目前的发现材料来看，即主要出现于河南、山西和四川等地的几座宋金墓葬中，且大都位于墓室四壁的上方或墓顶藻井的下方部位，与前述各种神道天人的活动场面密切相关；虽说这类图像所见并不谓多，但它们与各种家居奉侍图和二十四孝图等常规题材内容完全不同，明显带着一股超然世外的精神气息——考古报告通常称之为“升仙图”，因而十分引人注意。下面，我们首先来观察一下这些墓葬壁画和雕刻中的桥上桥下究竟描绘了些什么，其内容与以往汉画中所见有何不同。

（一）材料综述

材料 1：1999 年发现的登封黑山沟宋代壁画墓（1097 年）[3]，穹隆形墓顶的中央部位砖砌垂花装饰，垂花与墓壁上方仿木砖雕斗拱之间，绘有壁画八幅（图 1–1）。其中，北壁所绘为笼罩于云中的一座方形宅院，宅院前设门楼三座，侧有厢房，后有正殿（图 1–2）；东北壁所绘为手持把莲、脚踏祥云、面向宅院方向的两个天女（图 1–3）；东壁绘云中“道士二人”，皆头戴莲花，身穿交领宽袖道袍，双手击钹（图 1–4）；东南壁绘站立在云中的两个头梳云髻、身穿道袍、双手执宝幢的“道姑”（图 1–5）；南壁绘祥云中的一座拱桥，桥上两天女一前一后，皆手持魂幡（图 1–6）；西南壁壁画脱落不清，但见云中立有两人，疑为天女；西壁绘一慈容善面的菩萨端坐于祥云之上，菩萨头戴宝冠，衣饰璎珞，背后现出头光和身光（图 1–7）；西北壁壁画上部残缺，下部所绘为拱手立于祥云之上的男女二人，男着长袍，腰间系带，女着长袖褙子和细褶裙，显为世俗中人，当是描绘墓主夫妇的（图 1–8）。

材料 2：1998 年发现的河南新密平陌（接近登封）宋墓[4]，为一八角形墓，墓内发现两个头骨和部分肢骨，并随葬瓷碗和买地券各一，其中买地券有“大宋国朝……敕[5]尚明……”

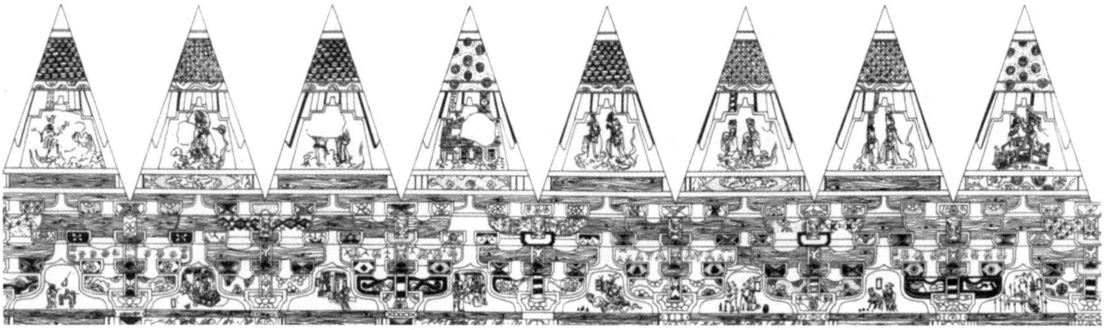

图1–1　河南登封黑山沟宋墓墓顶壁画展开示意图

图1-2　宅院图，河南登封黑山沟宋墓墓室北壁上部（采自《郑州宋金壁画墓》图135，科学出版社，2005年）

图1-3　河南登封黑山沟宋墓墓室东北壁上部

图1-4　云中道士，河南登封黑山沟宋墓墓室东壁上部（采自《郑州宋金壁画墓》图137）

图1-5　举幡道姑，河南登封黑山沟宋墓墓室东南壁上部（采自《郑州宋金壁画墓》图138）

图1-6　河南登封黑山沟宋墓墓室南壁上部的云桥与举幡天女壁画

图1-7　河南登封黑山沟宋墓墓室西壁上部的菩萨形象

图1-8　河南登封黑山沟宋墓墓室西北壁上部墓主夫妇升天图

以及“大观二年[6]三月初拾”等朱书文字，估计是北宋大观二年尚明夫妇的合葬墓。[7]该墓墓室的八个壁面，描绘墓主夫妇对坐图、对镜梳妆图、书写图、梳洗图、备宴图、诵经图等家居生活内容。墓顶中央彩绘八方连续的垂花装饰，垂花装饰下方的八个梯形壁面皆有壁画，其中位于南壁和西南壁的两幅壁画已经残毁不全，其余多数壁面绘孝行图，计有闵子骞、赵孝宗、鲍山、王祥等常见故事题材。但与前述画面的内容不同，位于孝行图北部的三个梯形壁面，却出现了三幅以往少见的壁画内容：西北壁所绘，为头戴风帽、身穿紫色袈裟、手中持有一份经卷的僧伽大士与其两名随从乘云而降，僧伽前方则有一对老夫妇正双膝跪地做合十敬拜状，其身后又有荷叶状榜题曰“四（泗）洲（州）大圣度翁婆”——显然是意在表现神异无方的僧伽和尚正在为墓主夫妇转经超度的场景。（图 2-1）北壁所绘为一云上殿宇，分有一前殿、两侧殿和一后殿，而且皆作重檐楼阁式，殿宇上方还闪烁着彩色的光焰。（图 2-2）与这个画面相邻的墓顶东北壁，描绘了位于云气上方的一座津桥，桥上是一个共有八人的过桥队列——走在前方的两名

图2-1　河南新密平陌宋墓墓室西北壁上部壁画

图2-2　河南新密平陌宋墓墓室北壁上部天宫楼阁图

图2-3　河南新密平陌宋墓墓室东北壁上部云桥图

女子，一人手抱一个正熠熠放光的经箱，另一人双手执举着一口魂幡，紧随其后的是一对双手合十的老夫妇，老夫妇身后又有四名女子，其中一女手执宝幢，二女手捧白色丝绢，另外一女持物不详，整个队列的尾部亦有彩色光焰——整个画面表现的应是墓主夫妇在六名天女的带领与扈从下通过云桥的情形。（图 2–3）

材料 3：1965 年发现于山西长治东郊南垂村的一座金贞元元年（1153 年）壁画墓，墓室南壁于墓门的上方绘有一座云桥，桥下江水汹涌，桥上是为祥云所笼罩的一个二十余人的行进仪列。走在前面的是手持钹镲作乐的一队僧尼；桥的中央部位共有八人，前面是分别举幡、捧物的四名女子，中间是双手合十的一男一女——显为墓主夫妇，其后又有两女子手执华盖罩向墓主夫妇的头顶；两女子的身后还有多名或执举长幡或手抱花瓶等物事的女子。（图 3–1）与这幅云桥上的引渡画面正相对，该墓墓室北壁，绘墓主夫妇对坐宴饮于一排云气之上，宛然一幅天上人家的景象。（图 3–2）

图3–1　山西长治东郊南垂村金墓（1153年）墓室南壁墓门上方壁画

图3–2　山西长治东郊南垂村金墓（1153年）墓室北壁壁画

材料 4：1994 年发现于山西长子县小关村的金大定十四年（1174 年）壁画墓[8]，墓室四壁绘墓主夫妇的家居生活场面和各种孝行故事等，而在墓室南壁墓门两侧的两个砖砌棂窗上方，则分别出现了所谓“送葬图”和一行人物过桥的画面。其中，东侧棂窗的上方，前绘两名上身穿大袖长袍、下身着盖脚长裙的女子，前者手执引路幡，后者手中捧物略似一卷筒。二女之后，据报告称是“绘手持念珠等物的一男一女，似为墓主形象，女子右手牵一男童”。细观这三个人物，皆系身着窄袖常服的世俗人形象，其中年老的男子除了右手持有念珠，左手仿佛还执有一个冒着烟气的物件，颇似长柄香炉；男童之后则如报告所记，“画面左侧绘一大树，树前绘二男子，一人为持长枪的武士，另一人貌似钟馗”。所谓持长枪的“武士”似应为一皂隶，“貌似钟馗”的形象可见左手伸出二指指向前方；且为发掘报告所失记的是，这个画面中的所有人物全都行走在一缕云气之上。（图 4–1）在墓门西侧棂

图4-1 山西长子小关村金代壁画墓墓门南壁东侧上部壁画

图4-2 山西长子小关村金代壁画墓墓门南壁西侧上部壁画

窗的上方，则见有上设朱彩栏杆的一道拱桥，桥下绘流水，桥上绘一身穿交领大袖袍服、手抱纸卷状物的女子引领着身着常服的一对男女，其中男子双手拱合于胸前，抱一细长的卷筒状物，女子手中所捧之物不可辨识。[9]桥头绘二人，一为双手捧盘面向桥上人物的皂隶形象，其所托之盘上置假山，疑为出殡时所用的“寿山”[10]，另一为“貌似钟馗”的人物双手似持一纸文告，回首望向捧假山的皂吏，拱桥的上方和周围萦绕着连绵不绝的彩色云气。（图 4–2）不难看出，这两个画面位置对称，人物的行进方向一致，应该也是意在表现墓主夫妇在天女的护从与引导下步虚、过桥的冥途旅行过程。至于牵在女主人手中的那个孩童形象，抑或是意在表达送往的亲人对先辈离去的惋惜与不舍。

材料 5：2001 年以来，四川泸县文物部门相继从福集镇、牛滩镇、石桥镇、潮河镇等地征集了一批被盗毁的南宋石室墓石刻残件。其中，来自石桥镇新屋嘴村 1 号墓的两件石刻颇引人注意。[11]这两件石刻，一宽 1.62 米，高 0.55—0.78 米（编号 2001SQM1:24，以下简称横梁 1），另一宽 1.63 米，高约 0.5—0.7 米（编号 2001SQM1:22，以下简称横梁 2），从其底部皆呈弧形的形制来看，皆系石墓中的横梁构件。两件横梁构件表面均刻有一座拱桥。其中，横梁 1 浮雕六名女乐于桥上演奏乐器和舞蹈——左侧二人分别敲击手鼓和腰鼓，右侧二人分别吹笛击拍板，中间二人相对舞蹈。（图 5–1、图 5–2）横梁 2 浮雕两人立于桥上，画面左侧一人，身着广袖长袍，腰间束带，双手合抱于胸前，正躬身向右侧方做施礼状，虽然人物头部残损，但仍可见为头梳高髻的一名女性。画面右侧一人，方颐大耳，慈眉善目，相好如佛，其头上戴有冠巾——报告撰者将其描述为“幞头”，身穿广袖长袍，项下似有一椭圆形项饰，腰间束带，带下又有绅带垂至袍服下沿，其左臂下垂，右臂侧举，并以食指和中指指向其右方的女性。（图 5–3、图 5–4）需要于此说明的是，有关这两件石刻上的浮雕内容，报告文字将其描述为前者“表现宋代勾栏乐舞表演情景”，后者“表现了宋代勾栏舞台戏剧表演的情景”，皆为不确。所谓“勾栏”，只不过是民间舞乐和杂剧表演的一种代称，即便表演的场所是在带有护栏——实际的勾栏——的楼阁平台之上，那勾栏也只能是平坐勾栏的样式，因为无论是乐舞表演还是戏剧表演，都需要有一块平整的地面，而不是一块两侧下斜中间凸起的地面作舞台。其实，两幅画面中那状如彩虹的“勾栏”栏板，还是意在表现一座拱桥。

（二）去哪里

以上是宋金墓葬装饰当中出现的过桥图，及其所在位置和周围关系的大概情况。那么桥上和桥下的人究竟要去往哪里呢?

首先可以十分肯定地说，他们在去往天上，或者说他们已经去到了天上。如：河南登封黑山沟宋代墓、新密平陌宋墓和山西长治南垂村金墓，壁画当中所绘之桥，全都位于墓室四壁以上或位于穹隆顶的下半部，不仅桥下绘有云气，桥前桥后的每一个人物也几乎都是立于云端的。山西长子小关村金墓的过桥画面虽然绘于墓门两侧的棂窗上方，但画中人物也还是在脚踏着云气步虚过桥的。唯一不见桥下雕刻云气的，是来自四川泸县石桥镇新屋嘴村南宋墓的两件石刻构件。可是这两个石构件却是位于墓室顶部的横梁，其形制和所在位置，应恰好能与华蓥南宋安丙墓所见的横梁——有的还于横梁上雕刻了云气和半坐半飞的天女（图 6）——相对应。[12]

图5-1　泸县石桥镇新屋嘴村1号宋墓石刻（2001SQM1:24）

图5-2　泸县石桥镇新屋嘴村1号宋墓石刻（2001SQM1:24）线图

图5-3　泸县石桥镇新屋嘴村1号宋墓石刻（2001SQM1:22）

图5-4　泸县石桥镇新屋嘴村1号宋墓石刻（2001SQM1:22）线图

图6　四川华蓥南宋安丙墓地1号墓前中室顶部横梁上的雕刻

有关宋金墓葬美术中的这类“云中”“天上”表现，材料还远远不止这些。如发现于河南登封的高村宋墓，其穹隆顶的下方，绘有六名天女导引着男女墓主行于云端[13]；发现于登封唐庄的两座宋墓（M2、M3），穹隆顶的下方也绘有立于云端的墓主夫妇和佛道人物[14]；发现于山西长治西白兔村的一座宋墓（1088年），于墓室南壁的墓门两侧绘头戴孝巾、身穿孝服的男女两列人物行于云气之上，一路掩面而泣[15]；发现于山西沁源县正中村的一座金墓，墓室上部拱眼壁处亦彩绘立于云中的天女和墓主夫妇[16]；发现于河南孟津的北宋张君画像石棺，棺身前挡上方和两帮前半部分，皆以阴线刻手持幡杖、果盘、宝瓶等物护从墓主夫妇行于云上的仙女仪仗，墓主夫妇画像的上方还刻有“一翁”“二婆”字样[17]；而发现于山东安丘的一具北宋画像石棺（1096年），则于石棺的表面浮雕立于云端的一对墓主夫妇和跪拜在地目送墓主夫妇升天的孝子孝女。[18]其中较值得在此略作详述的，有以下几处：

其一，是2003发现于河南登封高村的一座宋墓。这座墓与前述材料1和材料2所述登封黑山沟宋墓和新密平陌宋墓之间，不仅距离很近，形制与结构一致，而且连壁画内容也有很高的相似度。其墓顶莲花藻井的下方，绘有一周立在云头上的八个人物（图7–1）。其中，南壁、西壁和西北壁为身着阔袖白襦、肩荷长杆拂尘的四名天女（图7–2、图7–3、图7–4）；西南壁绘一头梳高髻、髻系红色包巾、双手隐约合拢于胸前的妇人形象（图7–5）；东南壁和东壁绘两名身着阔袖白襦、双手捧有供盘的天女（图7–6、图7–7）；唯有东北壁面，绘有一名身穿团领窄袖衫、腰束带、双手合抱施叉手礼的男子（图7–8）。从上述壁画内容来看，唯一一对俗人形象，就是那位双手合拢于胸前的妇人和那位施叉手礼的男子，可见为墓主夫妇无疑。有趣的是，该墓室东南壁与西南壁下方还各设有一龛状小耳室，耳室两侧各绘一拱手而立的侍者，两名侍者的中间绘一朵五彩祥云从龛中飘出，祥云之上站着一对袖手而立的男女（图7–9）——显然是在表现墓主夫妇的灵魂正乘着云气或香雾从龛口向上飘升的一瞬。

其二，是2010年发现于河南登封唐庄的两座宋代壁画墓。其中，二号墓平面呈六边形，

图7-1　河南登封高村宋墓墓室壁画展开示意图（后半部）

图7-2　河南登封高村宋墓墓室南壁上部壁画

图7-3　河南登封高村宋墓墓室西壁上部壁画

图7-4　河南登封高村宋墓墓室西北壁上部壁画

图7-5　河南登封高村宋墓墓室西南壁上部壁画

图7-6　河南登封高村宋墓墓室东南壁上部壁画

图7-7　河南登封高村宋墓墓室东壁上部壁画

图7-8　河南登封高村宋墓墓室东北壁上部壁画

图7-9　河南登封高村宋墓墓室东南壁上部壁画

墓室各壁彩绘精美的墓主夫妇家居生活场面，而于墓顶当心间，则彩绘一六边形莲花纹华盖（图 8-1），华盖下方的六条垂结，将周壁分隔成六个等分的梯形壁面。东北壁、东南壁和南壁三个壁面绘六名僧侣，其中五人击钹，一人吹法螺。（图 8-2、图 8-3、图 8-4）西南壁绘头戴莲冠、身被长袍、双手持笏板的一老一少两名儒士[19]（图 8-5）。西北壁绘身穿常服、双手合十的墓主夫妇（图 8-6），北壁绘头戴莲冠、身着长袍、双手执莲的两名道士（图 8-7），而且上述所有人物全都立于云中；三号墓壁画大部残毁，但在残存于墓顶的少量壁画痕迹中，依然见有立于云上的人物，其中亦有手执钹镲的僧人形象。

其三，是发现于山东安丘雷家清河村的一具北宋绍圣三年（1096 年）画像石棺。[20]这件石棺由两块巨石雕凿，上下扣合而成，外观呈面阔三间的殿堂形式，其南壁明间上部浮雕立于

图8-1 河南登封唐庄二号宋墓墓顶壁画

图8-2 河南登封唐庄二号宋墓墓顶东北壁壁画

图8-3 河南登封唐庄二号宋墓墓顶东南壁壁画

图8-4 河南登封唐庄二号宋墓墓顶南壁壁画

图8-5 河南登封唐庄二号宋墓墓顶西南壁壁画

图8-6 河南登封唐庄二号宋墓墓顶西北壁壁画

图8-7 河南登封唐庄二号宋墓墓顶北壁壁画

图9 山东安丘雷家清河北宋绍圣三年（1096年）胡琏石棺

云端的两位老者，祥云的右下方浮雕五人，前面三人匍匐跪拜，后面二人站立仰望。（图 9）画面的左下方有榜题铭文曰“此是儿女忽见父母尊灵乘云而去瞻仰礼敬之处”；南壁东次间直棂窗的上方，还有一篇幅较长的题记，其中提到“先考讳琏，少年崇释，常持慈悲，抄讼（颂）金经，莫知其数，年五十有七而终身矣……慈母在日，尚修功德，特舍财镌石像佛九尊……所修功德，不可量数……伏愿尊灵早上天界”云云。孝子们企盼父母灵魂早日升天的心意，于此表露无遗。

可以说，以上述及的这些图像材料，无一例外清晰地表达出期望墓主人死后升往天界的一致愿望。那么，这些绘有桥和墓主夫妇升天场面的壁画及石刻画像，所表现的天，究竟是佛教的天还是道教的天呢？下面我们结合图像中的一些元素来加以具体的分析。

在前文所举带有过桥图像的五项材料中，材料 2 所述新密平陌北宋大观二年墓穹隆顶壁画，一是西北壁出现了“四洲大圣度翁婆”的画面（见图 2–1），二是东北壁的八人过桥队列中，位于最前方的一名女子，手中抱着一个正熠熠放光的经箱——河北宣化 4 号辽墓（位于今张家口宣化区）壁画中即曾出现这类放光的经箱（图 10）；材料 3 所述山西长治南垂村的金贞元元年壁画墓，其墓室南壁墓门上方的云桥图中，走在前面的明显是一队手持钹镲的祝发僧尼形象，而且行走在桥上的其他人物有的举幡，有的手抱供瓶等佛教法器（见图 3–1）；材料 4 所述山西长子小关村金墓的两幅壁画，其中虽不见有明显的佛道人物形象，但墓门东侧画面男性墓主手中的念珠和那个貌似香炉的物件，无疑皆有佛教法物的属性。所以，这三组材料的佛教属性应是不成问题的。需要着重讨论的是材料 1 和材料 5。

图10 河北宣化4号辽墓备经、备茶图

根据材料 1 所提供的信息，登封黑山沟宋墓的墓顶壁画，发掘报告称：东壁绘云中“道士二人”，皆头戴莲花，身穿交领宽袖道袍，双手击钹（见图 1–4）；东南壁绘站立在云中的两个头梳云髻、身穿道袍、手执幢幡的“道姑”（见图 1–5）。的确，从两名击钹男子的发髻、髭须和装束来看，称前者为“道士”是有其道理的。有鉴于此，将后者称为“道姑”，似乎也可以顺理成章。然而正如报告所描述，与东壁的两名道士形象刚好相对，西壁壁画却绘有一慈容善面的菩萨端坐于祥云之上，该菩萨头戴花鬘冠，项饰璎珞串，肩臂裸露且隐约可见腕部戴环，背后还现出头光和身光（见图 1–7）。更值得注意的是，紧紧跟随在菩萨身后的，刚好是双手合十的男女墓主（西北壁）。进而环顾这一系列画面，除了东壁的两名道士，其他女性形象或手握把莲，或执举幢幡，装束和样貌几乎没有明显的差别，可见包括报告所说的“道姑”在内，她们实际全都是随从菩萨前来引领死者亡灵的天女。这样，虽说这组壁画当中似乎也确有道教因素，但其主基调为以佛教的方式荐魂度亡，应该是可以不存异议的。这里不妨附带一提的是，前文所举登封高村宋墓当中那个围绕墓顶一周的云中接引画面，绘于北壁的一名身着红色阔袖襦、双手合十的人物形象，虽然面部已经模糊不清，但从其双足赤露、头带光环的情况看，显然也是一尊菩萨（图 11）；而且位于这尊菩萨身后的东北壁，同样绘有一名手施叉手礼的男子。前文所举河南登封唐庄二号宋墓中那个于云端引渡墓主夫妇的连续画面，虽说其中亦有至少两个道士形象，但毕竟以六名手执螺钹的佛僧人数为多。

图11　河南登封高村宋墓北壁上部壁画

至于材料 5 所举出自四川泸县新屋嘴村 1 号墓的两件横梁上的浮雕画像，细观其画面不难发现：横梁 1 虹桥之上，六名年龄相约、容姿姣好的年轻女子，头戴花冠，上穿广袖长襦，下着及地长裙，身上皆绕以长长的帔帛，且披有带羽尾状流苏的云肩——这种羽尾状云肩装饰，既曾见于宝山1号辽墓石房东壁《降真图》壁画之西王母及其随行女仙的装束（图12），又曾见于前文所述河南孟津北宋张君石棺两帮画像中之天女的装束（图13），所以全然不是凡间女子，反倒令人联想起常见于佛教石刻造像当中的天宫伎乐。能够支持这一判断的证据，有来自新屋嘴村1号墓和2号墓中的另外四个石构件上的石刻图像，其中一件刻有飞天装饰（图14），两件刻有脚踏荷叶、肩荷莲枝的年少舞女（图15），另外一件刻有手把莲蕾、足踏流云的一排妇人（图16）。[21]横梁2桥上孤零零的一男一女，乍看之下的确给人一种演员作场的感觉；可是从女子自桥头躬身施礼、男子于桥尾直身而立且一手指向女子的姿态看，两人身份似乎并不平等——两人一尊一卑的两种手势，一是分别见于陕西黄陵万安禅院宋代石窟北壁所谓“阿育王施土缘”造像中的立佛和立佛下方的童子形象，二是分别见于传为南宋梁楷所绘《八高僧故事图》卷之三“白居易礼鸟窠”画面中的鸟窠禅师和白居易形象。细审那个相好如佛的男子形象，不仅其项下的椭圆形物疑似一项饰，其头顶所戴之冠，上宽下窄，略似五佛冠，然而又前低后高，分明是一顶僧帽。[22]僧人一般很少着帽。相传，南朝萧齐时的僧人宝志始着帽，俗称“志公帽”，其形制前高后低，与石刻画像中所见者不同。[23]而画像中所见上宽下窄、前低后高的僧帽样式，当系龙朔二年入唐的何国神僧僧伽，即泗州大圣所喜戴之“僧伽帽”。僧伽因被视为观音菩萨的化身，五代宋元时期广受民间崇拜，其所戴的帽子也在禅林内外广为流行。如：南唐中书侍郎韩熙载卒时，“国主与后，顶僧伽帽、衣袈裟诵佛经”[24]；又如苏东坡有诗曰：“道士令严难继和，僧伽帽小却空回。”[25]；又如王实甫《西厢记》中说，普救寺内放浪不羁的惠明和尚尝念念有词道：“不念《法华经》，不礼梁皇忏，飏了僧伽帽，袒下我这偏衫。”[26]僧伽帽的遗物和图像虽为罕见，元代始兴的瓷器产品“僧帽壶”，却为我们保存了当时僧帽的基本形制（图17）[27]；而且，形制类似的僧帽实物，直到清代仍有所见（图18）。至此可知，横梁2中那个着冠男性形象实为一僧人，且极有可能就是传为观音菩萨化身的僧伽，正在引渡死者的亡灵——画面中的女性——过桥。如果这里的分析不误，则这两件横梁上的浮雕内容，当是在表现女墓主人在神僧的引渡之下，步上云桥，来到了有天女作乐表演的天宫佛国。其实这类想象在当时的一些往生传说当中也不少见，如《佛祖统纪》中即有记载，说醴泉孟氏女临终前“集女焚香，与众念佛。见空中执锡沙门曰：‘汝当往生。’已而佛菩萨至，幡华排空，忽然迁化。”[28]

如将上述五组材料的一些共有特征进行归纳，不难发现所有云桥引渡画面当中大体都包含以下三类图像：其一，手执魂幡的天女形象；其二，菩萨、僧侣或佛教法物；其三，墓主人画像。这些特征，很容易令人联想到发现于敦煌的一些晚唐五代《引路菩萨》帛画（图19、图20），其中既有肩荷魂幡、手执宝幢或香炉的菩萨与天女，又有双手合十紧随于菩萨身后的亡者，而且画面上方也总有浮于云端的殿宇——天宫。实际上，这种于云端放着光焰的殿宇图像，

图12　赤峰宝山1号辽墓石房东壁《降真图》局部

图13　河南洛阳宋代张君石棺右帮线刻（拓片）

图14　泸县石桥镇新屋嘴村1号宋墓飞天装饰石构件

图15　泸县石桥镇新屋嘴村1号宋墓石刻（2001SQM1：3、4）线图

图16　泸县石桥镇新屋嘴村2号宋墓石刻（2001SQM2：4）线图

图17　僧帽壶，元代，首都博物馆藏

图18　佛教佛字寿字花卉纹佛冠，清代老刺绣

图19　敦煌五代引路菩萨绢画，法国吉美博物馆第1765号藏品

图20　敦煌莫高窟第17窟出土《引路菩萨》帛画，大英博物馆藏

图21　河南巩义宋太宗元德李后陵墓室顶部天宫楼阁图

不仅在河南登封黑山沟宋墓、新密平陌宋墓中皆有所见（见图1–2、图2–2），而且早在位于河南巩义的北宋初期墓葬元德李后陵（1000年）中已经出现（图21），只可惜李后陵墓室顶部壁画，除了这个云中殿宇和隐约可见的星汉，其他内容全都损毁不存了。[29]前面提到的长治东郊南垂村壁画墓，也因至今未见正式发掘报告，其中有无云中殿宇的情况不得而知，但与该墓南壁那幅云桥上的引渡画面刚好相对，墓室北壁所绘墓主夫妇于一排云气之上对坐宴饮的画面（见图3–2），却宛然是一幅天上人家的景象，因此也不失为前述云中殿宇图像（或即世俗中人有望去往的“欲界天宫”）的一个室内版本。由此也不难推知，当时人所能想象的天堂里的美好境况，还是无法超越对人间幸福的体认与理解。

至此，如果将以上所讨论的这类墓葬装饰内容的主题界定为墓主夫妇在菩萨或神僧的护佑与带领下，跟随着手持莲枝、钹镲、幢幡的接引天人仪列，通过云桥，去往由云中殿宇所象征的净土天堂世界，恐怕已是断无问题可言的。当然，由于五代以降三教合流已成时代趋势，部分道教图像元素参与同构，也就变得易于理解了，甚至可被视为死者升天的额外一重保障。[30]而且还有必要提及的是，根据黄士珊教授新近的研究，至迟到13世纪，道教科仪当中也已经发展出一套独立而完备的救亡仪式程序与相关物质文化。[31]

（三）过什么桥

那么，这座桥是一座什么桥呢？

我们或许不难联想到，唐宋时期已广为流传而且至今在民间影响深远的那座与死后世界有关的桥——奈河桥。

奈河，是佛教所说的地狱中的河名。“奈河”二字，即是印度梵文“地狱”（Naraka）的音译。“奈河”作为地狱观念来自印度教，但它作为冥间之河，大概是唐代佛教的一个创造。《宣室志》卷四记载了一个名叫董观的太原人，宝历二年（826年）五月游郃江，舍于泥阳郡龙兴寺，被其亡友僧灵习引往冥间，险些命丧黄泉的一次经历：

行十余里至一水，广不数尺，流而西南。观问习，习曰：“此俗所谓奈河，其源出于地府。”观即视其水，皆血，而腥秽不可近。又见岸上有冠、带、袴、襦凡数百，习曰：“此逝者之衣，由此趋冥道耳。”[32]

这里所说的奈河，是源出地府、通往冥间的河，没说到河上有没有桥。而《酉阳杂俎》记唐德宗贞元年间（785—805年）中选明经举的赵业，因为只得了个巴州清化县令的职位而郁闷成疾，冥冥之中“有朱衣平帻者，引之东行。出山断处，有水东西流，人甚众，久立视。又之东，行一桥，饰以金碧。过桥北，入一城。至曹司中，人吏甚众”[33]。可见唐代应已有“奈河桥”之说。另据宋人《续墨客挥犀》卷五：北宋神宗熙宁九年（1076年），宫中为庆太皇生辰，教坊献演杂剧，其时，生前曾任河北水陆转运判官兼都水监的大臣侯叔献新死不久，有伶人扮演一僧，戏谑调笑曰：“近入定到地狱，见阎罗殿侧，有一人衣绯垂鱼，细视之，乃判都水监侯工部也。手中亦擎一物。窃问左右，云为奈河水浅献图，欲别开河道耳。”以此讥刺侯叔献生前大事兴修水利，只图皇帝的恩赏，而不顾给百姓造成的负担和役苦。[34]可见在北宋，“奈河”早已是一个尽人皆知的地狱之河了。

标明为初唐、实际当在晚唐后出现的《佛说地藏菩萨发心因缘十王经》和《佛说预修十王生七经》，述亡人赴冥途时，须凭生前个人所作功德和身后他人的追荐，于一七日过秦广王，二七日过初江王，三七日过宋帝王，四七日过五官王，五七日过阎罗王，六七日过变成王，七七日过泰山王，百日过平等王，一周年过都市王，三周年过五道转轮王，依次接受地狱十王的轮流裁断，十斋具足之后才有望逃出苦厄、转生天堂的情形。[35]从中可见印度佛教之阎罗王信仰与中国本土信仰的融汇。[36]唐宋时期，“地藏与地狱十王”题材成为佛教艺术中的流行题材，敦煌莫高窟和千佛洞皆发现地藏十王图绘画；河南巩义大力山石窟有五代冥府十王像碑；重庆市大足区石篆山第九龛也刻有北宋十王像。[37]出自敦煌的五代时期的十王图，就向我们展现了亡者进入冥府依次接受十王审判的过程（图22-1、图22-2、图22-3）。其中的“二七日过初江王”画面，就描绘了亡者在冥府狱卒的威慑之下，被脱去衣服，涉入奈河的情形，图中显现河上已有桥，且有赞文曰“二七亡人渡奈河，千群万队涉江波；引路牛头肩挟棒，催行鬼卒手擎叉”（图22-4），直到十斋修行圆满之后，才能免除十恶之罪，放其生天，再重新

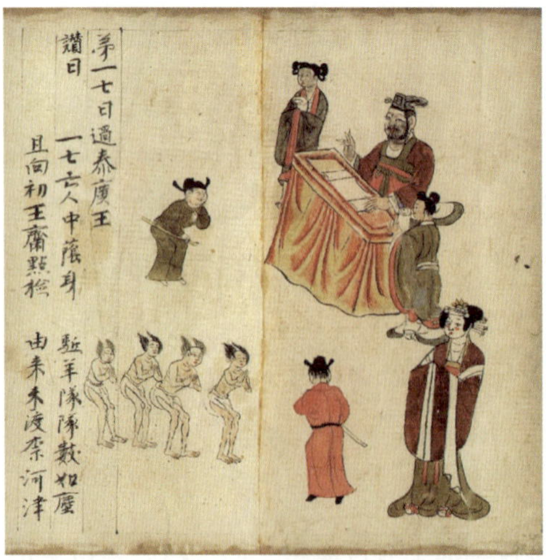

图22-1　敦煌五代时期十王图之“一七日”，法藏敦煌西域文献，伯希和藏卷2003（19-8）

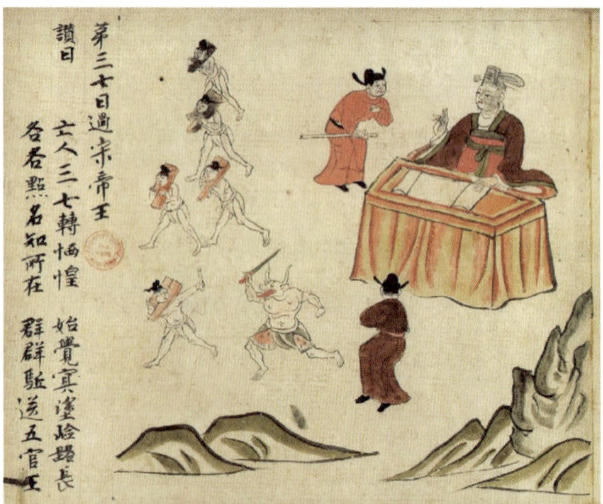

图22-2　敦煌五代时期十王图之“三七日”，法藏敦煌西域文献，伯希和藏卷2003（19-10）

图22-3 敦煌五代时期十王图之“六七日”，法藏敦煌西域文献，伯希和藏卷2003（19-13）

图22-4 敦煌五代时期十王图之“二七日”，法藏敦煌西域文献，伯希和藏卷2003（19-9）

经历六道轮回。总之，整个七七四十九天的“中阴身”阶段是亡者最不堪忍受的苦难历程，而二七日所渡之“奈河”，就是此岸与彼岸、今生与来世的一道根本分界线，奈河上面即便有桥，也是先要通往阴司甚至是地狱的。可见奈河桥本身也是令人惧怕的，不是亡者想过的桥。

中阴身阶段的冥途旅行既然是人生最终所不能避免的，那有什么方便法门可以帮助人们摆脱地狱、往生乐土呢？唐代兴起的净土宗，即被视为一种无上方便法门。该宗强调“十念”[38]，主张以“念佛三昧”为宗，临终具足十念相续，便得往生。如善导的《观无量寿佛经疏》卷四说：

一切凡夫，不问罪福多少，时节久近，但能上尽百年，下至一日七日，一心专念弥陀名号，定得往生，必无疑也。[39]

由于净土宗宣称自己是“大乘菩萨藏”，是一种主张凭借他力（即须要靠阿弥陀佛或观世音菩萨的弘深愿力）达到往生目标的一种“顿教”，所以在实践层面，除了“持名念佛”以外还要配合以各种“观想”念佛的方法，所以造像观佛的活动也随之而兴。唐宋之际，不仅寺院和佛教石窟中出现了很多描绘阿弥陀佛净土世界的“西方三圣”“西方净土变”等绘画，一些直接表现佛、菩萨引导死者往生净土的“接引图”也应运而生。除了前文所提出于敦煌的晚唐五代时期的《引路菩萨》，发现于黑水城的西夏绢画《往生图》，更是完整地表现了手结施无畏、与愿印的阿弥陀佛，与手捧莲花形金刚台的观世音和大势至菩萨一道，前来接引死者化生转世、进入西方净土世界的情形。（图 23）至于这类绘画在当时的流行程度和实际使用情况，可从东坡居士的《画阿弥陀佛像偈（并序）》晓其一二。[40]当然，净土宗传入镰仓时期的日本后，

图23 黑水城西夏绢画《往生图》

图24 阿弥陀二十五菩萨来迎图（早来迎图），镰仓时代晚期（13—14世纪），日本京都知恩院藏

图25 山越阿弥陀图，绢本设色，平安末至镰仓时代，日本京都永观堂禅林寺藏

图26-1 二河白道图，镰仓时代晚期（13—14世纪），日本京都博物馆藏

图26-2 二河白道图（局部）

也有同样题材的绘画保存至今（图 24、图 25）。然而这些绘画当中都没有出现桥的图像。

若不考虑传说中的所谓“奈河桥”，佛教文化当中还有没有什么其他的桥呢？如果说有的话，恐怕只有一个出自善导《观无量寿佛经疏》中的“二河白道”譬喻了。[41]所谓“二河白道”，说的是一切往生人等，不免会受到各种邪说的干扰，好比西行路上遇到紧紧相邻的两条河流，一河为火河，一河为水河，中间隐约有一白道相隔，但水火相交常无休息，而后面又有群贼和恶兽的追杀，以此比喻来激发信众排除各种困扰、誓愿往生极乐净土的信心。有趣的是，日本京都博物馆即藏有一幅镰仓晚期根据善导“二河白道”喻而绘制的《二河白道图》（图 26）。[42]从作品来看，忠实的画家显然没有对这一譬喻故事作丝毫改变，二河之间只有白道，没有桥，却在两河的彼岸——西方三圣与其前方的七宝池之间——绘出两道拱桥，两桥之间还有等待接引过河者的菩萨。当然，敦煌莫高窟的《西方净土变》壁画中也多有桥通七宝池，且池内总是会有莲花和化生童子。

可是见于宋金墓葬装饰中的这些桥，其下方不是绘翻腾流转的云雾，就是绘滔滔不息的江水——水中也不见有莲花和童子，所以显然不是可供化生的七宝池。不过，从桥下时而云雾、时而江水的不稳定表现中仿佛不难看出，画工在创作这些桥的形象时，既有“奈河桥”的心理依据，又有对这个心理依据的抗拒与改造。关于这一点，材料 4 所举山西长子小关村金墓的两幅壁画可以提供很好的说明：如前所述，这两个画面当中都出现了一个“貌似钟馗”的形象——刚好位于桥的两端，这个形象头戴幞头，脚蹬黑靴，黝黑的面部蓄着浓密的络腮胡，其双目怒睁的表情显得略有恐怖，身上的长袍也有临风飘举之势，显然非凡间之人，尤其是位于桥头的那个钟馗样形象（图 27），其一边展看手中文书、一边向旁侧皂吏言语示意的举止神情，很容易让我们联想到敦煌遗书《佛说十王经》画卷所绘冥府中的狱吏和鬼卒（图 28–1）。而《佛说十王经》画卷中，因手抱经卷或佛像而被免于负枷戴锁，乃至可以安然行走在桥上的亡灵（图 28–2、图 28–3），则更有助于我们理解壁画当中的过桥人物为什么手里还抱着卷轴状和纸卷状的物事——其实那正是能让死者顺利通过冥途、免受地狱之苦的文告和佛教经卷。[43]于此，这两幅壁画的主题含义，也便大致可以不言自明了。然而必须指明的是，这里的桥虽与冥途中的奈河桥有着显著关联——我们在保存至今的许多明清寺观所用十王供水陆画中仍可以看到，奈河桥下总是充满着有罪的亡魂，两岸还有驱役亡魂的鬼卒，只有无罪者才可以从桥上通过（图 29）[44]，可是该墓壁画中擎幡引路的天女以及行人脚下的彩云，却在暗示前方的桥绝不是通往阴司冥府。这里没有阴司，没有冥府，甚至也没有前面所说的“狱吏”和“鬼卒”，或许正是为了确保死者一路的安全，画工才特意将传说中把守在奈河两岸的鬼卒，改绘成能驱邪厌鬼的钟馗。

那么画工们究竟改变了什么呢？他们改变了“奈河桥”的原本去向，同时也改变了“奈河桥”的原本性质，让这些桥高高地悬浮于云端——即便下面绘有江水，也是被五彩的祥云所围

图27 山西长子小关村金代壁画墓墓门南壁西侧上部壁画（局部）

图28-1 敦煌遗书《佛说十王经》画卷中过奈河场面之一，法藏敦煌西域文献，伯希和藏卷4523

图28-2 敦煌遗书《佛说十王经》画卷中过奈河场面之二，法藏敦煌西域文献，伯希和藏卷4523

图28-3 敦煌遗书《佛说十王经》画卷中的过奈河场面之三，法藏敦煌西域文献，伯希和藏卷4523

图29 明清十王供水陆画，长沙大观文化智能科技有限公司藏

绕，没有任何险恶的现象出现在画面，从而成功地规避了人们对地狱的恐惧。这类桥虽然出现得不多，却出现于不同的地区，因而很大程度上反映了当时人们的一种集体意识，那就是期望死后能摆脱中阴阶段的漫长旅程，免除冥间各种地狱的痛苦煎熬。值得于此插述的是，有关于桥的这一集体意识绝非仅见于墓葬装饰。前引《佛说预修十王生七经》中说：

佛说阎罗王授记四众，预修生七往生净土经，普劝有缘，预修功德，发心归佛，愿息轮回。

此句之下附“赞”二首，第一首曰：

一身危脆似风灯，二鼠侵欺啮井藤；苦海不修桥筏度，欲凭何物得超升。[45]

又，唐释法照曾于《净土五会念佛诵经观行仪》卷中叙述到：永泰二年（766年）四月十五日，他于南岳弥陀台发愿为众生广建道场，“正念佛时，有一境界：忽不见道场屋舍，唯见五色光明云台，弥满法界；忽见一道金桥，从自面前，彻至西方极乐世界，须臾即至阿弥陀佛所”[46]。又据《大宋绛州稷山县十方善寺故大乘戒师义宗和尚塔记》（简称《塔记》）：神宗元丰初春正月，义宗和尚帅众瞻礼五台山文殊像时，“感摄身菩萨光、水墨罗汉像、圣灯、天花、金桥之类，悉现其前”。《塔记》叙述了义宗和尚一行的这段神遇之后接着感叹说：“非夫夙值善本，愿力斯成，其孰能致于此乎！”[47]《佛说预修十王生七经》赞文中所说的“桥”或“筏”，尽管只是个形象的比喻，意在阐发之所以要预先修此功德的抽象道理，但它毕竟是人们所想象得到的、象征跨越生死轮回的形象化符号。而后两项记载所言的“金桥”，则无疑是法照和义宗和尚眼前实实在在的一个境界，或者说是他们心中陈潜已久的一道幻象——法照即于《净土五会念佛诵经观行仪》卷下引述了沙门惟休所述《随心叹西方赞》，曰：“西方净土宝楼高，同心去者莫辞劳；一念正观便即到，到时先上紫金桥。”[48]

所以，画在墓中的这类桥，不如说是人们企图让亡者跨过地狱，甚至超越轮回，直接去往佛国天宫的心灵写照——它们是幻想将此世与传说中的极乐净土世界直接相连通，因而寄托着殷切而隆重的“往生”心愿的一道又一道“心桥”。至如黄士珊教授所揭示的道教度亡仪式上所用的“法桥”，即便其宗教意义并不相同，但它所承担的功能却与此一致，或差别不大。

二、桥的这边与那边：送葬习俗的变动与往生图像的生成

人们基于什么来想象死后的情景呢？人们对死后情景的想象，自然不会超越基于现世生活经验而形成的生死观。而人们普遍的生死观，也总是会以某种相应的表达方式，固化为一个时代的丧葬习俗，包括送葬仪式。所以说，丧葬习俗和送葬仪式的变迁，正意味着一个时代生死观念的变迁，其中必然透露出人们对来世状态的新理解与新认知。

（一）送葬习俗的佛教化及其在墓葬装饰中的显现

说到当时送葬习俗的变迁，不能不提及形成于中古中国并特为世风所重的鬼节——“盂兰盆节”，以及因受佛教地狱观念影响而撰成于中土的《佛说十王经》和地藏十王信仰。

首先，盂兰盆会（梵文“Avalambana”的音译）[49]，是印度佛教为释子提供的一种报七世父母恩的行孝方式。依《佛说盂兰盆经》所述，佛弟子目连欲救身陷恶鬼地狱的亡母而不能奏效，悲号啼泣地跑来向佛询问原因，佛言：“汝母罪根深结，非汝一人力所奈何。汝虽孝顺，声动天地，天神、地神、邪魔、外道、道士、四天王神亦不能奈何！当须十方众僧威神之力乃得解脱。”佛还告诉目连：“十方众僧于七月十五日僧自恣时，当为七世父母及现在父母厄难中者，具饭、百味五果、汲灌盆器、香油锭烛、床敷卧具、尽世甘美以著盆中，供养十方大德众僧。”[50]可见只有通过有众僧介入的拯救过程，才能对亡人产生作用。在中国，随着汉文《佛说盂兰盆经》在西晋时期的译出和传布，斋僧度亡的相关习俗和仪式也便逐渐得到了广泛的采纳。相传，南朝梁武帝时始兴为超度水陆众鬼而设的斋僧供僧大法会，即所谓“水陆斋”[51]。北魏时还出现了于丧期斋僧作七的情况，如生前“雅敬佛法”的北魏政治家胡国珍（438—518年），临终时“诏自始薨至七七，皆为设千人斋，斋令七人出家，百日设万人斋，二七人出家”[52]；北魏晚期位及左中郎将的阉人孟鸾卒，“七日，灵太后为设二百僧斋”[53]。进入唐宋之后，由于佛教的发展已基本结束了其先的“独立成长期”而转向“挪用期”[54]——被民间社会乃至新儒学所挪用，中国传统的“中元节”（农历七月十五日）的相关节俗仪式更是几乎完全“盂兰盆供”化，从而使七月十五日成为整个民间社会超幽荐亡、慎终怀远的一个例定节日——鬼节。这一点，也诚如太史文教授业已指出的那样：鬼节为佛教进入中国提供了一个十分有利的循环系统，它让僧侣很快找到了自己在中国家庭宗教生活中的中心位置。在他看来，鬼节的仪式清晰地表达了一个完整的社会宗教系统——所谓“完整”，意味着它既服务

于通常被称之为“宗教”的目的，同时又服务于通常被称之为“社会”的目的——在整个仪式过程中，僧人获得了能让他们维持生计的食物、衣服和钱财；而孝子们则靠施舍和斋僧的行为赚取功德，一方面给先人带来一次更好的再生或完全免除生死轮回的机会，另一方面也为其亲族积蓄了门庭光耀、后代繁昌的因缘。[55]作为宗教仪式的盂兰盆会，其向社会乃至家庭宗教系统的循环，无疑会为传统丧葬礼俗和祖祭仪式注入新的文化内涵。

其次，天堂地狱观念和“中阴”说的广泛为人接受，还表现为唐代地藏十王信仰的兴起。姚崇新教授根据现存造像材料分析，认为“地藏信仰真正兴起于唐高宗武则天时期，兴起的原因与民众地狱观念的最终形成有关”，“从早期的地藏六道（或五道）构图到晚唐以后流行的地藏十王构图，正好从图像学的角度揭示出唐代地狱观念发展演变的脉络，表明唐代的信仰始终是与地狱观念相联系的”，并由此判定“地藏信仰的实质是地狱拯救”[56]。前文已提到，涉及地狱拯救的观念与信仰，在《佛说地藏菩萨发心因缘十王经》（简称《十王经》）和《佛说预修十王生七经》中得到了最为清晰、集中的显现。据此二经，信徒唯有皈依三宝，守持五戒，每月数日持斋祈祷，供养十王，布施寺院，这样才会有功德回向施主，令其亡后轻松通过中阴之旅，免除转生过程之苦；而且，亡人的阳间亲属供养十王，也有助于亡人顺利通过阴间的一次次审判。[57]前文所述发现于敦煌的数本晚唐五代时期的《佛说十王经》[58]，有纯文字本的，有纯图本的，还有文图兼具，即所谓“全本”的，其内容皆无外乎描绘和叙述亡人在三年当中依次经过冥间十殿接受十王裁断的情景。如现藏法国国立图书馆的两卷全本《十王经》，即包含经文和十四幅插图，而且每图皆附有其他类文本所不见的赞文。饶宗颐先生指出：“赞”是中古佛教和道教礼仪的最重要部分，其形式类于绝句诗体，常与图一道用于法会上吟唱。[59]太史文教授据此进一步指出：这两本《十王经》将经文、图像与礼仪活动联系在一起，而敦煌资料中还有一些涉及葬礼活动的例证，其中包括俗人致僧人的请帖，请求一定数量的僧众于一特定日子来家中做法事[60]，用赞颂的形式“追念”亡人，进而推断《十王经》当是这些仪式活动的主要依据，参与者要观其图，唱其赞，诵其经。[61]石守谦先生在《有关地狱十王图与其东传日本的几个问题》一文当中亦指出：宋时流行的“十王醮仪”，做法是“将十王分开，以一个仪式重复十次”；而“十王供”，其仪式可能与十王醮相差不远。[62]总之，《十王经》的图像与文字，似乎适用于多种仪式活动，所以极有可能是这些活动所参照的规范和仪轨；而且以其保存数量之可观，内容又集中于“救亡”，故足以表明其与当时社会丧葬实践之间的密切关联——这一点，已为部分写本中的发愿文材料所证明。

盂兰盆会和地藏十王信仰究竟给宋代社会丧葬习俗和送葬仪式带来了怎样的变化呢？竺沙雅章先生在论及宋代的丧葬与追荐问题时，曾涉及当时的坟寺、权殡、火葬以及追荐、逆修等习俗，并且指出：对于佛教来说，死者的丧葬和追荐才是最重要的宗教活动；但是，依据佛教的俗人的葬礼具体应该怎样举行，当时并不清晰。[63]虽然这一认识基本反映了当时的事实，这里，我们似乎仍不妨结合当时僧俗两界的相关丧葬习俗和墓葬美术中的相关遗迹，来对当时世俗社会的葬礼仪式情况做一番窥察。

北宋咸平、景德年间（998—1007年）于汴京主讲佛教经论的赐紫沙门释道诚，其所集《释氏要览》三卷，保存了有关宋代佛教制度与风俗的很多信息，堪称当时新度僧侣必备的一部知识手册，其中即有“预修斋七”的条目和相关的解释，曰：

《灌顶经》普广菩萨白佛言：若善男女，善解法戒，知身如幻，未终之时逆修生七，然灯悬幡盖，请僧转念尊经，得福多否？佛言：其福无量。[64]

说的就是《佛说预修十王生七经》所提倡的那种生前修斋供奉十王；又有“斋七幡子”一目，曰：

北俗亡，累七，斋日，皆令主斋僧，剪纸幡子一首，随纸化之。按《正法念处经》，有一十七种中有[65]，谓死时，若生天者，即见中有如白垂下，其人识神见己，举手揽之，便受天人中有身。故今七七日，是中有死生之日，以白纸幡子胜幢之相示之。故此人招魂帛，皆用白练，甚合经旨也。[66]

可见壁画中出现的引魂幡，与象征“中有”之亡灵的“斋七幡子”是同一回事；又有无常院“堂内置佛”一目，曰：

《南山钞》云：无常堂内，置一立像，金薄涂之，面向西方，左手中指系一五彩幡，幡脚曳地。有比丘病甚者，当洗拭易衣，安置（像后），左手执幡脚，作随佛往生之意也……若至甚者，不更移动，只于像后，以俟命终。[67]

这里说的是以手中持幡的佛菩萨像，对病重濒亡的僧人实施象征临终往生的引渡仪式；又有“送葬”一目，曰：

《毗尼母》云：《阖寺并送葬记》云，令观无常生厌故（今禅居僧亡者，不以尊少、主客，并打鼓，普请送葬，盖准此律）。《毗奈耶》云，送葬苾刍，可令能者诵《无常经》，并伽他[68]为其咒愿。《净饭王涅槃经》云，净饭王命终，殓以七宝棺，佛与难陀在前恭肃而立，阿难与罗睺罗在后。佛念当来凶暴，不报父母深恩，躬自擎棺。尔时大千世界六种振动，时四天王乃代佛擎棺；佛乃执香炉，在棺前，导引而行（今释子送父母葬，可准此经，依佛前导生人善心）。[69]

可见僧人不论尊卑老幼，死后皆以鼓乐相送；为父母送葬时，可以学着释尊的榜样，于棺前行香前导。

对照道诚《释氏要览》的这些说法，再来观察宋代朝野上下的丧葬风气，其间的轨迹可谓一脉相袭。两宋时期，皇帝的丧礼中，头七日往往要建道场日夜连续做佛事，如：宋高宗得知宋徽宗及其郑皇后死于金朝，先“诏诸路州县寺观各建道场七昼夜”，又“诏平江（治今苏州）诸佛寺声钟十五万杵，选僧道三十有五人醮祭作佛事”[70]。七日后又有“逢七入临”的临礼，即从死后的二七日或三七日算起，每隔七天，群臣临宫哭吊大行皇帝，直至七七日为止，如：

宋真宗死后，“以大行皇帝丧二七日，群臣入临，退赴内东门，进名奉慰。自是每七日皆临，至四十九日而止”，并“诏每七日于观音启圣院、开宝寺塔设斋会，中书、枢密院分往行香”[71]。小祥、大祥时，还要依例做道场，如宋英宗死后，“将来大祥，令诸路州、府、军、监各就寺观，破系省钱，请僧道三七人建道场七昼夜”[72]。普通人的丧礼则如北宋名臣司马光《司马氏书仪·丧仪一·魂帛》所称：

世俗信浮屠，诳诱于始死及七七日、百日、期年、再期、除丧，饭僧设道场，或作水陆大会，写经造像，修建塔庙，云为此者，灭弥天罪恶，必生天堂，受种种快乐；不为者，必入地狱，锉烧舂磨，受无边波咤之苦。[73]

而且根据英宗朝蔡襄的说法，当时的丧礼仪式已经完全佛教化，只剩下为时三年的丧期还有那么一点点古代丧礼的味道。[74]总之，正如南宋理学家朱熹所言：“自佛教入中国，上自朝廷，下达闾巷，治丧礼者一用其法。”[75]

那么具体到当时发引送葬的仪式环节，究竟又有怎样的风气变动呢？

我们从《宋史·礼志》中看到：北宋开宝三年（970年）十月，朝廷已下诏开封府，“禁丧葬之家不得用道、释威仪及装束异色人物前引”[76]。由此可知送葬仪式上使用佛道威仪的做法早在北宋初年的开封一带就十分流行。然而这则禁令显然并未起到多大的效用，世人发自心底的迷信必然使得此风有禁而无止。事实上，两宋时期不仅发引仪式多用道释威仪及装束异色人物为前引，治丧用乐也多采用佛教法乐。生活在北宋中晚期的理学家程伊川曾说：

吾家治丧不用浮屠，盖道场锣钹番人乐也，天竺人见僧必饭之，因作此乐。今用之于丧家可乎？[77]

南宋学者俞文豹也表达了对这一陋习的不堪忍受，说：

外方道场，惟启散时用铙钹，终夕讽呗讲说，犹有恳切忏悔之意。今京城（临安）用瑜伽法事，惟只从事鼓钹，震动惊撼，生人尚为之头疼脑裂，况亡灵乎！[78]

可见当时丧家多采取释氏仪轨作道场，且治丧乐器一用锣钹。

正如我们在前述画面中所见，当时人想象中的往生接引场面里，往往夹杂着手持锣钹的僧侣，这无疑是现实丧葬习俗中使用佛道仪轨的一个侧面反映。而且事实证明，在现有宋金时期的墓葬美术资料中，更能体现当时送葬仪式所流行的佛道仪轨的图像材料，也是有迹可寻的。从中可见释氏威仪的介入程度，及其与传统墓葬装饰题材之间的互动。如：

1978年于河南荥阳东槐西村发现的北宋绍圣三年（1096年）朱三翁墓石棺[79]，棺盖顶部正中竖镌“大宋绍圣三年十一月初八日 朱三翁之灵 男朱允建”字样，左右两个坡斜面以阴线刻云朵和翔鹤。棺盖前端正面，以及石棺的头挡板部位，浮雕一四阿式庑殿建筑，建筑前方又浮雕出一个建在高台之上、拥有三个开间、木构华丽气派的悬山顶门楼，门间刻一启门妇人，门前还有月台和斜坡踏道（图30）。石棺东、西两侧挡皆采取阴线刻的表现手法，先于

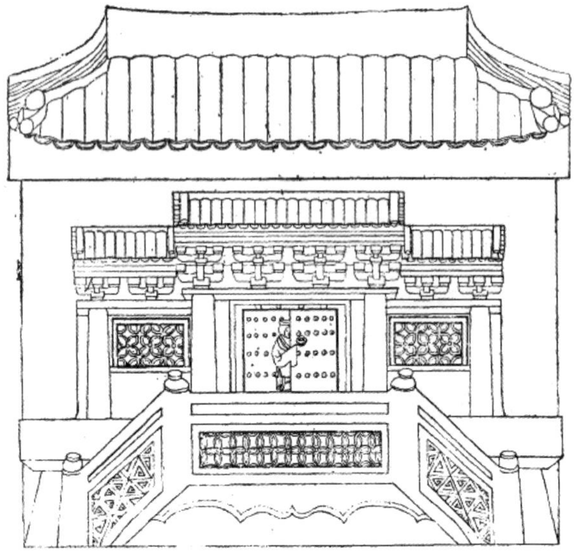

图30　河南荥阳槐西村发现的北宋绍圣三年（1096年）朱三翁墓石棺头挡浮雕

下方部位刻画一重带有卷草花纹的平坐栏板，以象征周匝于棺身四周的围栏，然后于“围栏”以外的壁面刻绘人物活动场景。其中，东侧挡刻墓主夫妇端坐于桌后观看杂剧表演，同时接受庖厨侍奉；西侧挡则刻一队人马离家出行。而这里要着重观察分析的，正是这个被发掘报告称作“出殡图”的离家出行画面：位于队列前方的是三名女子，皆发髻簪花、腰束长裙、外罩带有荷叶形云肩的宽袖长衫，其中一人手执香炉，二人肩荷长幡——看上去皆与前述墓葬中的天女形象无异。紧接其后的是四个僧人形象，其中三僧双手击钹，一僧口吹法螺。僧人的后方又刻五人，第一人身穿圆领长袍，头裹巾，腰束带，双手拱于胸前，从其颔下留有长须的情况看，当为男墓主人；第二人、第四人为女性，皆头戴孝巾，身着斜襟长衫，作双手合十态。不过，从石棺东侧挡画面中刻有一对墓主夫妇的情况看，报告所谓头戴“孝巾”的第一位女性，也不排除为墓主夫人的可能；第三人双手捧物，末尾一人手牵一匹鞍马；鞍马之后是一个前后植有树木的普通宅院，显然是死者生前的家。（图 31）我们也许会推想：这个画面当中并未出现装载死者的棺柩和车驾，墓主人明明是跟随在僧人队列之后的，所以，称之为“出殡图”，恐怕颇有不妥。可是画中的人行队列，则确实是从一个世俗人家的宅院出发，不像前文所举的五例过桥人物那样行于云上，而且队列前方还有执幡击钹的佛道威仪为导引，显然还

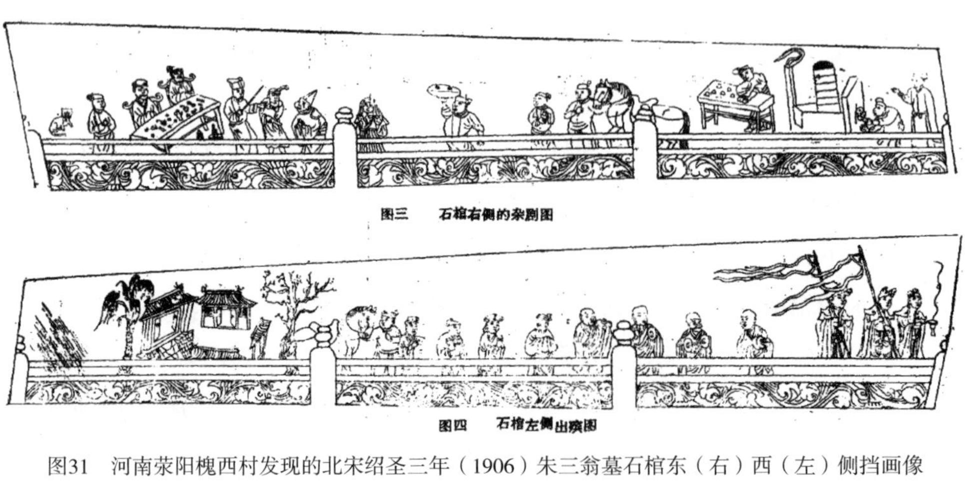

图31　河南荥阳槐西村发现的北宋绍圣三年（1906）朱三翁墓石棺东（右）西（左）侧挡画像

图32-1　河南荥阳槐西村宋墓墓室壁画线图（采自《荥阳槐西壁画墓发掘简报》）

图32-2　河南荥阳槐西村宋墓墓室西壁壁画

是与现实中的出殡仪式密切相关。只不过这个“出殡图”，兼容了今天被我们称之为“现实主义”和“浪漫主义”的双重表现手法，将本应殓于灵柩的死者，活现在一个送往的仪式场景中，以此表达对灵魂一路安然无虞的祈愿。也诚如沈雪曼教授所指出的，这个画面“描绘了天人和僧俗两界人物引导亡灵离开生前家宅”的情形，表达了墓主夫妇从现世向来生的过渡和转化。[80]

无独有偶，2008 年，就在距离朱三翁墓墓址不远的荥阳槐西村，又发现了一座宋代壁画墓。[81]该墓墓顶绘一硕大无朋的莲花，四壁上方绘一周孝行故事图，下方的主要壁面表现各种家居奉侍活动场景。（图 32-1）但西壁却描绘双手合十、一脸虔诚的年老墓主夫妇于方桌两侧相对而坐，方桌上面摆放着两枚茶盏和一个冒着一缕烟气的灯台，桌后还立有一名手抱注壶的女侍；女墓主人的旁侧，立着身穿浅绛、赭红两色袈裟的四名僧人，其中三名正击钹作乐唱赞梵呗，而位于最外侧的另一名则双手托着一朵莲花。（图 32-2）显而易见的是，整个画面所描绘的环境，是一个居家的环境，因此，如果说朱三翁墓石棺的那个画面表现的是死者在佛道威仪的护从下离开其生前家宅的情形，那么这里的这个画面似乎可以被理解为四名僧人前来迎接墓主夫妇上路。据《佛祖统纪》：南宋绍定六年（1233 年），四明鄞县人项氏妙智，病中幻见“多有尼僧，相待西归”，遂请人念佛，“转身面西，两手作印，微笑而逝”[82]。然而，只要对宋金墓葬的装饰题材略具常识，便不难发现这幅壁画实际融合了两类图像母题：其一是墓主夫妇对坐像，这是应了夫妇合葬墓的流行而发展出来的一种装饰题材，是墓葬壁画中几不可缺的一个配置，其图式在当时已经定型；其二就是僧人做法事的场面，它源于人们对各种佛教法会活动，尤其是对送葬仪式上的“佛道威仪”等现实场景的视觉感知经验，是悼亡仪式活动的“定格”化形式——僧人站立的姿态似乎唯有在送葬的仪列上才最为常见，而且特别值得注意的是位于画面左侧的那个僧人，其手中所捧的一朵莲花，刚好就是前文所说佛教荐亡仪式上用以象征亡魂化生净土的莲台。这两部分内容，一种来自对现实的感知，一种来自于对死后的想象，合而为一，虽说不免会给人造成一点时空逻辑上的错乱感，可是这种接近“蒙太奇”式的画面组合关系，却恰到好处地表达出一种超越时空的幻想和愿望，也让我们从中看到了送葬仪式中所用“佛道威仪”的终极意义。这样，无论我们将这幅画面解读为送葬仪式的延伸和最终“定格”，还是将其解读为墓中死者灵魂旅程的继续或又一次开始，都无碍于对其基本含义的理解。

图33-1 长治安昌金墓发丧图及散乐图砖雕线图

图33-2 长治安昌金墓“发丧图”中段

图34 广东省惠来县海埕村庄氏头七功德挑经过桥

与送葬仪式有关的墓葬装饰，这里不妨再举一例。位于山西长治安昌村的一座金代彩绘砖雕墓（ZAM2），墓室东壁上层也出现了一幅“发丧图”（图 33–1）。[83]图中浮雕了前后一字排开的僧俗两界十二个人物。其中，第一人举幡前导，第二人手捧“灵位”或“寿山”，第三人和第四人为分别双手击钹和口吹法螺的髡顶僧人形象，第五人头戴草帽，肩挑物担（图 33–2），所挑之物实为经卷，而非寻常的生活用品——当代民间丧葬习俗中依然存有所谓“挑经过（奈河）桥”的表演仪式（图 34）。[84]第六人头戴花冠，身被菩萨样装束，其裸露的双臂腕部有镯，臂部佩钏，左手屈肘执一柄香炉，右手后伸做引导状。其后又有僧俗两界人物六名，第一人和最后一人皆身着僧装，头戴毗卢冠，双手曲握于胸前；第二人为男性，身穿宽袖服，双手合十，头部微微前倾；其后方三人，皆袖手而立，从装束上看似乎都是女性。对照该墓西壁中层的一个带有棺柩图像的“守灵图”画面，可知“发丧图”所表现的，似乎的确应该是一个以佛道威仪送葬的场面。如果这个判断无误，那么，画面当中的那个身被菩萨装束的形象，就或可被视为送葬仪式上“引路菩萨”的扮演者，而那两位头戴毗卢冠的僧装人物，则或可被视为扮演法身佛毗卢舍那（Vairocana）前来主持法事活动的两名僧人——存续至今的盂兰盆会仪式上即有这样的角色。[85]

与前述表现往生与接引的画面一样，出现于世俗墓葬中的这类佛道威仪场面，其用意显然也不外乎祈望正处于“中阴身”阶段的死者，能够仰赖法界的护持，顺利地通过冥界之旅。

（二）往生图景与临终的幻象

以上我们从丧葬习俗和送葬仪式层面，讨论了当时社会丧葬观念的变迁，及其在墓葬装饰题材方面的部分显现。如果说，这里所揭示的主要还是佛教影响下的整个世俗社会层面丧葬观念的一般情况，那么，在保存至今的一些唐宋元时期的往生故事中，则可以看到世人临终梦想的一幕幕幻象：

（唐）姚婆上都人，贞观年中，蒙范婆劝，取念阿弥陀佛，临终见佛，菩萨来迎。为曰：未与范婆别，请佛暂驻相待。佛处虚空俟，范婆来至，手执香炉，奄然而逝。[86]

唐惟恭，住法性寺，慢上凌下，亲狎非类，酒徒博侣，交集于门，暇则念佛。寺僧灵岿者，同恶相济……乾宁二年（895 年）病革，岿自外还，见伶人数辈，少年丽服，问所从来，答曰：“西来迎恭上人耳。”一人怀中出金瓶，瓶中莲花其合如拳，俄顷增长如盘盂，光彩交映，望寺疾驰而忽不见。岿至寺闻钟声，恭已逝矣。[87]

（宋）金奭，家会稽，业网鱼。因天华寺利行人结生莲社，蒙劝念佛，顿弃前业，日持佛万声。久之，告家人云：“我已见佛、菩萨至门，已见金莲华来迎我矣。”即坐竹床结印而化，远近皆闻异香。[88]

（宋）汾阳裴氏女，专心念佛，以小豆为数，积满十三石。报尽之日，索火烧香，口云：“佛以花台与我，今当往生。”[89]

（宋）安吉王氏女，日诵弥陀、观音、金刚诸经，念佛求度……父娶后室，与同修净业。女得疾，请僧说净土观法，忽索衣，吉祥而卧，手揽观音手中幡，寂然不动。继母筛灰于室，以验受生，见灰中印出莲花数朵。[90]

（宋）四明孙氏，寡居斋戒，礼诵念佛，三十年不懈。手制衣衾鞋袜施僧，不计其数。一日微恙，见异人立床前曰："宜勤精进。"又梦八僧绕行忏室，身挂缦衣随僧行道。遂沐浴净衣，请僧行忏，于大众前端坐诵经，至一心不乱，左手结印奄然而化，远近皆闻空中奏乐。[91]

（宋）周行婆，家太平州，早年念佛专注。一夕胡跪念佛，泊然而化，邻人见数僧自婆家出，引婆腾空而去。[92]

元鄞县宝幢市周婆，精修净土，遇岁首持不语，昼夜常坐，尽月而止；遇暑月则施茶汤，历久不废。一夕，梦大荷叶遍覆一市，觉自身持数珠行道叶上。既而微疾，邻人夜见幢幡宝盖来入其家。黎明，婆已合掌，念佛逝矣。[93]

（宋）汾阳梁氏女，两目俱盲，遇沙门，劝令念佛。越三年，双目开明。后忽见佛、菩萨幡盖来迎，即日命终。[94]

（唐）李知遥，长安人，率众为五会念佛，忽出堂向空顶礼，空中有声云："报汝李知遥，功成果自招；引君往净土，同汝上金桥。"即就床端坐而化，天香郁然。[95]

（宋）沈氏妙智，四明慈溪居，自幼蔬食念佛；长归章氏，未尝中废，施米贷被，以济饥寒，常诵《弥陀经》为日课。一夕微病，念佛尤力。忽见佛、菩萨、居士、长者拥立目前，灯光千点，累累然，状如虹桥。即日，右胁吉祥，凝然不动（端平二年）。[96]

在这些临终前的一幕幕幻象中，我们不难看到许多形象元素的交互重叠和前后组合，归结起来内容总不外乎佛、菩萨、僧众、"少年丽服"的伶人、双手合十的临终往生者，以及莲台、幡盖、香炉等道具，乃至出现了"金桥"或"虹桥"。将这些形象元素串联起来，岂不就是前文所举墓葬装饰当中的那一道又一道的往生图景？反过来说，墓葬装饰中那一道道的往生图景，又岂不刚好就是基于当时丧礼仪式的视觉经验而创制的有关世人临终关怀的一幕幕幻象？

事实证明，新出现于宋金墓葬艺术中的往生题材，以及与之密切相关的"桥"的图像，其基本图式的最终形成，显现了中古以降中国人生死观念的重大变迁。而伴随观念变迁发生的丧葬习俗之变，不仅是生死观变动的一种结果，同时也是那些曾看似虚妄的往生图景之图式生成的一种现实依据和有用的资源——当然，佛教与道教的超幽荐亡仪式活动即是这类视觉与物质资源的核心组成部分。[97]令人颇感吃惊的是，在某些地区和城市，这类习俗至今仍以活态的形式存于人们为亡故先人和亲属送往的仪式活动中。除了前文提到的广东惠来海埕村的"头七功德挑经过桥"仪式上有装扮成佛和僧人模样的引魂过桥人物以外，上海白云观内也还在为丧家建临时道场，度亡的科仪场面上就有醒目的彩桥和魂幡等道具（图35）。而且，当代编纂的道教度亡科仪资料中，也同样保存着"玄功妙力造法桥，众魂得度是仙桥。金童玉女遵符命，幢幡接引任逍遥”“上金桥，行数步，望见家乡新眷属。三魂渺渺在哪方，七魄悠悠在何处。到奈河，无船渡。意下惊惶心恐怖。惟愿慈尊来接引，灵魂早上金桥路”之类说白。[98]甚至于在西南少数民族地区，也至今沿用着“西方路上一座桥，幡幢宝盖任逍遥；自由西方来接引，接引亡人上金桥”之类的挽歌。[99]不消说，这类堪称珍贵的真实科仪场景和文书资料，让我们得以更加真切地触摸到这段绵延千载且至今依然不绝如缕的心史的余温。

图35　上海白云观“五七”度亡科仪（20140622）

后　论

总结前面的所有讨论，我们应该不难达成以下几个层面的认知：

其一，虽然正值一个“天堂”“地狱”以及“冥府”“奈河”传说甚嚣于世的时代，但出现在宋金墓葬装饰中的过桥图，所绘之桥显然规避了与冥府相关的种种表现，不是所谓的“奈河桥”，而是试图引导墓主人越过地狱，直接去往天上世界——主要是佛国净土天堂世界——的通天桥。这样的桥，是幻想抹去阴司审判的可怖过程，将此世与彼世直接相连通的一种观念化的视觉符号，所传达的，是人们殷切、炽热的“往生”关怀。

其二，宋金时期以“桥”为关键符号的往生图图式之生成，归根结底肇源于由中古以降的“盂兰盆会”和晚唐以来的地藏十王信仰所导致的整个社会丧葬习俗的深刻变动。将这类画面还原到当时送葬习俗和往生关怀的现实背景下加以观察，可以发现：画中所含的佛教元素不仅与当时送葬仪式常用的“佛道威仪”场面多相一致，而且还与时人临终前所期待的幻境多相重合。在这里，画中图像仿佛游离于仪式的现实和观念的虚幻之间，既可以说一定程度上是送葬仪式的客观反映——更为准确地说是送葬仪式场面的延伸与转换，又可以说更大程度上是往生愿望的视觉化表达。

其三，如将“桥”的图像视为一个象征“中阴”阶段的观念空间的连接符号，我们则得以更加清晰地看到：桥的那边属于来世，那里有佛、菩萨和天宫宝楼，是人们幻想死后往生的目的地和最后归宿；桥的这边则是今生，依佛教的观点，这里是一个苦多于乐的临时居处，人生的真正意义只在于凭其信仰和功德为来生做准备、做修行，所以，一切关乎来生问题的行为、习俗和仪式，都不过是为达成往生目标而采取的手段和途径。这样，我们不但可以看出由“桥”所暗示的“中阴”阶段，与其两端所连接的“今生”与“来世”等时空概念之间的关联性，更可以了悟桥上桥下的人物活动场面，与现实生活中的丧葬仪式活动，以及由生死观所决定的当时人的终极关怀之间，在基本意义指向上的前后连续性和一致性。

总之，我们从频繁出现于宋金墓葬装饰中的墓主人过桥图，以及与之相关的其他类型的往生图像中，可以领悟到中古以降在佛教天堂地狱观念影响下，中国人丧葬习俗与生死观念的一次空前显著的变迁。[100]

这里有必要附带说明的是，以往我们曾一直感到疑惑：正当佛教在中国的影响达于炽盛的南北朝和隋唐时期，有关天堂地狱的生死观念却并没有在当时墓葬遗存的考古发现材料中得到多少明显的印证；以至于进而认为，中国人的墓葬艺术乃至丧葬习俗中所显现的生死观，一直都以“未知生焉知死”“敬鬼神而远之”等重视现世、不信来生的传统儒家思想贯穿始终。但是，晚唐以降，尤其是本文所论宋金时期墓葬艺术中所表达的这类佛教往生观念，以及当时丧葬习俗的佛教化情形，却令我们得出一个新的认识，即：虽说中国传统的生死观念和丧葬习俗根深蒂固，绵延数千年而未尝中绝，但中古以降，外来的佛教文化显然在其漫长的播布扩散过程中，渐渐地影响了中国大众社会的生死观；尤其是中晚唐以降，佛教向世俗丧葬实践层面的深度浸透与介入，最终导致了中国人对佛教天堂地狱观念的普遍容纳与接受，导致了丧葬习俗的显著变迁，从而使往生观念在宋金时期的墓葬装饰中得以清晰的表露。至此，佛教的“往生”关怀，也便融汇着本土道教文化所固有的“升仙”思想，最终成为中国人现世生活关怀与伦理孝道观念的一个合乎理想的延伸和补充。

最后还有必要提出的是，如本文引言部分所述，类似于本文所讨论的这类具有象征符号意味的过桥图，早在汉代的画像石墓、壁画墓，乃至南北朝时期个别粟特人的石棺椁画像当中已有出现。而且，出现于汉墓中的部分车马过桥图，已明确表达出上“渭桥”、去“昆仑”（仙境）的图像寓意。如果这个认识不谬，那么，围绕于中国墓葬美术史中的两度“过桥”，其间所暗含的文化变迁、人的生死观念变迁，以及最终导致“桥”的符号学意义的演化与变迁等问题，显然还大有研究的意义和空间。

附 记：

本文初稿作为第五届古代墓葬美术研究国际学术会议的参会论文，会下得到巫鸿先生的修改建议。定稿形成后，又承蒙鸿师百忙当中通读全文，为我把守最后一关。此外还要感谢庄程恒、梁韵彦、曹锐三位学棣为我提供和查实相关资料。

注释：

[1] 其中，陈闳主绘御容及帝所乘照夜白马，吴道子主绘桥梁、山水、车舆、人物及器仗、幕等，韦无忝主绘狗马、驴骡、牛羊、橐驼之属，时谓三绝。事见郭若虚《图画见闻志》卷五（于安澜：《画史丛书》一册，上海人民美术出版社，1962年，第69—70页）。

[2] 相关问题，笔者曾在2017年举办的第五届中国古代墓葬美术研究国际学术讨论会上作过初步的讨论。目前，这项研究还有待进一步深入。

[3] 郑州市文物考古研究所、登封市文物局：《河南登封黑山沟宋代壁画墓》，载《文物》2001年第10期。

[4] 郑州市文物考古研究所、新密市博物馆：《河南新密市平陌宋代壁画墓》，载《文物》1998年第12期。

[5] 考古报告疑其为“赖”字的误笔。

[6] 1108年。

[7] 郑州市文物考古研究所：《郑州宋金壁画墓》，科学出版社，2005年，第41—54页。

[8] 长治市博物馆：《山西长子县小关村金代纪年壁画墓》，载《文物》2008年第10期。

[9] 原报告对这段画面的描述是“桥上绘一女子带领墓主夫妇，手托册封供物走于桥中”，可备参考。

[10] 这种捧有“寿山”的仪式画面，在宋金丧葬美术遗迹中已有所见。如：发现于河南孟津的北宋张君墓画像石棺，棺身前挡上方和两帮前半部分，皆以阴线刻绘手持幡杖、果盘、宝瓶等物，护从墓主夫妇行于云上的仙女仪仗，其中即有一女手捧着“寿山”（见黄明兰、宫大中：《洛阳北宋张君墓画像石棺》，载《文物》1984年第7期）；发现于山西长治安昌村的一座金代砖雕中的一幅“发丧图”画中，跟在举幡人物背后者手中亦捧有“寿山”（见商彤流：《长治安昌村出土的金代墓葬》，载《艺术史研究》第6辑，中山大学出版社，2004年，第407—420页）。

[11] 四川省文物考古研究所等：《泸县宋墓》，文物出版社，2004年，第137—143页。

[12] 见四川省文物考古研究院、广安市文物管理所、华蓥市文物管理所：《华蓥安丙墓》，文物出版社，2008年，第21页，图版一一之1。

[13] 郑州市文物考古研究所、登封市文物局：《登封高村壁画墓清理简报》，载《中原文物》2004年

第5期。

[14] 郑州市文物考古研究院、登封市文物局：《河南登封唐庄宋代壁画墓发掘简报》，载《文物》2012年第9期。

[15] 王进先：《长治市西白村宋代壁画墓发掘简报》，载《山西省考古学会论文集》（三），山西古籍出版社，2000年，第131—137页。

[16] 王进先：《长治宋金元墓室建筑艺术研究》，文物出版社，2015年。

[17] 见黄明兰、宫大中：《洛阳北宋张君墓画像石棺》，载《文物》1984年第7期，图26。

[18] 郑岩、贾德：《北宋画像石棺述要》，载《安丘文史资料》第9辑，1993年，内部发行，第101—107、197页；王树村：《浮雕人物的石棺》，载《历史文物》第十二卷第四期，台北，2002年，No.105。

[19] 原报告称其为两名“儒士”，但从其头戴莲冠、身被大袖袍服的装束情况看，与北壁的两名执莲“道士”并无明显的不同，故也不排除是两名道士的可能性。

[20] 郑岩、贾德民：《宋画像石棺述要》，载《安丘文史资料》第9辑，内部发行，1993年，第101—107、197页；王树村：《浮雕人物的石棺》，载《历史文物》第十二卷第四期，台北，2002年，No.105。

[21] 这类装饰题材或许源自当时的采莲队戏。

[22] 参见全佛编辑部：《佛教的法器》第五章“头巾（僧帽）”，中国社会科学出版社，2003年，第104—105页。

[23] 释道诚：《释氏要览》卷下“头巾”条称“《增辉记》云：僧无冠经，或用头巾，当以全幅褐布。杜氏呼布帽。用布五尺三寸，后长二尺五寸，面前长二尺八寸，折定后两幅边缝其半，微衬两角。以圆上面前，酌量从额际直破下开出眼鼻口，不得绝开，又不得小，皆正缝缠之”（《大正藏》第54册，No.2127），估计就是我们平常所见前高后低的志公帽。

[24] 马令：《南唐书》卷五，载《景印文渊阁四库全书》第464册，台湾商务印书馆，1983年，第271页。

[25] 苏轼撰、王文诰辑注、凡礼点校：《苏轼诗集》卷四十七《成伯家宴戏作》，中华书局，182年，第2528页。

[26] 王实甫著、王季思校注：《西厢记》第二本《崔莺莺夜听琴杂剧（第二折）》，上海古籍出版社，1996年，第55页。

[27] 何鸿：《从僧帽壶瓷器看汉藏文化交流》，载《荣宝斋》2011年第5期。

[28] 释志磐：《佛祖统纪·卷第二十八·净土立教志·第十二之三》，载《大正藏》第49册，No.2035。

[29] 郭湖生、戚德耀、李容淦：《河南巩县宋陵调查》，载《考古》1964年第11期；有关该墓的详细情况，可参看孙生、傅永魁等《宋太宗元德李后陵发掘报告》（《华夏考古》1988年第3期）。秦大树先生指出：“李后陵和永熙陵在天象图下安排宫殿楼阁的布局应是上承五代而又有变化。”（见

秦大树《〈北宋皇陵〉评介》，载《文物》1998年第7期。）

[30] 陆游《放翁家训》即说道："升济神明之说，惟佛经。黄老之学,本于清净自然，地狱天宫何尝言及，黄冠辈见僧获利，从而效之。送魂登天，代天肆赦；鼎釜油煎，谓之炼度；交梨火枣，用以为修，可笑者甚多。"（陆游：《放翁家训》，载《丛书集成初编》第0974册，中华书局，1985年，第1页）

[31] 黄士珊：《从〈道藏〉的"图"谈宋代道教仪式的空间性与物质性》，载《艺术史研究》第13辑，中山大学出版社，2011年，第45—74页；相关研究又见：Shih-shan Susan Huang, *Picturing the True Form: Daoist Visual Culture in Traditional China*, Harvard University Asia Center,Cambridge (Massachusetts) and London 2012,pp.189-280。

[32] 张读：《宣室志》卷四，中华书局，1985年，第34—35页。

[33] 段成式撰、许逸民校笺：《酉阳杂俎校笺》第1册前集卷二"玉格"，中华书局，2015年，第216页。

[34] 彭乘撰、孔凡礼点校：《续墨客挥犀》卷五，中华书局，2002年，第470—471页。

[35] 藏川述：《佛说地藏菩萨发心因缘十王经》《佛说预修十王生七经》，载《卍新续藏》第1册，No.20、21，CBETA电子佛典2014.04。

[36] 有关《十王经》中所融汇的印度佛教文化元素与中国本土文化元素问题，可参看：Stephen F. Teiser,"The Growth of Purgatory," *Religion and Society in T'ang and Sung China*, Edited by Patricia Buckley Ebrey and Peter N.Gregory,Honolulu:University of Hawai'i Press,1993,pp.115-45。

[37] 相关石窟造像遗迹的发现材料，参见田军《地藏菩萨及其信仰》（载《紫禁城》1999年第3期）、张总《十王地藏经图续说》（载《2009年中国重庆大足石刻国际学术研讨会论文集》，重庆出版社，2013年，第578—581页）、张总《四川绵阳北山院地藏十王龛像》（载《敦煌辑刊》2008年第4期），等等。

[38] 佛经当中涉及"十念"的很多，概念差异较大，此处的"十念"则是最为常见的往生净土十念，即反复称名"南无阿弥陀佛"。有关"十念"意涵的讨论，可参看王三庆《十念文研究》（载《敦煌研究》2014年第3期）。

[39] 善导：《观无量寿佛经疏》卷四，载《大正藏》第37册，No.1753，CBETA电子佛典2014.04。

[40] 苏东坡《画阿弥陀佛像偈（并序）》曰："钱塘元照律师，普劝道俗归诚西方极乐世界。眉山苏轼，敬舍亡母蜀郡太君程氏簪珥遗物，命匠胡锡画阿弥陀佛像，追荐冥福。以偈颂曰：佛以大圆觉，充满十方界；我以颠倒想，出没生死中。云何以一念，得往生净土；我造无始业，一念便有余？既从一念生，还从一念灭；生灭灭尽处，则我与佛同。如投水海中，如风中鼓橐；虽有大智，亦不能分别。愿我先父母，及一切众生，在处为西方，所遇皆极乐；人人无量寿，无去亦无来。"（释宗晓：《乐邦文类》五，载《大正藏》第47册，No.1969A, CBETA电子佛典2014.04。）

[41] 善导：《观无量寿佛经疏》卷四，《大正藏》第37册，No.1753，CBETA电子佛典2014.04。

[42] 相关研究，可参见成田俊治：《从"善导净土变"到"二河白道图"的展开》，杨曾文译，载2008

年《佛学研究》，第16—20页。

[43] 关于这一点，这里不妨再补充两则唐宋笔记材料以资证明，《酉阳杂俎·金刚经鸠异》记载，唐德宗朝时，山南东道节度使梁崇义驻襄阳，手下部将孙咸暴卒，两宿后复苏，梦见自己身至冥府，见有人因常持《金刚经》，又好食肉，冥司拷定其罪福时，“左边有经数千轴，右边积肉成山，以肉多，将入重论。俄经堆中有火一星，飞向肉山，顷刻销尽，此人遂履空而去”（段成式撰、许逸民校笺：《酉阳杂俎校笺·续集》卷七《金刚经鸠异》，第4册，中华书局，2015年，第1974页）；又据《夷坚丁志》：淮阴一小民丧其女，寒食节时，母亲因为无钱为女儿做佛事超度而卖掉了自己的头发，将要去请僧人的时候，正值五个僧人从门前经过，而其中只有一个僧人对涕泪如雨的妇人动了恻隐之心，为她诵经回向其亡女。待这位僧人拿到钱后，又在茶肆中遇到另外四个僧人，四僧竟扣其所得，邀其买酒共饮。五人就坐，正要举杯畅饮之时，忽闻窗外有女子泣曰：“我乃彼家亡女也，沦滞冥路久，适蒙师课经精专之功，遂得超脱。阎王已敕令受生，文符悉具，但未用印耳。师若饮酒破斋，则前功尽废，实为可惜。能忍俟明日乎？”说是因为那位僧人为她诵经回向，阎王已经给她写好了受生超脱的文告，就差盖印的环节了，可否请师傅们看在自己孤苦无助的份上，暂且忍上一忍，等到明天再喝，否则可就前功弃了（洪迈撰、何卓点校：《夷坚志》第二册，中华书局，1981年，第642页），类似的故事在唐宋时期的《法华灵验》《净土往生传》《新修往生传》等佛教典籍中还保存很多。

[44] 此为长沙大观文化智能科技有限公司提供的馆藏品图像，特此鸣谢。

[45] 藏川：《佛说预修十王生七经》，载《卍新续藏》第 01 册，No.0021，CBETA电佛典2014.04。

[46] 法照：《净土五会念佛诵经观行仪》卷中，载《大正藏》第85册，No.2827，CBETA电子典2014.04。

[47] 胡聘之：《山右石刻丛编·第三册》卷十四，山西人民出版社，1988年，第40—41页。

[48] 法照：《净土五会念佛诵经观行仪》卷下，载《大正藏》第85册，No.2827，CBETA电子佛典2014.04。

[49] 释道诚《释氏要览》卷下云：“盂兰盆，此释子申孝、报恩、救苦之要，以目连救母为始也。梵语盂兰，此云救倒悬也；盆则此方器也。……义净云：盂兰者，西域之语。此云救倒悬，即饥虚危苦，谓之倒悬也。盆乃东夏之音，此则救苦之器，所以仰大众之恩光，救倒悬之窘急。此从义以制名也。”（《大正藏》第54册，No.2127）另见Derk Bodde, tran.,*Annual Customs and Festivals in Peking*, Peking:1936,p.62。

[50] 竺法护译：《佛说盂兰盆经》，载《大正藏》第16册，No.0685，CBETA电子佛典2014.04。

[51] 释志磐：《佛祖统纪·卷三十三·法门光显志第十六·水陆斋》，载《大正藏》第49册，No.2035，CBETA子佛典2014.04。

[52] 李延寿：《北史·卷八十·列传·第六十八》，第9册，中华书局，1974年，第2688页。

[53] 魏收：《魏书·卷九十四·列传·第八十二》，第6册，中华书局，1974年，第2032页。

[54] 芮沃寿（Arthur F.Wright）认为：与唐代社会大不相同，宋代以降的社会，佛教逐渐被本土传统所挪

用，而且日益走向式微。见：Arthur F.Wright,*Buddhism in Chinese History*,Stanford University Press. Stanford,California:London:Oxford University Press,1959,P.94。

[55] Stephen F.Teiser,*The Festival in Medieval China*,New Jersey:Prineton University Press,1988,pp.196–213.

[56] 姚崇新：《药师与地藏——以大足北山佛湾第 279、281号龛造像为中心》，载《2009年中国重庆大足石刻国际学术研讨会论文集》，重庆出版社，2013年，第269页。

[57] 藏川述《佛说地藏菩萨发心因缘十王经》《佛说预修十王生七经》，载《卍新续藏》第1册，No.20、21，CBETA电子佛典2014.04。

[58] 可参看杜斗城：《敦煌本佛说十王经校录研究》，甘肃教育出版社，1989年。

[59] Jao Tsong-yi(饶宗颐)and Paul Demiéville,"Airs de Touen-houang(敦煌曲):Textes à chanter des VIIIe–Xe siècles,"*Manuscrits Reproduits en fac-similé Descriptionmatérielle*:Vol.1,Paris:Éditios du Centre national de la recherche scientifique,1971,p.26;Review by: D. Holzman, *T'oung Pao*, Second Series,Vol.61,Livr.1/3(1975), pp.169–176.

[60] 关于请僧、斋僧的数量，太史文（Stephen F.Teiser）教授这里依据的是有关十王供的敦煌文献资料。不过，来自中国南方地区的相关资料表明，当时世俗中人为求往生西方，免受地狱苦，弥留之际的法事活动常请僧、斋僧多达百人。如《佛祖统纪》卷二十八《净土立教志》第十二之三所载：仁和县郭氏妙圆，生前“尝往寺中建系念会，作百僧斋庄严净土”；四明人孙忠“后于病中请道俗百人凿念”。（《大正藏》第49册，No.2035，CBETA电子佛典2014.04）

[61] Stephen F. Teiser,"The Scripture on the Ten Kings and the Making of Purgatory in Medieval Chinese Buddhism," *Karoda Institute Studies in East Asian Buddhism*,Vol.9,Honolulu: University of Hawai'i Press,1994,pp.20–30.

[62] 石守谦：《有关地狱十王图与其东传日本的几个问题》，载《历史语言研究所集刊》第十六期，1984年3月，第582页。

[63] 竺沙雅章：《宋元佛教文化史研究》第三部《宋代の社会と宗教》，汲古书院，2000年，第452—457页。

[64] 释道诚集：《释氏要览》卷下，《大正藏》第54册，No.2127，CBETA电子佛典2014.04。

[65] 即“中阴”。

[66] 同注[64]。另外，有关这类幢幡与佛教文化的关联，及其后来在各种道教威仪中的复杂形态结构，可参看：Shih-shan Susan Huang, *Picturing the True Form:Daoist Visual Culture in Traditional China*, pp.214–221。

[67] 释道诚集：《释氏要览》卷下，载《大正藏》第54册，No.2127，CBETA电子佛典2014.04。

[68] 此为梵语“gàthà”的音译，意“偈颂”。

[69] 释道诚集：《释氏要览》卷下，载《大正藏》第54册，No.2127，CBETA电子典2014.04。

[70] 见李心传《建炎以来系年要录》卷一八“绍兴七年正月”之“戊子”与“己丑”条，载《景印文渊阁四库全书》第326册，台湾商务印书馆，1984年，第485页。

[71] 徐松：《宋会要辑稿·礼二十九》，卷7347，中华书局，1957年影印本，第1074页。

[72] 同上，“礼二十九”，卷7348，第1091页。

[73] 司马光：《司马氏书仪》卷五《魂帛》，中华书局，1985年，第54页。

[74] 《国论要目·明礼》曰：“丧礼尽用释氏，独三年日月则类古矣。”（蔡襄撰、吴以宁点校：《蔡襄集》卷十八，上海古籍出版社，1996年，第375页）

[75] 朱熹：《朱文公文集·卷八十三·跋向伯元遗戒》，载《四部丛刊》初编本，上海商务印书馆缩印明刊本，第1510页。

[76] 脱脱：《宋史·卷一百二十五·志七十八·礼二十八·凶礼四·士庶人丧礼》，中华书局，1977年，第2917页。

[77] 俞文豹：《吹剑录外集》，载《景印文渊阁四库全书》第865册，台湾商务印书馆，1983年，第499页上。

[78] 同上。

[79] 吕品：《河南荥阳北宋石棺线画考》，载《中原文物》1983年第4期。

[80] Hsueh-man Shen,"Tombs at the Crossroads of the Worlds of the Living and the Dead," *Tenth-century China and Beyon: Art and Visual Culture in a Multi-centered Age*, Edited by Wu Hung, Chicago: Center for the Art of East Asia Symposia, University of Chicago,2012, pp.150-178.

[81] 郑州市文物考古研究院、荥阳市文物保护管理所：《荥阳槐壁画墓发掘简报》，载《中原文物》2008年第5期；另见徐光冀主编：《中国出土壁画全集5·河南》，科学出版社，2012年，第180—181页，图167。

[82] 释志磐：《佛祖统纪》卷二十八《净土立教志》第十二之三，载《大正藏》第49册，No.2035，CBETA电子佛典2014.04。

[83] 商彤流：《长治安昌村出土的代墓葬》，载《艺术史研究》第6辑，中山大学出版社，2004年，第407—420页。

[84] 照片所示为2014年1月6日广东省惠来县海埕村庄氏为亡亲举行头七功德仪式之“挑经过桥”的表演场面，仪式活动主要由分别扮演佛、僧和挑经者的三名角色和后方的乐队构成。感谢学棣庄程恒博士为本文提供这一珍贵的图像资料。

[85] 《佛学大辞典》“毗卢”条曰：“今僧人于七月中元结盂兰盆会，首座僧装为毗卢，诵经施食，戴毗卢帽。因帽有毗卢佛小像，故名。”又“毗卢帽”条曰：“黄檗僧所用之帽子也。”（见丁福保编纂：《佛学大辞典》，文物出版社，1984年，第801页）

[86] （传）僧少康、僧文谂：《往生西方净土瑞应传》卷二，载《大正新修大藏经》第1册，No.2070，CBETA电子佛典2014.04。

[87] 同上。此事又见于《酉阳杂俎校笺·续集》卷七《金刚经鸠异》（中华书局，2015年，第1984页）。

[88] 释志磐：《佛祖统纪》卷二十八《净土立教志》第十二之三，载《大正藏》第49册，No.2035，

CBET电子佛典2014.04。

［89］同上。

［90］释志磐：《佛祖统纪》卷二十八《净土立教志》第十二之三，载《大正藏》第49册，No.205，CBEA电子佛典214.04。

［91］同上。

［92］同上。

［93］祩宏：《往生集》卷二，载《大正新修大藏经》第51册，No.2072，CBETA电子佛典2014.04。

［94］释志磐：《佛祖统纪》卷二十八《净土立教志》第十二之三，载《大正藏》第49册，No.2035，CBETA电子佛典2014.04。

［95］同上。

［96］同上。

［97］有关道教黄箓斋醮仪式以及拔度灵科仪中的视觉化与物质化呈现方式问题，前引黄士珊（Shih-shan Susan Huang）《从〈道藏〉的“图”谈宋代道教仪式的空间性与物质性》一文，及其著作之四、五两章，即已作出了清晰的揭示和阐述。

［98］任宗权：《道教科仪概览》，宗教文化出版社，2012年，第306页。承梁韵彦学棣查获、见告此条材料，谨致谢忱。

［99］韦国忠、瞿鸿生：《乡野韶乐》，云南民族出版社，2006年，第485—486页。承梁韵彦学棣查获、见告此条材料，谨致谢忱。

［100］反映在墓葬美术中的这一总体变迁趋势问题，可参看拙文《佛教改变了什么——来自五代宋辽金墓葬美术的观察》，载《古代墓葬美术研究》第四辑，湖南美术出版社，2017年，第242—277页。

多重祈愿
——宋金墓葬中的宗教类图像组合

邓 菲
复旦大学

近年来，河南、山西、山东、河北、陕西等地相继发现了大量宋金时期的仿木构砖室墓。建墓者采用独特的方式建造并模仿现实建筑样式的生活空间，利用墓砖以及墓壁上的彩绘表现木构建筑元素以及家具陈设，另外还描绘出墓主家居生活的场景，充满了浓厚的生活气息。此类墓是宋金时期北方地区最具代表性的墓葬类型，也因其形制、装饰在学界颇受关注，国内外相继出现了与之相关的诸多研究。[1]学者们更是格外重视墓内的图像内容，大部分研究都将墓葬中特定的装饰题材作为主题进行图像学的分析，其中最受关注的题材包括墓主画像、散乐杂剧、孝子故事和妇人启门等几类。[2]

除了常见的世俗生活场景，宋金时期的仿木构砖室墓中还包括了一些与宗教信仰相关的图像题材，例如表现佛、菩萨、仙人的宗教偶像类，或是僧人、道士等宗教人士类。这些题材虽然有趣，但却表现多样，收集起来较为零散，目前有关它们的研究也相对有限。霍杰娜、冉万里、李清泉等学者对宋辽金墓中的佛教因素进行了观察、探讨，他们都指出唐五代以来，墓葬中的宗教因素，尤其是佛教元素，日益增多，表明了丧葬观念也在发生着某种变化。[3]本文将从该类题材入手，尝试通过解读特定的图像组合，来探讨宗教对于墓葬的影响，进而理解考古材料所体现的有关冥世的多元信仰。

一、宗教类题材及组合

包含道释人物、场景的题材主要出现于北宋中晚期的豫中、豫西北以及金代晋东南等地的仿木构砖室墓中，具有一定的区域特征。不少墓葬内壁上都饰有与宗教信仰有关的图像，或在墓壁上表现佛、菩萨、力士等形象，或描绘僧侣送葬、诵经念佛等场景（图1）。例如，河南登封黑山沟宋墓、登封唐庄二号宋墓、新密下河庄宋墓、荥阳槐西宋墓、济源东石露头村宋墓、登封王上村金墓等墓例中都发现了此类题材。还有的墓中画出仙人引导墓主飞升的场面，展现出天界的景象（图2），如河南新密平陌宋墓、登封高村宋墓、山西长子小关村金墓、长子南沟金墓、长治南垂村金墓等。该时期的装饰墓内还常见飞天、云鹤、莲花等原本与宗教相关的图案，它们多位于墓顶、拱眼壁等处。比如河南巩义元德李后陵、安阳小南海宋墓、林县一中宋墓、焦作宋冀闰墓、林县金墓等都可见类似的装饰元素。另外，部分佛教艺术题材也直接出现在墓室装饰中，例如陕西韩城盘乐村宋墓的墓室东壁上绘有涅槃图，描绘了床榻上右胁而卧入灭的释迦牟尼以及哀悼的弟子（图 3）。[4] 上述题材虽类型、内容不尽相同，但都与宋金时期的死亡观有关。由于人们普遍相信冥世的存在，才会以视觉化的形式将想象的死后世界呈现在地下墓葬之中。

图1 河南荥阳槐西宋墓西壁彩绘（采自徐光冀等主编《中国出土壁画全集5·河南》，第183页，图169）

图2 河南登封高村宋墓南壁上部壁画（采自郑州市文物考古研究所《郑州宋金壁画墓》，第84页，图108）

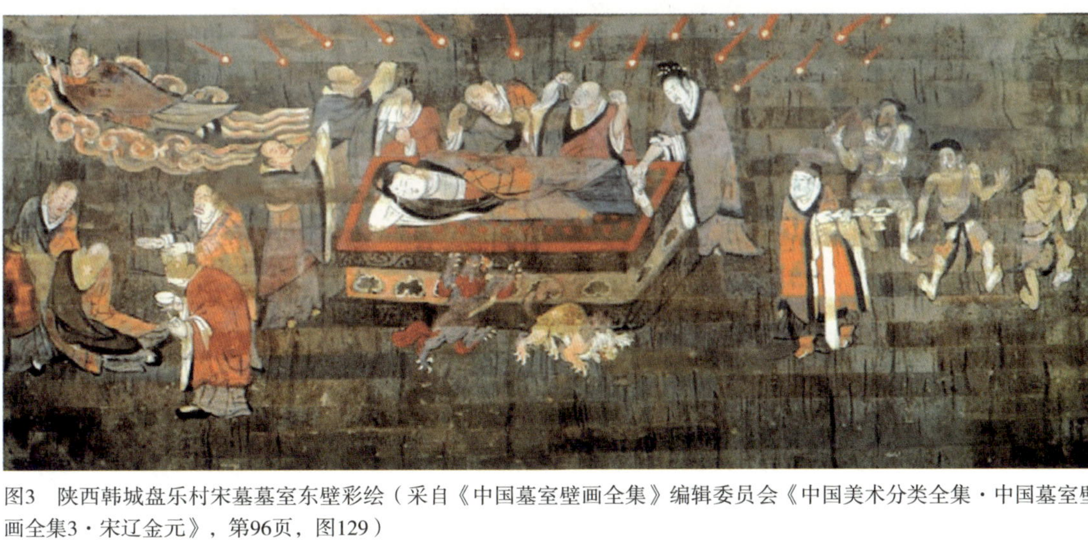

图3 陕西韩城盘乐村宋墓墓室东壁彩绘（采自《中国墓室壁画全集》编辑委员会《中国美术分类全集·中国墓室壁画全集3·宋辽金元》，第96页，图129）

这些图像在墓中出现时，其组合形式和位置常具有特定的规律。河南登封唐庄二号宋墓为此提供了一个典型的案例。该墓为六角形仿木构单室墓，顶部为攒尖顶，壁面砌立柱、斗拱、阑额等建筑结构元素，将墓室内壁分为上下两部分，遍施彩绘。下部画一系列家居生活场景：西南壁为备宴图，西北壁绘对饮图，北壁为启门场景，东北壁表现起居生活，东南壁上绘幔帐、组绶，帐下砖砌一耳室。墓壁上部绘成组的道释人物，皆立于云端（图 4）：南壁画两僧人身着袈裟，双手击钹；西南壁绘两道士双手执笏，左者头插簪饰，留胡须，右者头戴莲花冠；西北壁似表现墓主夫妇立于云中，男子头戴黑色无脚幞头，着团领窄袖袍，右侧女子梳高髻，身着宽袖褙子，二人双手合拢于胸前，做虔诚姿态；北壁画两道士头戴莲花冠，双手执莲枝；东北壁为身着袈裟的两名僧人，一人双手击钹，另一人手执螺，做奏乐状；东南壁也绘两僧人，双手击钹。[5]

图4　河南登封唐庄二号宋墓墓顶彩绘（采自《文物》2012年第9期，第44页，图28）

唐庄二号宋墓墓壁上下部的图像题材划分明确，下部描绘了世俗生活的各种画面，而墓壁上方则出现成组的佛道人物形象，似为接引墓主的天人。墓室壁面在纵向上具有连续性，暗示了墓主死后的进程或归处。如果我们仔细观察墓室上部的宗教类场景，可以发现如下几个特征：首先，除了西北壁上的墓主夫妇外，这些人物的属性表现出一定的混杂性，佛道皆有；其次，僧道人物都是两两出现，同壁上的人物服饰、姿态相似，手中持物也十分类似；再次，僧道所持之物包括铙钹、莲花等，大多与佛教威仪有关；另外，他们与墓主皆立于云端，表明其身份起到指引亡者归宿的作用。上述特征也可见于河南、山西地区的其他墓例。若干装饰墓在图像内容、题材布局方面都与唐庄二号宋墓十分相似，也都通过宗教人物或天人接引等组合来表达墓主及丧家对于死后世界的美好设想。

二、接引升天

宋金装饰墓中的一些图像题材常被用来表现亡者升天的场景，其中包含了特定的组合元素，同时也体现出接引或飞升的具体进程。我们下面将通过几组图像材料来进行分析、归纳。首先，部分墓中直接绘出墓主端立云间的画面。例如，河南登封高村宋墓在东南、西南壁下部各砌一耳室，耳室两侧各立一名拱手侍女，耳室上方绘一团五彩祥云，祥云上方站立男女两人，从服

图5　河南登封高村宋墓东南壁升仙图（采自郑州市文物考古研究所《郑州宋金壁画墓》，第74页，图92）

图6　河南孟津宋代张君石棺右帮线刻（采自《文物》1984年第7期，第81页，图6）

图7　敦煌藏经洞出土晚唐引路菩萨绢画，S.painting 46，大英博物馆藏

饰来看他们可能为墓主夫妇（图5）。两幅画面都描绘了墓主升天的情景，与之相关的图像还出现在该墓的墓顶部分，各壁皆绘祥云之上的天人，有的手持灵幡、拂尘或双手捧盘，有的带有头光。[6]这些云中天人似乎与墓壁上所绘的亡者升天图相互呼应，强调了亡者所前往的神仙世界。升天的祈愿有时也体现为文图结合的形式。例如，在山西襄汾地区发现的杨氏家族墓中，墓壁上绘有六位墓主画像，每幅画像旁都配有榜题，墨书有“杨大爷早升天界”等文字，明确表达出期盼墓主飞升天界的美好愿望。[7]

其次，升天过程之中常需仙人导引。例如，河南孟津出土的北宋张君石棺（1106年）在两侧棺帮均表现了一组面向石棺前挡行进的人物，最前方引领者为手持灵幡的仙女，身后跟随手捧供品、香花的仙女，周围云气缭绕，仙鹤在上空飞翔（图6）。行进的人物之后为成组、小幅的孝子故事图像。[8]从人物的姿态来看，这些持幡的仙女可与敦煌藏经洞发现的唐五代时期引路菩萨绢画（图7）相比较。后者在唐

图8　河南孟津张君石棺前挡上部装饰线描图（采自《文物》1984年第7期，第81页，图4）

宋之际由于净土宗的兴起而流行，用以导引亡者往生极乐。[9]张君石棺上手持灵幡的女子也应是接引亡者之人，只是所展现的语境稍有不同。石棺上整个行列前行的目的地指向石棺的前挡。前挡上刻一门户，门扉半掩，中间有一名女子启门而出。门上方线刻多个人物：最前方再次出现持幡的仙女，后面紧随一位老者，榜题“一翁”；其身后为捧物的仙女，一位老妇跟随其后，旁边题“二婆”；最后立一仙女（图8）。整组人物的足下云气缭绕，大致可判断为仙人引导墓主二人升天的场景。

河南登封黑山沟宋墓（1097年）的墓顶壁画相对完整地展现出升天意象的各部分图像组合。如果我们由南至北按顺时针方向观看的话，首先，南壁的垂花装饰与斗拱之间画一座云中拱桥，饰有望柱、扶手、华板，桥上立两名手持灵幡的仙女，头梳高髻，衣着交领阔袖襦，下束裙（图9）。旁边的东南壁、东壁、东北壁绘成对的云上仙人，手中分别持有灵幡、铙钹、莲枝。北壁上画一座庑殿顶天宫，似乎为仙人导引行列所前往的终点。西北壁则直接绘出立于云端的墓主夫妇二人，展现出亡者与天宫的直接关联。另外，西壁描绘一菩萨端坐于五彩祥云中，头戴花冠，身饰璎珞，身后可见头光及背光（图10）。[10]接引者同样出现了佛道混杂的现象。围绕墓顶一周的图像组合不仅刻画出接引的仙人、飞升的亡者，同时还描绘了仙人持幡过桥以及代表最终归处的天宫楼阁。

图9　河南登封黑山沟宋墓南侧天顶（采自郑州市文物考古研究所《郑州宋金壁画墓》，第109页，图139）

图10　河南登封黑山沟宋墓西侧天顶（采自郑州市文物考古研究所《郑州宋金壁画墓》，第106页，图133）

如上所示，过桥的场景也常常代表了亡者在死后世界中的过渡。李清泉将这种桥的母题称为连接、跨越现实与非现实空间的符号。[11]唐宋以来，佛教世俗化而来的奈何桥以及道教科仪中通天桥的观念渗入世俗的丧葬理念，使得不少宋金时期的墓葬中都出现了此类的仙桥场景。

例如，湖南岳阳茆山宋墓的北壁上就砌出“过仙桥”与北室相通。[12]河南新密平陌宋墓的东北壁上部也表现出仙人接引亡者过桥的图像组合，画面正中绘一座云中拱桥，桥上有八人缓缓行进。最前方为接引仙人，手捧光芒四射的方匣，被一些学者认定为经箱。第二人执灵幡。此二人皆头梳高髻，身着团领阔袖襦。其后为墓主夫妇二人，皆合掌于胸前。他们身后跟随另一持幢仙女及三名手捧不同物品的女子（图 11）。[13]该幅画面包括接引人物、持幡、过桥等不同元素，而整组人物行进的终点正是位于画面左侧的北壁天顶，其上绘三座重檐歇山顶门楼，楼前祥云环绕，楼后瑞光四射，象征着仙界楼宇（图 12）。

图11 河南新密平陌宋墓墓顶东北侧壁画（采自郑州市文物考古研究所《郑州宋金壁画墓》，第49页，图64）

图12 河南新密平陌宋墓墓顶北侧壁画（采自郑州市文物考古研究所《郑州宋金壁画墓》，第48页，图63）

类似的图像组合同样见于晋东南地区的金墓。山西长子小关村金墓（1174 年）在南壁阑额以下的位置绘出两幅仙人接引墓主夫妇图像。东侧画面绘一女仙持幡引路，身后一女仙手中捧物，之后表现墓主夫妇二人，手持念珠，女性墓主手牵一男童，其后绘二男子，立于大树前，一人为持长枪的武士，另一人貌似钟馗。西侧画桥梁，红色栏杆，四周祥云缭绕，桥下流水，桥上一女子引领墓主夫妇，二人手托供物过桥，桥头绘双手持物的武士与钟馗形象的人物，正等待接引（图 13）。[14]该墓中的接引图像与黑山沟宋墓、平陌宋墓大体相近，都包括了灵幡、仙桥、供物等元素，也都暗示着墓主夫妇前往最终归处的冥界之旅。有趣的是，在引领亡者的行列中还加入了武士及貌似钟馗的男子。他们的身份与作用为何，仍有待进一步的探讨，但这些人物在接引场景中的出现，也反映出死后观念的复杂性与丰富性。

图13 山西长子小关村金墓南壁西侧上部壁画（采自《文物》2008年第10期，第64页，图10）

除上述图像题材外，往生接引的场景中有

时还包括僧人诵经、作乐的内容，它们又与现实丧葬活动中的佛道仪轨有关。这类由僧侣主导的活动在当时被称为“资冥福”，是宋金时期民间常见的丧葬仪式类型。[15]士庶家庭常请僧侣作法事，设置佛坛诵经，供养水陆道场，主要目的是为了超度亡者。司马光曾云：

世俗信浮屠，以初死七日，至七七日、百日、小祥大祥，必作道场功德，则灭罪升天，否则入地狱，受到锉烧舂磨之苦。[16]

“资冥福”融合了佛教仪轨与世俗丧葬仪式，在当时成为流行的丧葬习俗。这类活动一方面直接影响了墓葬内容，使得墓中也有对僧人手持铙钹、出葬导引等场景的具体表现。[17]另一方面，由于僧侣作法具有超度亡魂等功用，也丰富了时人的往生观念，将相关活动与接引升天图联系起来，共同表现墓主灵魂升天的过程。上文已提到，登封唐庄二号宋墓的天顶部分绘六幅天人接引图，其中南壁、东北壁、东南壁上各绘两名僧人立于云间，身披袈裟，双手击钹或执螺（图 14）。[18]僧侣手持铙钹、法螺的画面，既与丧仪作法有关，又成为接引过程的重要符号，具有双重的内涵。然而，不论它们是作为丧葬仪式的体现，还是对死后世界的想象，其用意显然都是企盼逝者免罪往生、顺利升天。

图14 河南登封唐庄二号宋墓西北壁天顶（采自《文物》2012年第9期，第44页，图26）

山西长治南垂村金墓中提供了一个气势恢宏的云桥引渡场景，包含了上述所有的图像元素：持幡天人、云中拱桥、作乐僧人、捧物仙女。该墓南壁的墓门上部画一座装饰精美的桥梁，祥云缭绕，桥上人物通行，桥下江水翻腾，有人在水中挣扎。桥左侧的前部为众僧尼，手持铙钹，正在进行丧仪作法；桥中部画二仙女持幡，而仙女持物，正中为墓主夫妇二人，双手合十于胸前，其后跟随着手持华盖及捧物的女仙，整个场景声势浩大（图 15）。而在墓室北壁上方相同的位置绘有墓主夫妇像，上有帷幔，下为一桌二椅，夫妇相对而坐，身旁各立一侍者（图 16）。[19]不同于其他的墓主画像，该图下方绘云头纹，似乎表现了祥云缭绕的景象。

如果我们联系这两个画面，可以将其大致解读为墓主夫妇在作法僧尼的带领下，跟随着手持灵幡的接引仙人，通过云桥，最终去往美好、祥和的神仙世界。

图15　长治东郊南垂村金墓南壁上部（采自徐光冀等主编《中国出土壁画全集2·山西》，第141页，图134）

图16　长治东郊南垂村金墓北壁上部（采自徐光冀等主编《中国出土壁画全集2·山西》，第142页，图135）

三、往生净土

如上所述，宋金墓葬内表现接引升天的图像中常包含与佛教信仰相关的因素。首先，带有头光的佛、菩萨皆为佛教中的神明。其次，接引天人多作僧人打扮，他们手持的魂幡、莲枝、铙钹、法螺也都具有佛教意涵。另外，僧尼作法的场景既属于佛教威仪，又与往生观念紧密相关，是丧葬仪式、冥世信仰的双重视觉表达。虽然这些场景中还流露出各种宗教观念的融汇，但墓中的佛教影响不容忽视，而且佛教因素之间还显示出内在的“系统性关联”，带有佛教文化的深刻烙印。[20]

山东安丘雷家清河村出土的绍圣三年（1096年）石棺提供了一个期盼亡者早升天界的力证，并在题记中写明其崇佛的经历。该棺由巨石雕凿，整体呈殿堂式，南壁明间上部的位置雕刻两位立于云端的老者，右下方表现五人，前三人跪拜，后两人站立仰视。在画面的左下方刻有榜题“此是儿女忽见父母尊灵乘云而去瞻仰礼敬之处”，正是对图像的解释。同时，在该石棺南壁东次间上部的题记中还写到：

……先考讳琏，少年崇释，常持慈悲，抄讼（颂）金经，莫知其数，年五十有七而终身矣。先妣史氏，生子五人，长男荣，次男温，三男琮，四男增。寿仁遂于住宅西建立万佛堂一所，永为供养。男五郎早亡，女大娘适事朱真。慈母在日，尚修功德，特舍财镌石像佛九尊，迎□于李仗镇东西二僧院并只漆村僧院，安置讫，请僧转《妙法莲花经》一藏，所修功德，不可量数。洎年八十有三，令荣造棺，命工于山选石为室。至来岁正月末旬八日，忽大限至，而乃亟焉殓葬于内，以为棺椁。荣尚难报劬劳之苦，酬□养育之恩，心中思之，何日忘□，聊录此功德，伏愿尊灵早上天界。题于棺之侧永记之。

大宋绍圣三年六月二十八日胡荣等建[21]

石棺的主人胡琏夫妇不仅崇佛，还曾舍财造像，修功德。这段文字说明了当时社会丧葬观念的佛教化程度，甚至影响到墓葬的设计与内容。若我们继续追问：亡者尊灵乘云而去究竟前往何地？文中的天界是否指代净土世界？宋金时期的墓葬与文献材料都可为此提供进一步的信息。

河南新密平陌宋墓在天顶的部分不仅描绘了云桥引渡和天宫楼阁，还在另一侧画出“四（泗）洲（州）大圣度翁婆”的场景，表现泗州大圣接引、超度亡故墓主夫妇，二人将前往祥云缭绕的天宫（图 17）。泗州大圣即僧伽和尚，在佛教中国化的过程中，形成了有关其生平的各种灵验故事。僧伽的信仰在唐宋时期普遍流行，其形象具有超度亡者脱离地狱的能力，也因此进入到墓葬艺术之中。[22]不少学者基于此图，将一侧的天宫判定为净土世界，认为墓顶图像是往生净土观念的体现。[23]当然，从泗州大圣和天宫楼阁的组合来看，佛国净土确实为亡者提供了一种可能。距离上述墓例不远的新密下河庄宋墓展现出一个更为明确的佛国世界。在该墓的斗拱以上绘八幅壁画，东北壁已脱落，其余场景皆与僧人的活动有关。尤其是北壁部分，当中画一佛，结跏趺坐于束腰台座之上，背后有佛光。其右侧站一老僧。左侧绘两人，前立一僧，身穿白色袖袍，后一人头戴黑色瓢帽，双手合十于胸前，似是墓主的形象（图 18）。[24]墓顶上方的其他图像虽难以识别，但北壁画面显然试图表现亡者灵魂进入净土天堂的情景。

图17　河南新密平陌宋墓墓顶西北侧壁画（采自郑州市文物考古研究所《郑州宋金壁画墓》，第48页，图62）

图18　河南新密下河宋墓墓顶北侧所绘图像（采自郑州市文物考古研究所《郑州宋金壁画墓》，第38页，图48.1）

如果我们将视线扩展至中原地区以外，其他区域的墓葬也提供了不少辅证材料。墓中的题记或出土地券直接将墓室视为净土。例如，湖北唐镇张家湾宋墓四壁绘莲花、牡丹、竹、菊等花草，西壁上砌一小龛，龛上写有“安养国”的墨书题记。[25]该名称正是西方净土世界的别称，而各壁上遍布的香花，尤其是莲花的图像，又表现了世俗民众所理解的净土意象。李清泉、庄程恒在对五代宋金墓葬美术的考察中，都指出该时段的墓室装饰开始趋向佛教天国化，企图为亡者构建一个地下的净土世界。[26]

另外，在甘肃临夏金墓（1175 年）出土的王吉地券明确指出建墓者祈盼亡者往生净土的美好愿望：

维大金河州廊下寺□家店居住王吉于二月二十日殁故，自辨（办）净财修砖堂一所。卜宅兆四月二十二日迁葬，东至青龙，西至白虎，南至朱雀，北至玄武，见从（存）者寿命延长，亡过者早达西天之路。乙未大定十五年进义校尉王吉。[27]

其中的“亡过者早达西天之路”即指墓主前往西方净土世界。往生佛国世界确实成为中古时期世俗民众追求的目标。《佛祖统纪》等文献所记的关于往生净土的故事，不仅描绘了时人对净土的想象，还叙述了人死后如何可在净土获得重生。[28] 冉万里提出，唐五代以后佛教的地狱观念被人们广泛接受，佛教因素在墓葬中的出现，以及丧葬过程中出现的佛教威仪等，都是为了使亡者免遭地狱之苦，往生净土世界。[29] 正是在佛教信仰的影响下，宋金时期的世俗民众对于净土有着种种想象和祈盼，而这些观念也进入到墓葬的营建中，地下空间的许多图像都是其视觉化的呈现。

四、神仙世界

与隋唐时期的总体情形相比，宋金时期墓葬中的佛教因素十分显著，并且已系统性地渗入到了墓葬空间、装饰、内容的各个方面。然而，墓葬艺术所包含的宗教内容往往是多元的、混杂的，图像题材是该时期理想的世俗生活、宗教观念的融合。我们可否由墓中的佛教元素进而推断，亡者所前往的最终归处就是佛国净土？在很多情况下，答案往往是否定的。仅仅通过与佛教活动或佛教艺术有关的题材、符号、元素，来判断墓葬的宗教属性或是墓主的归宿过于简单直接，可能会忽略墓葬内容所展现出的复杂性。宗教的影响是墓葬中特定图案、图示组合出现的重要原因，但在逐渐渗入墓室空间的过程中，图像未必携带其原有的内涵，而是发展出世俗的、丧葬的新语境。

图19 山西长子南沟金墓墓顶北侧升天图局部（采自《文物》2017年第12期，封面）

在不同的案例中，墓主的终极去处也可能指向了道教的仙境。例如，在山西长子南沟金墓中，墓顶部分表现祥云缭绕的仙境。东、西两壁画出日月，点缀星辰，并勾勒出大朵卷云。南壁绘一条红彩苍龙，身下为各色卷云。北壁顶部画三只红色凤凰腾空而起，一名仙人在前导引，其后为三人，前二人为仙官，头戴通天冠，双手笼于袖内，后一人着圆领白袍，戴朝天幞头，拱手而立，疑为升入天宫的墓主人（图 19）。[30] 从仙人装束和整体的场景来看，接引者更接近于道教的天官形象。

图20　四川彭山虞公著墓东室北壁线描图（采自《考古学报》1985年第3期，第389页，图7）

四川眉山彭山区发现的南宋虞公著夫妇墓（1226 年）中直接表现了蓬莱仙境的主题。该墓为石室墓，两室并列，均呈长方形。两室的图像保存完好，内容包括世俗生活与仙境题材。西室后壁的壁龛内浮雕仙鹤飞翔、仙鹿奔跑的山间景致，崇山峻岭中有亭阁建筑。东室后壁的壁龛内刻画相似的场景，下部波涛翻滚，上部仙山耸立；山下小径迂回，山麓栖息一仙鹤，山下一长者正在登山；山间刻空亭，山顶林中筑一洞室，室门顶上铭刻“蓬莱”二字（图 20）。[31] 整幅画面勾画出仙山胜景，而榜题更是明确指出仙山为“蓬莱”，两室后壁似乎通过图像与文字共同为墓主创造出众仙林立、紫宫琼阁的海上仙山。

亡者还有可能前往洞天福地。在古代中国的信仰中，洞天往往指代道教仙人的洞府，通常被想象为洞窟之中的仙境。[32] 魏晋南北朝以来，经过道教与民间信仰的互相影响、融合，许多名山也被包括进洞府仙境之中，例如十大洞天、三十六小洞天之说在民间影响深远。[33] 民间也以洞天泛指仙人居所，由于仙人常居住在洞府之中，仙人又称洞仙。《云笈七签》中收录一本仙人传记名为《洞仙传》，体现出仙人与洞府之间的紧密关联。[34] 宋辽金时期的墓葬装饰和内容也体现出“洞天”的观念。例如，河北宣化辽墓（位于今张家口宣化区）内壁多饰有云气、水草和仙鹤，结合一座辽墓中的仙人弈棋题材，一些学者将墓内装饰解读为“洞天”的意象，提出它们象征了墓主本人得道升仙的愿望。[35]

山西永和出土的一座金代石棺为墓葬与道教仙境之间的关联提供了另一种线索。该石棺前挡刻有墓志，可知墓主冯荣于金大安三年（1211 年）入葬。整个石棺分部雕造，榫卯扣合。棺身两侧刻画吉祥花鸟，前挡除墓志外，正中表现假门。非常有趣的是，门户当中刻一葫芦形空隙（图 21）。[36] 这一特殊形状的空隙颇具意味，似乎提示着门背后通向的空间。石泰安曾讨论过中国艺术中葫芦的主题与道教之间的关联。“壶天”一词意味着葫芦中的仙境，也指代狭义上的道教仙界或是广义上的神仙世界。[37]道家视壶天为小宇宙，认为壶中别有天地。“壶天”的角度有助于我们理解冯荣石棺上的装饰，假门中的葫芦形空隙或许可将石棺转化为壶中天地，正是通过这样的方式石棺主人才能前往门背后的神仙世界。[38]

图21 山西永和冯荣石棺前挡装饰（采自《文物》1989年第5期，第92页，图4）

宋金时期的墓葬内容展现出不同的宗教面向，与佛国净土或道教仙境之间产生了内涵上的关联。面对这些考古出土的视觉材料，笔者更倾向于认为，在许多情况下，墓中的天界或仙境往往指代了一种广义上的神仙世界。甘肃镇原宋墓（1123 年）直接表明了世俗民众对于墓中天界的理解方式。据出土的墓志砖所述，白氏兄弟二人同心竭力为其父修建“极乐之宫”“蓬莱之洞”。[39]极乐之宫指代佛教净土的极乐世界，而蓬莱之洞又与道教仙境有关，二者皆为天人所居。白氏兄弟通过将墓葬命名为这两处乐土，也希望其父可以在死后早登极乐、游访仙府。此处佛道观念的杂糅显而易见。

另外，带有道教与民间信仰色彩的八仙，也出现在晋南地区金墓的墓顶之上。侯马董氏墓以及该地区发现的另一座金墓都在内顶的藻井位置砌八仙砖雕，八位神仙的身份基本可以确认，人物组合也大体一致。[40]八仙故事始于唐宋，而其群体组合发展于宋金时期，此后在民间流传甚广。[41]在墓顶上出现的八仙形象更像是一种笼统的神仙群体，暗含着世俗民众的多元崇拜。

在这样的背景之下，河南巩义的北宋太宗元德李后陵、新密平陌宋墓、登封黑山沟宋墓墓顶所绘的天宫楼阁可能并没有具体、明确的宗教指涉，更像是一个广义的、理想化的神仙居所。朱门甲第的云中宫殿符合了唐宋时期人们对于仙境的想象，而墓中常见的妇人启门场景又往往可以与同时期文学作品中描述的上界仙女的形象相对应。[42]亡者正是通过她们的迎接，持幡天人的护佑，渡过云桥，飞升天宫，也就进入了净土、仙府或洞天。

神仙世界与墓葬之间的内在关联还进一步影响了墓内的各种装饰图案。正如李清泉提出的，墓葬装饰自五代以来从模仿自然的天空向宗教观念性的天界演变。[43]许多仿木构砖室墓在内壁与藻井之间的天顶部分绘制祥云、仙鹤、花草等。[44]飞天、火焰纹宝珠、莲花化生等图案也出现在墓室的各个角落。尤其是受到佛教石窟、佛塔中藻井的影响，莲花图案开始大量进入丧葬环境。许多宋金墓葬的墓顶或绘有覆莲图案，或砌有莲花形藻井。例如，河南嵩县北元村宋墓墓顶正中描绘了红色的覆莲图案（图22），外围则表现苍穹之上仙鹤飞翔、祥云缭绕，最外一层画八支折枝牡丹。[45]上述种种装饰作为符号化的表达，虽带有宗教指向的内涵，但已经随着宗教世俗化的进程而不断弱化，着意于将整个墓室塑造得犹如仙境，一片祥和美好。换言之，如此装饰的天界虽源自不同宗教的影响，但更多地只是利用了相关的视觉语汇，保持了丧葬艺术本身的独立发展。

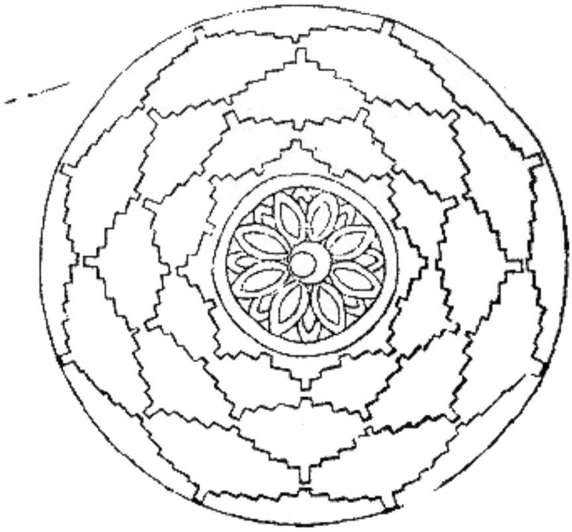

图22　河南嵩县北元村宋墓墓顶装饰图案（采自《中原文物》1987年第3期，第38页，图3）

五、多重祈愿

从考古材料来看，墓葬很早以来就被理解为亡者死后的归处。人死之后魂归墓穴，所葬之处不仅为墓主提供了活动的场所，也在一定程度上限制了其界域。“生死陌路”“幽明理殊”的观念体现在中古以来的墓葬文书或墓志、地券之中。例如，河南登封黑山沟宋墓出土的李守贵买地券中明确写到：

黄天父、后土母、社稷主边买得墓田一所，周流一顷，用钱玖万玖千玖百玖十玖贯文。其地左至青龙，右至白虎，前至朱雀，后至玄武，上至仓天，下至黄泉，陆至分明，各有去处……[46]

成书于金元时期的《大汉原陵秘葬经》属于堪舆类文书，其中也提到了有关亡者的去处。

例如，《建旐旐法篇》中写到：

亡人乐于泉台，生人安于列碧也。[47]

《辨烟神曲路篇》则云：

凡亡灵杳杳冥冥，不明途程，如同梦里，何知去处。亡灵不归墓域，恍惚不定，令生人不安，子孙绝灭，经因入坟不依四折。曲路者，亡灵之路径也。若四神不喜者，麒麟倒走，凤凰逆飞，章光伏剑，玉堂闭墓，故后嗣后凶……天垂菩萨引，亡者梵宫生……奠酒享先宗，陈芳祖敬恭。三曾俱引路，七考盖和同。[48]

《大汉原陵秘葬经》指出亡者应归于泉台，墓域才是逝者应去的处所。然而，冢墓实际只是冥世的一个基本单元，时人似乎也为亡灵提供了更多的选择，比如该段文字还讲到亡者可得菩萨接引，往生佛国。其中的不同说法似乎是传统的堪舆镇墓理念与佛教往生观的融合。

唐宋时期的文学作品更是展现出亡者在死后世界的多种可能，也可证实墓葬与升天、仙境之间的关联。入冥类的志怪故事为我们提供了有关冥世观的丰富信息。[49]需要注意的是，虽然佛教的地狱观念对入冥类叙事有重要的影响，但是与地狱相关的观念却鲜少出现在时人对墓葬的想象中，墓内表现的场景绝非阴森恐怖的地府，而是体现出更加民间化、世俗化的特征。一些以“地仙”模式来理解冥世的志怪小说似乎与墓中的内容更为吻合。例如，《太平广记》卷六十九的《张云容》讲述了薛昭在发配途中，受申元天师指引，进入一个实为坟茔的宫殿之中，得遇三位美姝的经历。在与三位仙女一般的亡者唱和的过程中，薛昭感叹冢墓好似不死之境：

误入宫垣漏网人，月华静洗玉阶尘。自疑飞到蓬莱顶，琼艳三枝半夜春。[50]

三姝中的张云容曾被申元天师传授过迁为“地仙”的秘诀，遇薛昭之后，交精之气而再生，而后与薛生双双脱离坟墓。这个故事不仅将墓比拟为蓬莱之境，还讲述了幽冥世界之中地仙的奇妙之处。

《太平广记》中的《崔炜传》通过描写崔炜的奇遇，讲述崔氏无意中进入南越王古墓，不仅发现该墓犹如神仙洞府一般，另外还被告知墓主南越王并未常居墓中，而是时常游访仙界琼楼。[51]故事透露出墓葬空间与神仙世界之间的模糊界限。[52]仙境和冥界相通，也体现出一种综合的“他界观”[53]。虽然墓葬被视为亡者在冥世的居所，然而他们并不会仅仅停留其中，墓葬绝非死后旅程的终点。[54]

《夷坚志》甲志卷十五《毛氏父祖》也记录了时人对死后世界的想象：

（毛璇）晨起，见亡祖父母、父母四人列坐厅上，衣冠容貌，不殊生人。璇惊拜问曰：“去世已久，安得至此？”皆不答，惟父曰：“见汝无好情况。”因仰视屋太息曰：“汝前程尚远，可宽心。”璇问：“地狱如何？”父曰：“有罪始入耳。吾无罪，当受生，但资次未到。”曰：“既未有所归，还只在坟墓否？”曰：“不然。日间东来西去闲游，惟夜间不可说。近日汝预叶氏墦间祭，我亦在彼。”指门外五通神曰：“神力甚大，闲野之鬼不可入。”又指所事真武曰：“谨事之，死后不入狱，便诣北斗下为弟子。”[55]

这段有趣的文字为我们勾勒出了冥世的具体场景。毛璇与其亡父的对话涉及人死之后的若干问题，提供了一个混杂了多种信仰和观念的答案。首先，该故事不仅提到了佛教中的地狱与重生，同时也涉及道教的真武神，以及民间信仰中的五通神。毛璇与其父都没有根据神祇原本的宗教属性对其进行划分。其次，据该段文字所述，死者通常会停留在墓中，但也会时而闲游。当后人进行墓祭时，亡者会在坟间接受供奉。他们可以回到生人的世界，也会预测后人的命运或为其提供帮助。另外，死者或许有机会成为真武大帝座下弟子，也暗示着他们可能在死后升仙。

虽然堪舆文书、志怪文学所提供的信息并不完全等同于墓葬资料所呈现出的景象，但我们可以从上述的几则文献中找到若干条支持宋金墓葬材料的信息。例如，死者前往墓外世界的观念可以由墓壁上的假门或半启门的图像所证实；而墓中的净土、仙境题材也与迁为“地仙”、往生净土或成为真武弟子的愿望大体相符。这些文献透露出当时流行的丧葬观念，有助于我们了解世俗民众的宗教信仰与实践。[56]《毛氏父祖》中的信息还为人们提供了生者如何安葬亡者、祭祀先人、兼信佛道的具体意见。当丧家在准备实际的葬礼时，一个关键的因素就是为亡者提供死后的幸福家园以及尽可能多种的选择。也正是因为如此，我们常在古代中国的墓葬中看到许多不同的观念与形式交织在一起，共同作用。在丧葬的语境中，实践层面往往优先于观念。换言之，在很多时候，个人信奉的宗教并不重要，重要的是如何正确地提供并实施相关的丧葬礼俗。

另外，这些故事对于墓葬和亡者的叙述似乎都在有意地模糊化，它们并没有清楚地说明人死之后会停留或去往何处。如果死者魂归墓域，那么为何还要设置种种的接引与超度？又若亡魂无罪可以脱离地狱并获得重生的话，那么为何还要提到死后成为真武大帝座下弟子的可能？与此同时，如果死者可以重生的话，那么他们如何继续作为祖先存在，回应后人的供奉与祈求？上述文字仅是涉及冥世故事中的冰山一角，但它们显示出唐宋时期流行观念、葬俗的一个重要特征：有意地模糊、调和不同的信仰，即便叙事在逻辑上存在问题，也并不影响多元崇拜。这也提出了一个问题：我们是否需要寻求有关死后世界的理性框架？

余　论

墓葬材料中包含了不同信仰的融汇。巫鸿在《黄泉下的美术——宏观中国古代墓葬》中提出了墓葬艺术中的根本矛盾：图像题材虽然丰富多样，但这些主题之间缺乏内在的逻辑联系，在组合的过程中形成了一个“多中心”的结构。多元中心的墓葬可以为死者构建若干可供选择的想象界域，包括地下家园、礼仪空间与神仙世界。这些界域之间的关系并不清楚，我们也很难确定亡者最终前往何处。墓葬内容表达出的多重愿望似乎并未困扰墓葬的建造者。他们将不同观念、信仰汇合到一个语境中，融汇的目的不是为了在墓葬中建立对于冥世的系统性阐释，而是尽可能地取悦亡者、庇佑生者。与此同时，这些答案也并非无所不包，它们缺失了可怕的幽冥世界或是地狱观念的内容[57]，选择展现理想化的死后生活，比如家宅宴饮、奉养祭祀、接引升天，从而表达人们对死后安宁和幸福的渴求。

波伊尔（Pascal Boyer）在其专著中讨论了各个文化中宗教存在的不一致性。他指出，在理解神灵、祖先等超自然存在时，没有必要寻求一种广泛意义的、在理论上具有连贯性的表达。[58]蒲慕州也讨论了中国宗教信仰之中的理性架构，提出有关一己之私的宗教并非有组织的、始终如一的教义，而是不同信仰和崇拜的融合，因此会有各种实践可供人们去选择。[59]事实上，相异的信仰和实践可见于不同的地区或社会群体，也总是并存于中国的丧葬礼俗之中。这种复杂性可归结于丧葬传统的不同来源，同时也是儒、释、道与民间信仰合流，渗透到丧葬系统的结果。[60]我们或许可以将丧葬习俗视为一种绳索式的结合，虽然它们由不同股的线索组成，但有一股向心力将所有的线索编结在一起。换言之，这种实践可能是儒释道等多种信仰的融合，但绝非一种简单的折中。它们之所以被组合起来是为了完成一个共同的目标，即满足死者的需求，同时确保生人的利益。

正如郝瑞（Stevan Harrell）在分析现代台湾民间信仰时提出的观点：一方面，人们在形成个人的信仰和实践时，很可能是相对自由的，虽然他们会受到社会习俗、流行观念的影响；另一方面，大多数人并非理论家或哲学家，因此也不会形成一个完整、连贯的信仰体系。[61]实际上，他们很少考虑所信奉观念的逻辑性，而更多地关注实践的功能和效果。这种对于信仰灵验性的考虑与死后世界观之间紧密相关，宋金墓葬中所提供的多种可能性之间并不矛盾。[62]如果宋金时期的民众相信孝行可感通神灵、辅助死者升天，许多人就会在墓中绘制孝子图像，即使他们不确定这种愿望能否真正实现。[63]同样，也不是所有丧家都坚信墓主一定会抵达西天净土或蓬莱仙山，但是他们还是认为这样的葬俗或墓葬营建值得实施，会为整个家族带来福祉，即所谓的“亡者升天界，生者安吉大富贵”。

注释：

[1] 有关宋金时期仿木构砖室墓的重要研究，见秦大树：《宋元明考古》，文物出版社，2004年，第141—145页；易晴：《登封黑山沟宋墓图像研究》，文物出版社，2012年；李清泉：《“一堂家庆”的新意象——宋金时期的墓主夫妇像与唐宋墓葬风气之变》，载《美术学报》2013年第2期；Wei-Cheng Lin,"Underground Wooden Architecture in Brick:A Changed Perspective from Life to Death in 10th-through 13th-Century Northern China, "*Archives of Asian Art*, Vol.61, 2011, pp.3-36；Jeehee Hong,

Theater of the Dead:A Social Turn in hinese Funerary Art, Honolulu:University of Hawai'i Press, 2016。

［2］程义对目前学界有关宋金时期墓葬美术的研究进行了细致的梳理，并依据题材内容做了大致分类。见程义：《宋代墓室壁画研究综述》，载《陕西历史博物馆馆刊》第22辑，三秦出版社，2015年，第211—222页。

［3］霍杰娜：《辽墓中所见佛教因素》，载《文物世界》2002年第3期，第15—20页；冉万里：《宋代丧葬习俗中佛教因素的考古学观察》，载《考古与文物》2009年第4期，第77—85页；刘晓飞：《金代墓饰中的宗教因素》，载《青海民族大学学报》（社会科学版）2011年9月版，第83—88页；李清泉：《佛教改变了什么——来自五代宋辽金墓葬美术的观察》，载《古代墓葬美术研究》第4辑，湖南美术出版社，2017年，第242—277页。

［4］康保成、孙秉君：《陕西韩城宋墓壁画考释》，载《文艺研究》2009年第11期，第79—88、169—171页。图像独立的涅槃图在该时期已经脱离佛教建筑空间，进入了丧葬环境，并与往生、超度等建立起新的联系。相关讨论见李静杰：《中原北方宋辽金时期涅槃图像考察》，载《故宫博物院院刊》2008年第3期；杨效俊：《陕西韩城盘乐村宋墓壁画的象征意义》，载《文博》2015年第5期。

［5］郑州市文物考古研究院、登封市文物局：《河南登封唐庄宋代壁画墓发掘简报》，载《文物》2012年第9期。

［6］郑州市文物考古研究所：《郑州宋金壁画墓》，科学出版社，2005年，第62—88页。

［7］该墓简报并未发表，相关信息参见刘耀辉：《晋南地区宋金墓葬研究》，北京大学硕士学位论文，2002年，第40—41页。

［8］黄明兰、宫大中：《洛阳北宋张君墓画像石棺》，载《文物》1984年第7期。

［9］沙武田：《敦煌引路菩萨像画稿——兼谈“雕空”类画稿与“线刻法”》，载《敦煌研究》2006年第1期。另外，王铭讨论了唐宋时期的引路菩萨及引魂幡，提出幡在净土信仰中是引导亡者往生净土的象征物，唐宋时期出现在丧葬仪式中的引魂幡可视为佛幡供养与儒家旌旗制度合流的产物。见王铭：《菩萨引路：唐宋时期丧葬仪式中的引魂幡》，载《敦煌研究》2014年第1期。

［10］郑州市文物考古研究所：《郑州宋金壁画墓》，科学出版社，2005年，第88—116页。

［11］参见本书李清泉《往生之桥——宋金墓葬美术中的一个“连接”符号及其所承载的一段心史》一文。另见陈锽：《魂舟·魂车·魂桥——图像中的灵魂信仰探讨之三》，载《新美术》2018年第9期。

［12］湖南省文物考古研究所等：《湖南岳阳茆山宋墓发掘简报》，载《文物》2016年第5期。

［13］郑州市文物考古研究所：《郑州宋金壁画墓》，科学出版社，2005年，第41—54页。

［14］长治市博物馆：《山西长县小关村金代纪年壁画墓》，载《文物》2008年第10期。

［15］有关“资冥福”的讨论，见Jeehee Hong, *Theater of the Dead:A Social Turn in Chinese Funerary Art*,Honolulu:University of Hawai'i Press,2016,pp.24–28。

［16］俞文豹：《吹剑录外集》，载《景印文渊阁四库全书》，商务印书馆，1983年，第865册，第499页。

[17] 例如河南荥阳槐西村宋墓、荥阳朱三翁石棺，山西长治安昌金墓中都直接描绘了僧侣作法、出殡等丧仪的画面。郑州市文物考古研究所等：《荥阳槐西壁画墓发掘简报》，载《中原文物》2008年第5期；吕品：《河南荥阳北宋石棺线画考》，载《中原文物》1983年第4期；商彤流、杨林中、李永杰：《长治市北郊安昌村出土金代墓葬》，载《文物世界》2003年第1期。

[18] 郑州市文物考古研究院、登封市文物局：《河南登封唐庄宋代壁画墓发掘简报》，载《文物》2012年第9期。

[19] 该墓的图像材料，可见徐光冀等主编：《中国出土壁画全集2・山西》，科学出版社，2011年，第14—142页。

[20] 李清泉提出，佛教对宋辽金时期墓葬的影响已渗透到墓上建筑、墓室性质、葬式、葬具和装饰等各个层面，并明显具有一定的系统性。见李清泉：《佛教改变了什么——来自五代宋辽金墓葬美术的观察》，载《古代墓葬美术研究》（第4辑），湖南美术出版社，2017年，第242—279页。

[21] 郑岩、贾德民：《北宋画石棺述要》，载《安丘文史资料》第九辑，1993年，第101—107转197页。

[22] 罗世平：《敦煌泗州僧伽经像与泗州和尚信仰》，载《美术研究》1993年第1期；徐苹芳：《僧伽造像的发现和僧伽崇拜》，载《文物》196年第5期；郑弌：《佛装与佛化——中古时期泗州僧伽信仰与图像的在地化》，载《中国国家博物馆馆刊》2016年第12期。

[23] 扬之水：《造型与纹样的发生、传播和演变——以仙山楼阁图为中心》，收入氏著《奢华之色：宋元明金银器研究》卷二，中华书局，2011年，第237—257页。

[24] 郑州市文物考古研究所：《郑州宋金壁画墓》，第41—54页。

[25] 李元魁、毛在善：《湖北省随县唐镇发现带壁画宋墓及东汉石室墓》，载《文物》1960年第1期。

[26] 李清泉：《佛教改变了什么——来自五代宋辽金墓葬美术的观察》，载《古代墓葬美术研究》第4辑，湖南美出版社，2017年，第242—279页；庄程恒：《庆堂与净土——晋南金墓中的婴戏图像及其双重信仰》，载《美术学报》2014年第4期。

[27] 临夏回族自治州博物馆：《甘肃临夏金砖雕墓》，载《文物》1994年第12期。

[28] 释志磐撰、释道法校注《佛祖统纪校注》卷二十九，上海古籍出版社，2012年，第630—631页。

[29] 冉万里：《宋代丧葬习俗中佛教因素的考古学观察》，载《考古与文物》2009年第4期。

[30] 山西省考古研究所：《山西长子南沟金代壁画墓发掘简报》，载《文物》2017年第12期。

[31] 四川省文物管理委员会等：《南宋虞公著夫妇合葬墓》，载《考古学报》1985年第3期。

[32] 傅飞岚（Francicus Verellen）曾分析公元4到10世纪有关“洞天”的定义和观念，并讨论洞天在道教思想中的发展，参见：Franciscus Verellen,"The Beyond Within:Grotto—heavens in Taoist Ritual and Cosmoogy,"*Cahiers d'Extreme—Asie*, Vol 8, 1995,pp.265-290。

[33] 张君房：《云笈七签・卷二七・十大洞天・三十六小天》，中华书局，2003年，第2册，第608—618页；陈元靓等：《新编纂图增类群书类要事林广记》前集卷六“仙境类”，载《续修四库全书》第1218册，上海古籍出版社，2002年，第259—260页。另外，宋李昉等人编撰的《太平广记》

卷一至卷七十中记载了宋以前的好道之士于山中寻找或遇见洞天的故事。洞天内有宫殿、楼阁、仙人居所，人们可以通过特殊方式到达该地。

[34] 张君房：《云笈七签》卷一一〇、卷一一一《洞仙传》，中华书局，2003年，第5册，第2387—2427页。

[35] 李清泉在其对辽墓图像的研究中，探讨了洞仙信仰及其在墓葬中的表现，见李清泉：《宣化辽墓：墓葬艺术与辽代社会》，文物出版社，2008年，第200—230页。

[36] 解希恭、阎金铸：《西永和县出土金大安三年石棺》，载《文物》1989年第5期。

[37] Rolf Stein,*The World in Miniature:Container Gardens and Dwellings in Far Eastern Religious Thought*,Stanford:Stanford Universit Press,1978,pp.54-55.

[38] 洪知希也注意到了该条材料并提出石上的葫芦形门是墓主转化成仙的视觉表现，与宋代道教思想相关，见Jeehee Hong,*Theater of the Dead:A Social Turn in Chinese Funerary Art*,Honolulu:University of Hawai'i Press,2016，pp.119-24。

[39] 许俊臣：《甘肃镇原县出土北宋浮雕画砖》，载《考古与文物》1983年第6期。

[40] 山西省文管会侯马工作站：《侯马金代董氏墓介绍》，载《文物》1959年第 6期；山西省考古研究所侯马工作站：《侯马65H4M102金墓》，载《文物季刊》1997年第4期。

[41] 有关八仙出现、流传及影响的研究成果丰硕，重要研究见浦江清：《八仙考》，载《清华学报》1936年第11卷第1期；山曼：《八仙：传说与信仰》，学苑出版社，1995年；王汉民：《八仙与中国文化》，中国社会科学出版社，2000年；王汉民：《八仙形象的形成与发展》，载《民族艺术》2000年第3期；尹蓉：《八仙的组合及其文化内涵》，载《民族艺术》2005年第1期。

[42] 相关记载见《太平广记》卷十六《神仙十六》、卷六十五《女仙十》等处。有关墓葬中妇人启门图与神仙世界联系的讨论，见李清泉：《空间逻辑与视觉意味——宋辽金墓“妇人启门”图新论》，载《美术学报》2012年第2期。

[43] 李清泉：《佛教改变了什么——来自五代宋辽金墓葬美术的观察》，载《古代墓葬美术研究》第4辑，湖南美术出版社，2017年，第260页。

[44] 郑以墨提出，墓顶的仙鹤祥云的组合与死者尸解成仙、白云从堂户出、仙鹤绕坛而上的情形一致，符合唐五代以来世人心目中的仙境面貌。见郑以墨《内与外 虚与实——五代、宋墓葬中木建筑的空间表达》，载《故宫博物院院刊》2009年第6期。

[45] 洛阳市第二文物工作队：《嵩县北元村宋代壁画墓》，载《中原文物》1987年第3期。

[46] 郑州市文物考古研究所：《郑州宋金壁画墓》，科学出版社，2005年，第115—116页

[47] 张景文：《大汉原陵秘葬经》，载《永乐大典》卷8199，第4册，中华书局，1986年，第3827页。

[48] 同上，第3826—3827页。

[49] 唐宋时期不同阶段的入冥小说具有较大差异，冥界的特征也有所变化，体现出繁复多变的信仰和观念。相关讨论见邵颖涛：《冥界与唐代叙事文学研究》，南开大学2010年博士学位论文；张玉莲：《古小说中的墓葬叙事研究》，人民出版社，2013年。

[50] 李昉等：《太平广记》卷六十九，中华书局，1961年，第429—431页 。

[51] 同上，卷三十四，第217—218页 。

[52] 有关死亡与升仙的研究，见沈宗宪：《宋代民间的幽冥世界观》，商鼎文化出版社，1993年，第5—27页。

[53] 谢明勋：《六朝志怪小说他界观研究》，台湾中国文化大学博士论文，1992年。

[54] 罗森也曾根据唐宋时期的考古和文献材料提出，死者既会居于墓中，也可能前往神仙世界。参见：Jessica Rawson,"Changes in the Representations o Life and the Afterlife as Illustrated by the Contents of Tombs of the Tang and Sung Periods,"in Maxwell Hearn and Judith Smith eds., *Arts of the Sung and Yuan*,New York:The Metropolitan Museum of Art,1996,p.23。

[55] 洪迈撰、何卓点校：《夷坚志》甲志卷十五《毛氏父祖》，中华书局，2006年，第1册，第134—135页。

[56] 廖咸惠讨论了士人阶层和普通民众在对待死亡冥世等丧葬观念、实践上的差异性，见Liao Hsien—huei：Visualizing the Afterlife : The Song Elite's Obsession with Death, the Underworld, and Salvation，《汉学研究》2002年第20辑。

[57] 巫鸿：《黄泉下的美术——宏观中国古代墓葬》，施杰译，生活·读书·新知三联书店，2010年，第31页。

[58] Pascal Boye, *Religion Explained : The Human Instincts that Fashion Gods, Spirits ad Ancestors*, London:Vintage Books, 2002,pp156–161。

[59] 蒲慕州：《追寻一己之福——中国古代的信仰世界》，上海古籍出版社，2007年，第5—6页。

[60] 葛兆光分析了死后世界的不同类型及其背后所隐藏的不同阶层宗教观念的差异与变化。见葛兆光：《死后世界——中国古代宗教与文学的一个共同主题》，载《扬州师院学报》（社会科学版）1994年第3期。

[61] 郝瑞指出当代台湾人在面对宗教信仰时，宗教的实用性和灵验性要远远比其体系的逻辑完整性更为重要。见：Stevan Harrellm,"When a Ghost Becomes a God, "in Arthur Wolf ed.,*Religion and Ritual in Chinese Society*, Stanford:Stanford University Press, 1974, pp: 203–204。

[62] 沈曼曾讨论过辽代墓葬中各种传统的融合，指出当时的人们似乎并不关心不同宗教体系之间的差异，事实上，不同的信仰在墓葬中起到了“双保险”的作用，帮助墓主超越死亡。参见：Hsueh–man Shen,"Body Matters:Manikins Burials in the Liao Tombs of Xuanhua, Hebei Province,"*Artibus Asiae*, Vol. 65, 2005, pp.110–112。

[63] 有关宋金时期孝行图的讨论，可见拙作：《关于宋金墓葬中孝行图的思考》，载《中原文物》2009年第4期。

可移动的“牙帐”
——以四季山水图为中心再议辽庆东陵壁画

陆 骐
北京电影学院

20世纪30年代，日本学者小林行雄、田村实造等探查并且记录了三座历史上合称为“庆陵”的辽代皇陵（图1）。[1]庆陵位于今天内蒙古自治区巴林右旗的庆云山中。这三座辽皇陵中最东边的一座（俗称“庆东陵”）因其不同寻常的壁画而得到特别的关注。[2]该陵为东南朝向的砖券结构墓，共有包括前室、中室、后室、前室东耳室、前室西耳室、中室东耳室、中室西耳室在内的七个墓室（图2a、图2b）。[3]除放置棺椁的后室外，其余墓室皆有壁画残留（图3）：建筑结构和装饰壁画主要绘制在前室、中室以及各通廊的顶部（图4a、图4b）；70多个真人大小的人物像绘制在墓道、前室、前室东西耳室以及各通廊两侧或四周的壁面上（图5a、图5b）；引起最多争论的是位于墓葬中心位置的四幅山水壁画，它们绘于中室四壁，常被称作“四季山水图”（图6、图7）。

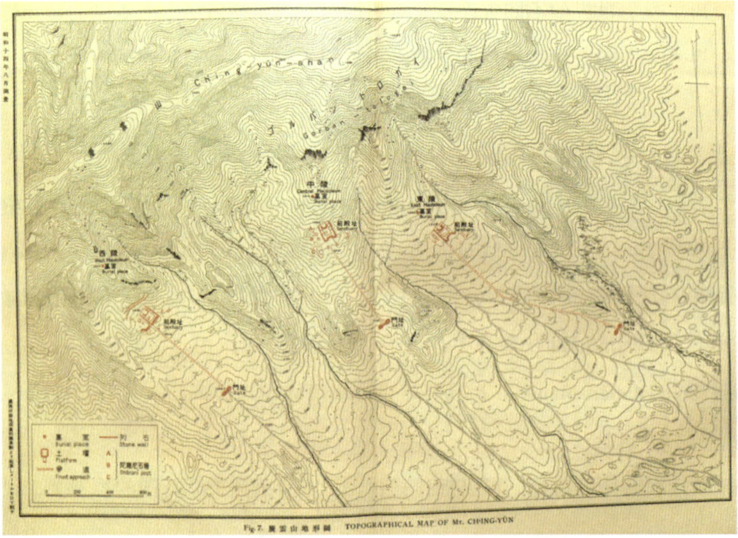

图1 庆陵所在的庆云山地形图（采自田村实造、小林行雄《庆陵——关于东蒙古辽代帝王陵墓的研究报告》第一册，此套书后文图注简称为《报告》）

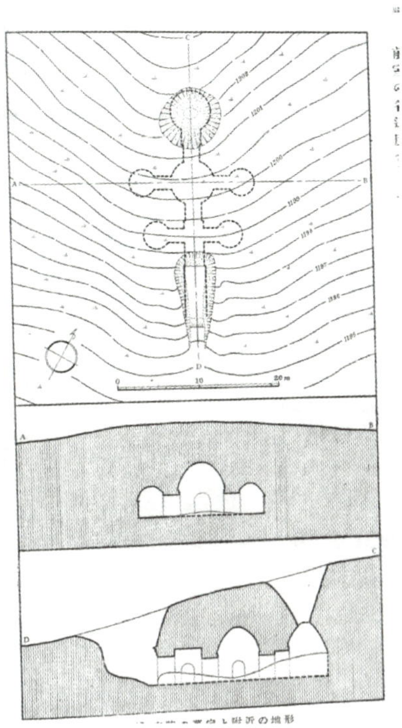

图2a　庆东陵的墓室和附近的地形（《报告》第一册）

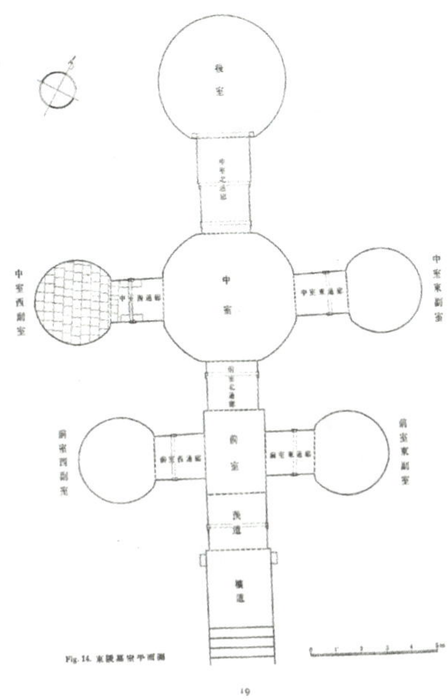

图2b　庆东陵墓室平面图（《报告》第一册）

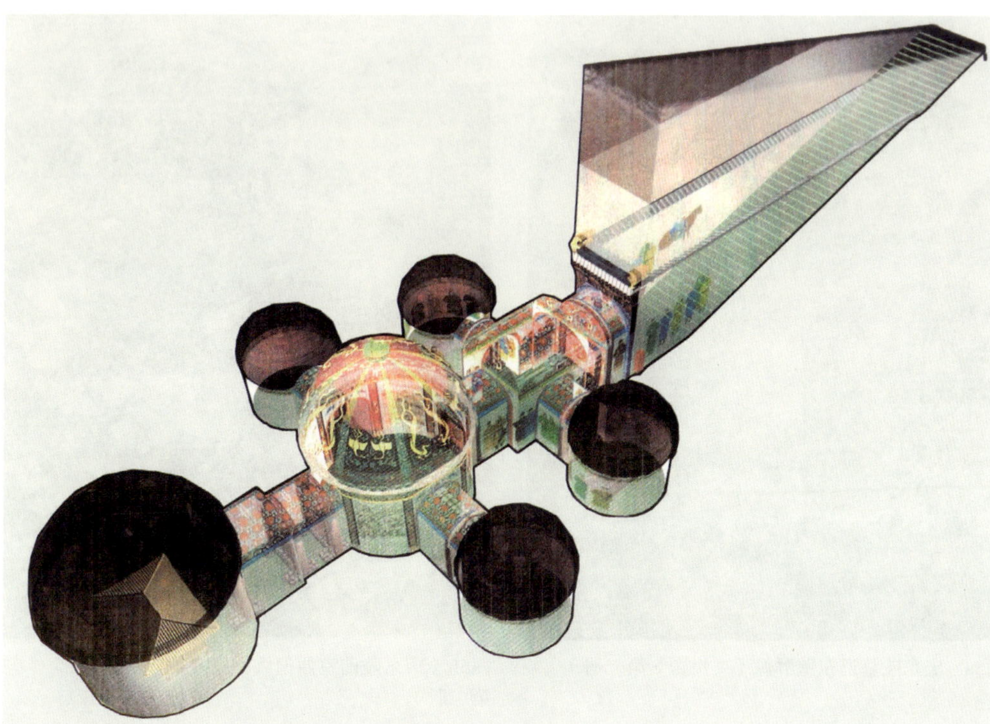

图3　庆东陵墓室与墓室壁画复原后的3D模型（作者摄于内蒙古巴林右旗博物馆）

图4a 庆东陵中室建筑装饰纹样（《报告》第一册）

图4b 庆东陵前室南墙建筑装饰纹样（《报告》第二册）

图5a 庆东陵墓道东壁群像（《报告》第二册）

图5b 庆东陵前室西通廊南壁左侧人物像细部（《报告》第二册）

春　夏　秋　冬

a　b　c　d

图6　庆东陵中室四季山水图，摄于20世纪30年代，a、b、c、d分别为春图（2.6m×1.77m）、夏图（2.4m×1.85m）、秋图（2.27m×1.9m）、冬图（2.09m×1.8 m），四幅壁画原始尺寸为高2.70米—2.80米、宽1.80米—1.90米（采自鸟居龙藏《从考古学所见的辽文化图谱》第三册，此套书后文图注简称为《图谱》）

春　夏　秋　冬

图7　庆东陵中室四季山水图线描图（《报告》第一册）

关于这组四季山水图的讨论，从 30 年代挖掘和测绘庆东陵起就从未停止过。大致可以归为以下两种不同的观点：一方面，认为四季山水图与汉人文化联系紧密。四季山水图与汉代以来墓葬中出现的山水图式一脉相承。一些学者，例如小川裕充和张鹏将四季山水图所呈现出的春、夏、秋、冬四季与汉人的阴阳五行说世界观联系在一起。四季山水图被认为是四方与四神的另一种表现形式，是在墓葬空间中创造出的兼具四方与四季时空的理想世界。[4]另一方面，四幅壁画中绘制的内容却十分特别。画面中绘制了繁多的动物和植物（图 8a），作者似乎不仅是要传达四季四方的抽象宇宙观念，而且十分着力于刻画画面中的动植物细节。曹星原认为这四幅壁画是基于契丹人对自己土地的观察，更多考虑的是树和花的物种问题。[5]张鹏、乌力吉等学者认为其内容与契丹游牧传统有关。他们指出四季山水图中绘制的内容与《辽史》中对契丹皇帝“四时捺钵”、随季节迁徙、捕鹅、射鹿的叙述基本一致。[6]所以说，四季山水图一方面在绘制方式、空间位置上与汉人墓葬传统有千丝万缕的联系；另一方面其绘制的内容

图8 鸟居龙藏临摹的四季山水图壁画中的植物和动物细节（《图谱》第三册）

在一定程度上与契丹自身文化有关。

本文将基于前人的研究继续深入探究四季山水图与契丹游牧文化的关联。通过对其内容、图式以及与周遭壁画关系的探讨，本文将说明四季山水图不仅表现出契丹皇族在汉人墓葬传统体系下内容上的创新，更重要的是，以四季山水图为中心的庆东陵呈现出一种与唐、五代、宋时期汉人墓葬不同的空间概念，它动摇了汉人文化中关于"墓"是一个不可移动的地下空间的认识。

辽代契丹人墓中的壁画不能被直接地定义为一个民族或政权的艺术，而是一个多中心时代的产物。辽国与许多同时期的政权存在着种种联系，例如宋（960—1279 年）、西夏（1038—1227 年）、西州回鹘（866—1369 年）、金（1115—1234 年）等。这是一个分裂的时期，却又存在着文化、种族的交融。辽契丹贵族墓的墓葬结构和图像程序受汉人墓葬传统影响极大。事实上，大量的汉人工匠和官员生活或供职于辽国南部地域，这模糊了辽宋之间的文化界限，也解释了四季山水图与汉人传统的各种关联。但另一方面契丹人又展现出延续自身游牧传统的意图。在辽国时期，对于契丹贵族而言，游牧早就不是必须而为之的生活方式，而是作为强调契丹人文化身份的工具，成为一种行使权力、与其他政权相抗衡的统治方式。然而生前坚持游牧生活的辽契丹贵族，死后他们是如何理解"墓"这个永恒的地下空间的呢？这是本文要试图回答的问题。

可栖居的山林

四幅山水图拥有十分相似的图式（图 7）。每幅壁画皆绘制了一座座三角形的山体，它们密集地相互叠加，占据了每幅壁画的五分之四。我们的视线会跟随一条溪流从画面的下端呈"之"字形曲折而上深入远方。尽管夏图与其余的三幅壁画不同，溪流是在前景中横向穿越的，但是互相交错的山体的轮廓仍然构成蜿蜒进入画面深处的折线形式。这种"之"字形图式不但构建出画面的深度，更重要的是提供了一个如容器一般可停歇的空间。此外，在这个大空间中，交织的轮廓线又形成很多可"承载"物体的空间单元 (space cell)，这样的山水表现是一种在汉代墓葬壁画和画像砖中就已经出现的图式。[7] 在这些可停歇的空间单元中安置了动物和植被：杏花、牡丹、松柏，还有鸳鸯、天鹅、鹿群和猪群（图 9a、图 9b）。同时另一部分的空间单元则留白，似乎是为想象中的主体预备的可安营扎寨之地。山坡平缓，树木种类繁多，水鸟在溪流中划着水，野猪和野鹿在山林间慵懒地吃草或者奔跑。这里的山川景色不是宗教化的、高耸威严的，而是闲适的、安逸的。也就是说，四季山水图呈现的不是遥远的、难以接近的远山，而是近在咫尺的、可栖居的（inhabitable）山林。

这四幅壁画拥有巨大的尺幅：每一幅高约 2.7 米，宽约 1.8 米，绘制在中室圆形壁面的四个方向上（图 10）。值得注意的是，这四幅山水的四周都没有绘制边框。因此放在墓室空间

a　春图中的天鹅、鸳鸯、杏花　　　b　秋图中的松树、鹿群

图9　四季山水图中的动植物细节（《报告》第二册）

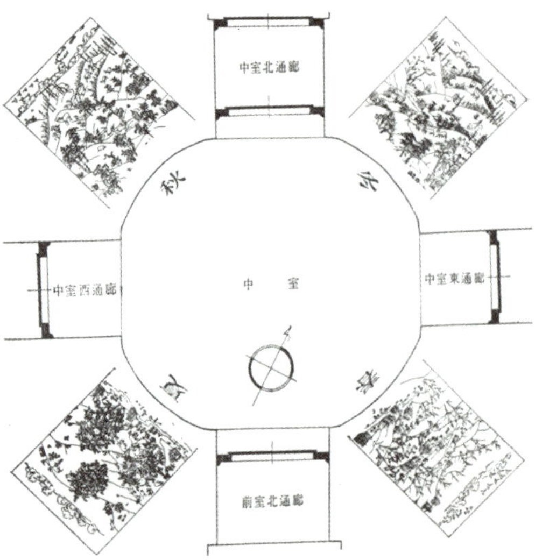

图10　庆东陵中室四季山水配置图（《报告》第一册）

中看，画工们并没有将他们表现为挂在墙上的山水画，他们想呈现出的是一座座真实存在于墓室空间的山体。这些山体从底端层叠而上，呈现出从庆东陵墓室逐步向外延伸的视觉效果。尽管四幅壁画表现的是不同季节的山林，但从构图上看，四幅壁画在空间上是相连的：相似的构图和平缓地向左右延伸的山体轮廓线条暗示着他们之间可能存在的连续性（图 7）。将四幅山水连在一起，好似一个四面环绕而可栖居的山林被直接搬入了墓室空间中。其他辽契丹墓中的壁画同样展现出将封闭的地下空间转变成可扎帐而牧的山林的意图，例如在内蒙古克什腾旗二八地 1 号墓的石棺内壁上绘制有丛林中的牧人和牧群以及他们的毡帐、毡车（图 11）；内蒙古库伦 7 号墓的壁画中表现了在草木间漫步的黑猪（图 12）。这些辽墓中情景化的描绘将草原树石带入墓室空间中。

城郭与行营

依据上文对庆东陵山水图内容和位置的分析，本节将说明庆东陵有着与唐宋汉人墓不同的空间概念，这种不同揭示出城郭文化与行营文化之区别。在唐五代墓中，画师们很刻意地避免让野外山水“进入”墓室空间中。 706 年的唐中宗长子懿德太子李重润墓提供了一个初唐的例子（图 13）。该墓长 100.80 米，由墓道、六个过洞、七个天井、八个小龛、前甬道、后甬道、

图 11　二八地 1 号辽墓石棺内壁的丛林牧群图，10 世纪（采自项春松《辽宁昭乌达地区发现的辽墓绘画资料》）

图 12　库伦 7 号墓天井西壁野猪图，11 世纪早期（采自徐光冀主编《中国出土壁画全集》第三册，该套书后文图注简称《全集》）

前墓室、后墓室八个部分组成。[8]在其斜坡形长墓道的东西壁上绘制了以山为背景的城墙和阙楼，暗示着这里的山岭是在城墙之外的远方，同时也说明从阙楼开始以里的墓葬空间皆在高墙围绕的城池之内。这里城外的景色是高耸陡峭的山岭，而城内（墓室过洞中）在侍者旁绘制的树木和石头则像是园林中经过修剪和挑选的景致。两者形成很大的反差。

这两种截然不同的风景标志着城市和郊外的不同。尽管两种风景都绘制在墓中，但位于墓室中的墓主人是生活在城门之内的，与人工修饰过的树石为伴，而墓地中的野外山林则阻隔在地下生活空间之外。在盛唐时期，画工开始将山林和河流绘制在墓室中的壁面上，却总是将它们限定在画框中，使其成为具有相对独立性的“画”。[9] 740 年的唐韩休夫妇墓中有一幅大型山水图绘于红褐色的粗框中（图 14a、图 14b），位于主室北壁，与棺床相邻。画框使得这幅山水图不再是画在墙上的壁画，而是被想象成在绢上的画障画。[10] 这个“画障”挂在紧挨着墓主人“床榻”的北墙上。因而这幅山水画是室内家具的一部分，墓主人可以观看它，但不可以居住于其中。也就是说，这里的山水在与墓室相区别的另一个世界里，而不存在于墓室空间中。将山水图绘制于画框中的传统在唐朝后有持续的发展。我们可以在五代初期 923 年的王处直墓中看到与唐墓可比较的例子（图 15）。[11] 王处直墓中的两幅山水图分别位于前室北壁和东耳室东壁，尽管风格上略有差异，但都有黑褐色的外缘边框，仿佛两个可以移动的屏风画。[12]

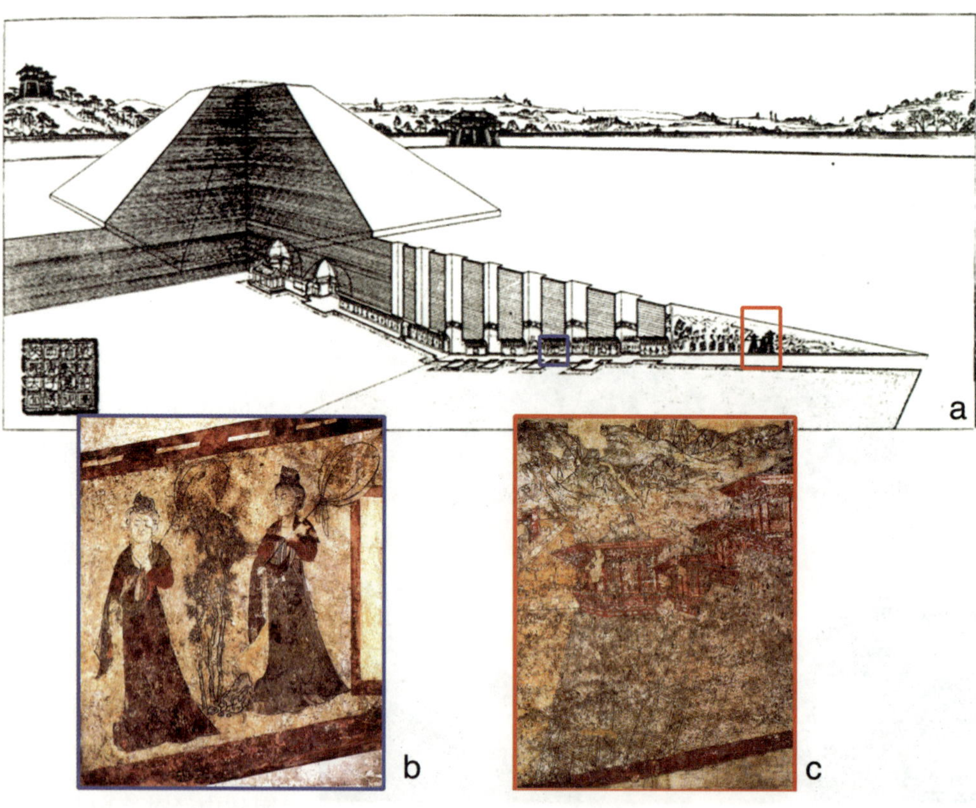

图13 唐懿德太子李重润墓墓道与过洞中的两种不同风景：a.李重润墓透视图［采自夏南悉（Nancy Steinhardt）：*Chinese Architecture*］；b.第三过洞东壁北侧的执扇宫女以及她们身边的树石图（《全集》第七册）；c.墓道中东壁中段阙楼和城墙以及城墙外的野外山岭（《全集》第七册）

图14a　唐代韩休墓主室四壁壁画（采自《华商报》）

图14b　韩休墓主室北壁山水图（采自《考古与文物》编辑部编《“唐韩休墓出土壁画学术研讨会”纪要》）

图15　五代王处直墓前室北壁壁画全景（采自河北省文物研究所《五代王处直墓》）

汪悦进指出，唐宋时期的山水画反映了人们对于离开城市进入山林的一种隐士生活的憧憬。[13]在这个时期，城郭文化发展迅速，喧嚣的城市和简单质朴的郊外形成反差，山水画即是城市与野外形成二元对立关系之后的产物。唐五代墓中山水画的绘制方式说明，尽管人们向往隐居山林的生活，但是他们依然希望在死后可以住在城郭或城郭内的宅院中，因此将墓室设计成一个城或是居室内部空间而非野外山林，成为汉人社会的墓葬传统。这种墓室宅院化的空间概念成熟于唐代，而在宋代更为流行。在宋地以及汉人生活的辽地和金地，有许多效仿木构建筑的砖室墓（图 16a、图 16b），尽管许多学者提出这类地下建筑存在内外观念上的模糊性以及多种礼仪功能，其物质化的建筑结构还是给人以模仿居室室内空间之感。[14]

图16a　白沙宋墓1号墓墓室结构透视图（采自宿白《白沙宋墓》）

图16b　白沙宋墓1号墓前室西北隅铺作（采自宿白《白沙宋墓》）

辽契丹人同样建造了不同类型和等级的城市，但用城郭与野外对立的空间概念去理解辽人的城市系统则是不恰当的。林鹄和安纳托利·卡扎诺夫等学者都曾指出辽代城市中最主要的常住居民事实上是被俘虏来的或是被流放的汉人、渤海人，城市并非主要为游牧统治者所使用。[15]尽管辽朝最多时有五个都城，但其政治中心并不是高墙围绕的城池，而是以皇帝毡帐为中心的行营，这个行营中还包括扈从皇帝的后妃、宫卫、帐族、宫分户等不同类别人物的大小庐帐，这是一个在草原上迁徙的游牧部落。[16]这个在城郭之外没有明确边界的游牧集团是契丹文明的中心，而以俘虏的汉人和其他民族为主的城却属于被边缘化的他者。所以这里城市与野外的二元对立是不存在的。

《辽史·营卫志上》中的一段文字说明了辽代的营卫制度与汉人的城市系统之区别：

冀州以南，历洪水之变，夏后始制城郭。其人土著而居绥服之中，外奋武卫，内揆文教，守在四边。营卫之设，以备非常而已。并、营以北，劲风多寒，随阳迁徙，岁无宁居，旷土万里，寇贼奸宄乘隙而作。营卫之设，以为常然。其势然也。有辽始大，设制尤密。[17]

尽管在这段文字中，自然环境的差异被强调为不同生活方式和空间建构的主要原因，但在建辽以后，营卫已然成为契丹人用以区别南边宋朝和建立自身政权的方式。在辽国发展壮大的过程中，营卫基于原本的部族系统逐渐被制度化，成为其立国之本。

这种营卫制度最为核心的部分即是辽皇帝和随从的四时捺钵：每个季节去往不同的地方进行游猎以及接见南北官员和使者等政治活动。《辽史》中详细地描述了辽皇帝的捺钵生活，每个季节所去的地方和所进行的各种活动：

春捺钵：曰鸭子河泺。皇帝正月上旬起牙帐，约六十日方至。天鹅未至，卓帐冰上，凿冰取鱼。冰泮，乃纵鹰鹘捕鹅雁。晨出暮归，从事弋猎。鸭子河泺东西二十里，南北三十里，在长春州东北三十五里，四面皆沙埚，多榆柳杏林……

夏捺钵：无常所，多在吐儿山。道宗每岁先幸黑山，拜圣宗、兴宗陵，赏金莲，乃幸子河避暑。吐儿山在黑山东北三百里，近馒头山。黑山在庆州北十三里，上有池，池中有金莲。子河在吐儿山东北三百里。怀州西山有清凉殿，亦为行幸避暑之所。四月中旬起牙帐，卜吉地为纳凉所，五月末旬、六月上旬至。居五旬。与北、南臣僚议国事，暇日游猎。七月中旬乃去。

秋捺钵：曰伏虎林。七月中旬自纳凉处起牙帐，入山射鹿及虎。林在永州西北五十里……每岁车驾至，皇族而下分布泺水侧。伺夜将半，鹿饮盐水，令猎人吹角效鹿鸣，既集而射之。谓之“舐碱鹿”，又名“呼鹿”。

冬捺钵：曰广平淀。在永州东南三十里，本名白马淀。东西二十余里，南北十余里。地甚坦夷，四望皆沙碛，木多榆柳。其地饶沙，冬月稍暖，牙帐多于此坐冬，与北、南大臣会议国事，时出校猎讲武，兼受南宋及诸国礼贡……[18]

依据这段描述，契丹皇帝在一年四季中依次前往了结冰和化冰后的河水、可避暑的凉陉、有鹿群的山林以及温暖的沙淀，呈现了辽契丹贵族在山林水草间扎帐而牧的生活。[19]这些捺钵地在圣宗之后相对固定，但它们仍与“城”的概念有很大区别。不同于汉人层层门户的观念，契丹皇帝的活动范围很大且没有明确的边际。例如，春捺钵的地方是“鸭子河泺东西二十里，南北三十里”；而秋捺钵的范围更广，边界更为模糊，依据傅乐焕的分析，契丹皇帝的秋捺钵虽多在庆州境内，但其境内众多的山皆是安营扎寨之地，例如，黑山、赤山、太保山、凤凰山、天梯山，其活动范围很广。[20]

在庆东陵的四季山水图中，春图中的天鹅鸳鸯，秋图中仰天呦呦鸣叫的鹿等细节都与这段《辽史》不谋而合。更重要的是，四幅山水图中表现出的土地无边无际的感觉也与文献中的描写相对应。绘有四季山水图的庆东陵中室成为一个可栖居的开阔无边的山林空间，与汉人墓中塑造出的城市或宅院的空间效果截然不同。

理想中的毡帐复合体

在上节对四季山水图的研究基础上，本节将探索四季山水图与建筑装饰壁画以及人物壁画之联系，并将阐明它们如何共同将地下墓室转化为一个游牧建筑复合体，与定居社会的城郭或是“前堂后寝”的居室空间相异。

与四季山水图相邻的建筑壁画对我们理解这组山水图有很重要的意义。中室的圆形壁面上绘制了八条柱形装饰物，其上绘有普拍枋、斗拱以及桁条等建筑结构（图 17）。从穹隆顶中心散射出的八条装饰脊与壁面上的八条柱形物一一对应（图 18）。普拍枋下方有四个方向的券门分别通向左耳室、右耳室、前室和后室。这四个拱门将中室四周壁面分割成四段，其上分别绘制了前文所述的春、夏、秋、冬四幅壁画。

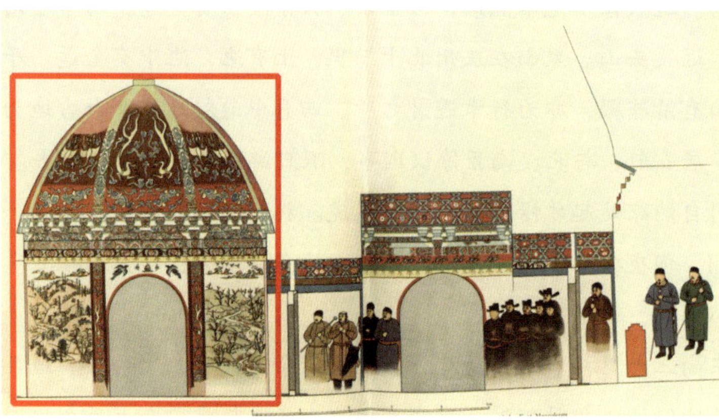

图17　庆东陵东侧壁画截面图（红框部分为中室部分的壁画，《报告》第一册）

图18　庆东陵中室部分3D透视图（作者摄于内蒙古巴林右旗博物馆）

极其丰富的彩画花朵和几何纹样是庆东陵建筑壁画最引人关注的特征之一。这些纹样绘制在中室顶部以及与顶部相接的斗拱等建筑构件上，此外前室以及各个通廊的顶部也同样有类似的装饰纹样（图 17）。光是中室斗拱上的纹样就有五种，且存在多种排列组合方式，此外还有牡丹花纹带、卷云纹、鸟纹、蝴蝶纹等图案，中室的顶部更绘有龙纹及凤纹。[21] 这些纹样的色彩和图式很像是棉毛织品上的装饰。值得注意的是，除了环绕墓室一圈的普拍枋为凸起的砖砌影作效果外，其余建筑构件都是绘制在壁面上的二维图像。[22] 这些构件上丰富而平面化的纹样更加削弱了其建筑结构的物质性，因而他们更像是墓顶所覆盖的“纺织品”的延续。与建筑壁画相接的浅黄色垂幕带则进一步“软化”了这些构件（图 4a），使这些“一斗三升”看起来像绘制在毡子上的纹样，而非对汉式木构建筑的直接模仿。事实上，10 世纪初的辽代早期契丹人墓葬就表现出将墓室转化为毛纺织品覆盖的穹庐的意图。在对宝山辽代 1 号墓（923 年）和 2 号墓的研究中，李清泉分析了墓葬顶部壁画的纹样。[23] 他认为两个墓中纹样的晕染效果与毛织品工艺中的色彩渐变十分相似。另外 2 号墓墓室顶部的黑色边框装饰以及 1 号墓顶部相结合的环带纹与三角纹都十分像在表现纺织品的边角部位。[24]宝山辽墓是辽契丹人利用并改造汉人埋葬方式的早期尝试，显然，他们从一开始便希望为这个地下的冰冷墓室“披上”一层毡子，使之更接近于他们所熟悉的居住空间——毡帐。

图19a 宝山1号墓穹隆顶被八条隔带等分成八个三角形平面（采自巫鸿、李清泉《宝山辽墓材料与释读》）

图19b 宣化10号墓前室顶部被四条隔带分成四个三角形平面（采自河北省文物研究所《宣化辽墓》第二册）

除了墓室顶部的纹样外，绘出的建筑结构进一步说明了庆东陵的设计是在模仿穹庐形建筑。其中室四周壁面上的八根柱形物经由普拍枋支撑着从穹隆顶中心散射下来的八根装饰脊，这样的构架模仿了穹庐建筑的内部骨架。李清泉在他的文中指出辽契丹贵族墓中穹隆顶不再像过去汉人墓一样用于表现天空，而是被八条或四条隔带等分，改造成一个有八个或者四个三角形的平面（图19a、19b）。[25]在宝山1号墓中，穹隆顶上的八条隔带都采取了凸起的影作表现手法。正如李清泉所述，画工是要将它们呈现为八根木制构架，同时墓室四角的四根立柱又支撑着八根骨架中的四根，这样整个木构装饰就像伞盖或帐篷内部的支撑结构。[26]在内蒙古巴林右旗床金沟5号辽墓的前室保存着一个与宝山1号墓中表达的建筑结构十分相似的木构（图20）。[27]在前室地面的四角有四个L形砖台，砖台上各承4根方形木柱，木柱上托4根横梁、12根斜梁，构成一个与宝山1号墓类似的建筑内部骨架。[28]这些无论是壁画、砖砌影作或是真实的木构，皆与庆东陵中绘制的建筑结构一样，想要呈现一个庐帐的支撑骨架。

而不同于其他墓葬，在庆东陵中的“庐帐”里，我们能在其四周看见外部的山水。这些在立柱间的山林暗示了中室是一顶四面敞开的帐子，可称之为“亭帐”（图21）。《辽史》中关于皇帝冬捺钵的段落有对宫帐群中四周无遮挡的帐子的描述：

皆木柱竹榱，以毡为盖，彩绘韬柱，锦为壁衣……两厢廊庑亦以毡盖，无门户。[29]

这两厢“无门户”的建筑尽管被称为“廊庑”，但是这个由毡子覆盖的非汉式建筑物更像

图20 床金沟5号墓前室中的木构（采自内蒙古文物考古研究所《巴林右旗床金沟5号辽墓发掘简报》）

图21 庆东陵中室亭帐效果示意图（《报告》第一册，经笔者编辑）

图22a 北羊山3号辽墓天井东壁墓主人亭帐休憩（《全集》第三册）

图22b 北羊山3号墓天井西壁墓主人亭帐休憩（《全集》第三册）

是四周敞开的亭帐。内蒙古敖汉旗北羊山3号辽墓天井左右两壁绘制的亭帐（图22a、图22b）很像庆东陵中室建筑壁画和山水壁画所要表达的情境：在北羊山的两个例子中，墓主人坐于可移动的亭中休憩，向外张望，而他所看到的应该就是类似四季山水图一般的景色吧！

与装饰华丽的中室相比，后室极为朴素，其壁面没有绘制任何壁画（图3）。但后室有十分重要的地位，不但因为它是放置棺椁的地方，而且在墓道、前室、各耳室以及通廊壁面上绘制的七十多个真人大小的官员和侍从都面向它站立。后室与中室之间的通道中有三道门，将后室与墓葬的其他空间相分离。在许多其他辽代贵族墓中同样不在后室绘制壁画，似乎是一种刻意的选择。封存于三道门后的后室是一个留给死者的隐秘空间，与其他各室的公共性相区别。

这个密闭的后室和半开放的中室所组成的建筑结构让人想起12世纪南宋《文姬归汉图》中出现的毡帐复合体（图23）。《文姬归汉图》（后简称“文姬图”）中多次表现了蔡文姬从匈奴回到汉地途中扎帐休憩的场景。该画有不同的版本，但各版本中文姬居住的塞

图23　传南宋李唐《文姬归汉图》册页中截取的毡帐复合体图，台北故宫博物院藏

外建筑形制相近，都表现为一个毡帐复合体，由一个封闭的帐子和一个半开放的亭帐组成。虽然这些复合毡帐的颜色以及亭帐部分的形状都有些许不同，但他们的空间结构惊人的相似：由毡子完全包裹的帐子是主人的私密空间，而敞开的帐子则提供了一个山林草原环绕的半室外空间。尽管这些画表现的是2世纪的故事，但毡帐和周遭环境却是基于南宋画家在契丹帝国之所见。就像同时期“前堂后寝”在汉人社会中成为一种标准模式一样，这个反复出现的毡帐复合体大概已成为中古之际契丹人理想居住环境的一个意象，同时也是宋朝社会对北方游牧民族和游牧文化的一种想象。

“文姬图”中的毡帐组合与庆东陵的后室与中室在空间结构上相似。在“文姬图”中，前方的亭帐不同于不可见的后方毡帐，这个开放结构是主人接见来宾和举行宴会的公共空间。与此相同，在庆东陵中，绘制在前室以及各通廊的人物站立在辽皇帝的“亭帐”之前，他们是正在等待服侍或拜见皇帝的侍从或官员（图17）。[30]值得注意的是，在中室和前室的左右耳室中也同样绘制了人物像（图24a、图24b）。而在其他有耳室的辽契丹贵族墓中，这些耳室皆作放置陪葬物之用，通常东耳室放置瓷器和铁器等生活用品，而西耳室放置成套的马具。[31]虽然庆东陵中的陪葬品已大部分遗失，但从壁画来看，这些耳室更像是依附于皇帝毡帐两侧的随从臣子的帐篷。这个山水之间的毡帐群落是一个在捺钵途中的朝廷。

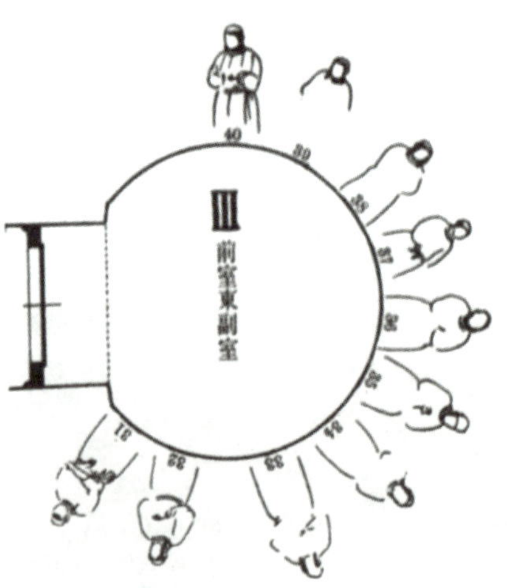

a　庆东陵前室东耳室人物像位置示意图（《报告》第一册）

b　庆东陵前室东耳室残留的人物像壁画（《报告》第二册）

图24　庆东陵前室东耳室壁面上绘满了等身大小的人物像

移动中的牙帐

与汉人“前堂后寝”的建筑原则不同，这个以皇帝的帐篷为中心的毡帐群在可居山林的环绕之中。此外，更重要的是，它应当是一个可移动的建筑。庆陵中的这个毡帐群却存在于永恒的地下空间中。然而，这种不变和永久性为四季山水图所改变。

虽然四幅山水图在空间上存在着延续性，但是相异的植被和动物很明显地呈现出四个不同的季节。春天有新发的杏花、丰盈的水草、宽阔的水面和水禽，夏日有生气勃勃的牡丹树，秋季有常青的松柏和呦呦鹿鸣，冬天有几近干涸的溪水和枯树。而四季图又分别绘制在其所对应的方位上：春山在东墙，夏山在南墙，秋山在西墙，冬山在北墙（图 11）。方闻指出周而往复的季节变化可以从两行逆时针飞行的大雁看出：春山中大雁飞向北方的冬山，秋山中的大雁则向南方的夏山进发，将四幅壁画联系在一起，暗示着周而往复的季节变化。[32]

这种季节性的表现不但赋予了永恒的墓室空间流动的时间性，而且给这个地下毡帐带来了“移动”的可能。四片山水不再是同质的山川和水流，由于其不同的细节而具有了特殊性，他们归属不同的季节和地域：春水、夏陉、秋山、冬淀。四个不同时间不同空间的山水却同时被安置在庆东陵的墓室中，因而这个墓葬空间不再是静止和不变的。这种复杂的空间并置使得墓室空间成为一个同时具有四种地域属性的“异空间”（heterotopia)。[33]不可移动的地下毡帐群也因为墓室的“多空间性”而具有了可移动性，但这种可移动性并非是毡帐在移动，而是毡帐所在地本身在随季节而发生变动。也就是说，尽管死去的皇帝居住在一个在地下无法移动的毡帐中，但是毡帐所在的空间和时间会随季节而变化，因此他可以在不同的季节迁居于不同的地方，继续享受他的行营生活。而将四座不同季节的可扎帐而牧的山林搬进墓室成为契丹人改变地下空间不可移动性的理想方案，使得皇帝四季捺钵的行营生活传统得以在皇帝死后延续。

契丹皇帝的毡帐不只是一个游牧居住的空间，更重要的是，它是一个被赋予了特殊政治意义的毡帐，被称为“牙帐”。在上文“四时捺钵”文献以及《辽史》其他章节中反复提到了这个用以称呼皇帝毡帐的词。牙帐在北方民族政治与文化史中占据极为重要的位置。自早期亚欧大陆草原民族突厥、回鹘开始，直至清代，牙帐始终与可汗、汗庭、汗权联系在一起。[34]关于清代乾隆时期牙帐的重要性可以通过一幅画来展现。现藏北京故宫博物院的《万树园赐宴图》（图 25）中绘制了 1745 年乾隆皇帝在承德避暑山庄万树园设宴招待前来投奔清廷的蒙古族杜尔伯特部首领“三车凌”的情景。其中值得注意的是这场隆重的盛会选择在皇帝的大型宫帐，或者说是牙帐中进行。因而乾隆并不仅仅是一位信奉儒学的汉式皇帝，在面对满洲、蒙古、西藏各族的时候,乾隆是一位内亚可汗。[35]而其可汗至高无上的地位是通过他的牙帐彰显出来的。可汗的牙帐迁徙到哪里，整个国家的政治、经济乃至文化中心也随之集中在哪里。庆东陵中的复合毡帐有极为丰富精美的建筑装饰，特别是双龙双凤纹，这在契丹贵族墓中是很少见的。它并非仅仅是一个游牧者的生活空间，作为皇权象征的牙帐，它还是统治的中心。而与四时捺钵紧密相连的四季山水图也因此被赋予了更多的政治内涵。坐拥四方土地、四季山水，成为对皇权最好的诠释。

图25 清乾隆郎世宁等绘《万树园赐宴图》横轴，北京故宫博物院藏

进入 11 世纪，汉人墓葬传统积累了太多可被借用、转译或重新定义的图式。庆东陵中的山水和建筑等壁画充斥着令人熟悉的汉文化传统元素，但以四季山水图为中心的图像程序却呈现出极为不同的关于“墓”的空间理解，将一个永恒的地下空间转化成了可移动的牙帐。

注释：

[1] 1920年法国传教士闵宣化（Jos Mullie）造访了白塔子及其周边，1922年在《通报》发表了他的发现，文中指出他在白塔子西北七或八迈的山中发现了三座墓葬，由于这三座墓靠近白塔子（即辽代的庆州城），闵宣化推断皇陵的主人是辽皇帝圣宗、兴宗和道宗，但他并未给出充足的证据，参见：MULLIE J,"Les anciennes villes de l'empire des grands Leao au royaume Mongol de Barin,"*T'oung Pao*,1922(1):177-201。直到传教士R.P.L.Kervyn发现了有中文和契丹文刻字的哀册后，闵宣化的推断才得到了证实。1930年初夏，当时热河省主席汤玉麟的儿子汤佐荣命令挖掘庆陵，他们破坏了墓中的木门，将墓中的十四方哀册和陪葬品运到承德。鸟居龙藏在同年来到庆州和庆陵，其后的30年代多位日本学人如关野贞、田村实造、小林行雄等前来庆陵勘察、挖掘和测绘。这些日本学者开启了对庆陵的研究，刊行了许多与庆陵相关的重要著作，例如：鸟居龙藏《辽代壁画》（载《国华》1931年第41期）和《从考古学所见的辽文化图谱》（东方文化学院东京研究所，第1936页），田村实

造、小林行雄《庆陵——关于东蒙古辽代帝王陵墓的研究报告》（京都大学文学部，第1953页），田村实造《庆陵的壁画：绘画、雕饰、陶瓷》（同朋舍，1977页）和《庆陵调查纪行》（平凡社，1994页）。

[2] 目前庆东陵的具体归属仍存疑。田村实造和小林行雄等学者认为东陵是辽圣宗（卒于1031年）的陵寝，而鸟居龙藏认为其归属辽兴宗（卒于1055年）。小川裕充依据近年庆陵陪葬墓的发掘赞成“鸟居说”，见：小川裕充：《辽庆东陵四方四季山水图壁画与功臣图壁画——辽代皇帝丧葬仪礼与陵墓壁画》，载《图像与仪式：中国古代宗教史与艺术史的融合》，中华书局，2017年，第185页。

[3] 除前室以外的所有墓室都为圆形。

[4] 小川裕充：《庆陵东陵四方四季山水图壁画及功臣图壁画——辽代皇帝丧葬仪礼与陵墓壁画》，载《图像与仪式：中国古代宗教史与艺术史的融合》，中华书局，2017年，第188页。张鹏：《辽墓壁画研究》，天津人民美术出版社，2008年，第46页。

[5] TSAO Hsing-yuan, "From Appropriation to Possession: a Study of the Cultural Identity of the Liao through their Pictorial Art", PhD Diss., Standford: Standford University,1997:82.

[6] 张鹏：《辽墓壁画研究》，天津人民美术出版社，2008年，第46—50页。乌力吉：《四季山水与“四时捺钵”》，载《中华文化画报》2009年第1期。

[7] 2017年芝加哥大学冬季学期巫鸿老师开设的讨论课“山水与宗教”对我理解四时山水图图式有很大的启发。课上讨论了这一类有多个空间单元（space cell）的山水画图式，早在汉代的壁画和画像砖中就已出现此类构图，例如，陕西省定边县郝滩乡汉墓出土的狩猎图，见徐光冀：《中国出土壁画全集》第六册，科学出版社，2011年，图56。

[8] 陕西省博物馆、乾县文教局唐墓发掘组：《唐懿德太子墓发掘简报》，载《文物》1972年第7期。另请参考陕西省考古研究院：《唐懿德太子墓发掘报告》，科学出版社，2016年。需要指出的是，懿德太子墓的墓葬结构较为复杂，如何描述它的结构仍然值得商榷。巫鸿通过复原其营造过程以理解和描述该墓的结构组成，参见本书巫鸿论文《地上与地下之间：对“墓葬”含义的反思》。

[9] 关于墓葬中山水图外缘边框的功能，请参见郑岩：《唐韩休墓壁画山水图刍议》，载《故宫博物院院刊》2015年第5期。

[10] 因为这幅山水图的画框离地面有一段距离，因而更像是画障，而非屏风画。

[11] 河北省文物研究所：《五代王处直墓》，文物出版社，1998年。

[12] 关于两幅山水图风格形式来源的分析，参见郑以墨：《五代王处直壁画形式、风格的来源分析》，载《南京艺术学院学报》2010年第2期。

[13] WANG Eugene, *Shaping the Lotus Sutra:Buddhist Visual Culture in Medieval China*, Seattle and London:University of Washington Press,2005:183.

[14] 学者对于这些宋代和一部分辽金的仿木结构砖室墓有很多讨论，这些墓室空间给人以很强的模仿地面上的居室室内空间的感觉，但是许多学者也提出这些地下空间存在着更深层面上的礼仪功能。请参见：LIN Wei-Cheng,"Underground Wooden Architecture in Brick:A Changed Perspective from

Life to Death in 10th-through 13th-Century Northern China,"*Archives of Asian Art*,2011,61:3-36; SHEN Hseuh-man,"Tombs at the Crossroads of the Worlds of the Living and the Dead,"Wu Hung ed.,*Tenth-Century China and Beyond:Art and Visual Culture in a Multi-Centered Age*,Chicago: University of Chicago Press, 2012:150-178; HONG Jee-Hee: *Theater of the Dead:A Social Turn in Chinese Funerary Art, 1000-1400*,Honolulu:University of Hawai'i Press, 2016; 林伟正：《试论“墓室建筑空间”——从视觉性到物质性的历史发展》，载《古代墓葬美术研究》（第四辑），湖南美术出版社，2017年，第43—45页。

[15] LIN Hu, "Urban Landscape and Politics:the Making of Liao Cities in Southeast Inner Mongolia", PhD Diss., Chicago:University of Chicago,2009:19;KHAZANOV Anatoly,"Nomads and Cities in the Eurasian Steppe Region and Adjacent Countries:A Historical Overview,"Stefan Leder and Bernhard Streck ed., *Shifts and Drifts in Nomad-Sedentary Relations*,Wiesbaden:Dr.Ludwig Reichert Verlag, 2006:169-170.

[16] 杨若薇：《契丹王朝政治军事制度研究》，中国社会科学出版社，1991年；肖爱民：《辽朝政治中心研究》，人民出版社，2014年；陈晓伟：《捺钵与行国政治中心论——辽初“四楼”问题真相发覆》，载《历史研究》2016年第6期。

[17] 脱脱：《辽史》，中华书局，1974年，第36页。

[18] 同上，第373—375页。

[19] 傅乐焕对这段关于四时捺钵的文字有十分详细的考证，每个季节的捺钵之所都有一个较为固定的地点以及其他两到三个常去的地方。值得注意的是，尽管每年辽皇帝捺钵的地方并非完全相同，但是每个季节对于某一种地形环境的偏好是相对不变的，比如春天会去河水边，夏天去凉陉，秋去山林，冬天去沙淀。我将其结为：春水、夏陉、秋山、冬淀。见傅乐焕：《辽代四时捺钵考》，载《辽史丛考》，中华书局，1984年，第36—12页。

[20] 傅乐焕：《辽代四时捺钵考》，载《辽史丛考》，中华书局，1984年，第56—57页。

[21] 关于斗拱纹样的种类以及其他纹样的描述和分析，参见田村实造、小林行雄：《庆陵——关于东蒙古辽代帝王陵墓的研究报告》，京都大学文学部，1953年，第83—100页。

[22] 同上，第88—89页。

[23] 李清泉：《宝山辽墓：契丹墓葬艺术中的“国俗”与身份建构》，载《艺术史研究》2012年第14辑。

[24] 同上，第439—41页。

[25] 同上，第443页。值得注意的是，李清泉先生在文中也提到，契丹人这样穹庐式的墓葬装饰，也影响到辽代晚期燕云地区的汉人墓葬，例如为人熟知的宣化辽墓群（见图19b）。

[26] 李清泉：《宝山辽墓：契丹墓葬艺术中的“国俗”与身份建构》，载《艺术史研究》2012年第14期。

[27] 这是较庆东陵更早的契丹贵族墓，位于第四位皇帝穆宗（卒于969年）的怀陵附近。

[28] 内蒙古文物考古研究所：《巴林右旗床金沟5号辽墓发掘简报》，载《文物》2002年第3期。

[29] 脱脱：《辽史》，中华书局，1974年，第375页。

［30］这些人物画由于其极为写实的个人化表现，与汉人唐宋墓中同质化的人物画有很大的区别。而且庆东陵中的人物画旁还有契丹小字的签名，因此他们更像是具体官员或侍从的画像。学界相关论述已十分充足可信，因此本文并未对人物画有更多的讨论。关于庆东陵中人物像的分析和研究，参见田村实造、小林行雄：《庆陵——关于东蒙古辽代帝王陵墓的研究报告》，京都大学文学部，1953年，第40—69页；张鹏：《辽墓壁画研究》，天津人民美术出版社，2008年，第60—65页。关于辽代契丹的人物像传统，参见张鹏：《美术史研究中的宋辽御容往来》，载《故宫博物院院刊》2016年第3期。

［31］参见内蒙古自治区文物考古研究所：《辽陈国公主墓》，文物出版社，1993年；辽宁省文物考古研究所：《关山辽墓》，文物出版社，2011年；辽宁省文物考古研究所：《凌源小喇嘛沟辽墓，文物出版社，2015年。

［32］FONG Wen,"Images of the Mind," *Images of the Mind:Selections from the Edward L.Elliott Family and John B.Elliott Collections of Chinee Calligraphy*,Princeton:Princeton University Press, 184:26.

［33］关于“异空间”（heterotopia）的叙述，参见FOUCAULT Michel,"Des espaces autres (Of Other Spaces:Utopias and Heterotopias),"*Architecture,Mouvement,Continuite*,1984(5):46–49。

［34］任爱君：《回鹘“楼居”与契丹“四楼”之关系研究》，载《西北民族研究》1997年第2期。

［35］SYMONS Van J., "Qianlong on the Road:The Imperial Tours to Chengde,"James A.Millward etc.ed., *New Qing Imperial Hitory:The Making of Inner Asian Empire at Qing Chengde*,New York and London:Routlege Curzon, 2004:63.

五星入地：江苏溧阳北宋李彬夫妇墓与五星镇墓葬俗

庄程恒
复旦大学

五星作为天象，与五方、五行相呼应，构成了古代星象信仰中复杂而多元的元素之一。两宋时期的堪舆、镇墓之术，更将五星纳入丧葬信仰空间的构建之中。江苏溧阳北宋李彬夫妇墓所出五星俑及其他星宿相关墓俑为我们探究这一问题提供了难得的实物。

李彬夫妇墓于1972年在江苏省溧阳市竹箦镇中梅村发现并由当时的镇江博物馆和溧阳县文化馆联合发掘，是一处夫妇并穴合葬墓。[1]据墓志记载，墓主李彬卒于元祐六年（1091年）四月二十八日，其妻潘氏于同年五月十八日继亡，并于当年秋祔葬。因两室属于同期工程，故而形制相同，陈设也多相近。据报告可知，该墓两室间距离为1米左右，皆为长方形券顶砖墓，墓长5米，高2.7米，单室宽1.8米左右，方向为70度。墓前有斜坡墓道，墓室中央砌有棺台，墓壁砌有立柱及棂窗等仿木结构，两侧和后壁设有壁龛，其中侧壁分上下两层，每层六龛，后壁为一层三龛。李彬墓室出土时已遭扰乱，多数文物为事后追回。[2]潘氏墓室扰乱相对较少，发掘时可见朱雀、玄武、青龙、白虎四神分别位于棺床的前、后、左、右四方，饮食器皿位于墓室前部左侧，梳洗化妆用品位于前部右侧。（图1）据发掘者调查，李彬墓室出土陶制楼亭轩榭亦分置于墓室的前部，四神俑缺朱雀，其他俑的位置报告没有提及，应与潘氏墓室相同。两室内所出其余各式“神像”俑皆散落墓底，推测可能原来放置于小龛之内。从出土情况看，李彬墓室内出土随葬品较多，建筑模型和各类“神像”也多出自此室，潘氏墓室仅两件，因报告没有提及潘氏墓室扰乱的详细情况，故而不能排除该墓墓俑仍有缺失的可能。从目前所存四神俑的情况来看，应有两套同样的神煞俑，李彬墓缺朱雀的情况可以进一步推断其文物追回并不齐全。因此，对该墓所出墓俑的讨论，有必要将其合并互补，视为同一观念的产物，加以考虑。

图1　李彬妻潘氏墓平、剖面图（采自《文物》1985年第5期，第35页）

由考古简报可知，两室所出陶俑包括有“五星神像”一套五尊，“二十八宿”俑中的“亢、心、房、鬼、毕、娄、胃”七宿，其余有：真武1件、佛像1件、功曹2件、金刚神像2件、力士俑8件（每室4件，各嵌于底部四角）、肩舆及舆夫俑3件。同出的器物有瓜形罐、七宝炉、壁盏、葵口菊花盘、葵口碗、高足碗、瓷碗、瓷盘、铜镜、铜锣、石砚、墓志等。

因该墓发掘年代较早，简报描述有欠缺，在一定程度上也制约了该墓的深入研究，但因该墓所出墓俑题材独特且制作精美，仍引起了不少研究者的关注。其中，白彬在对隋、唐、五代、宋、元墓葬出土神怪俑与道教的研究中就指出李彬夫妇墓中的“五星神像”是墓主李彬宗教信仰的反映。他根据《上清天关三图经·五离解过绝死度生上法》所云“五方五星真皇道君各统一方，总领诸仙。应得道者，言各东华。有阴罪阴过，阳罪阳过，结在北帝太阴君，言各酆都之宫，离别善恶生死之人”，以及“首罪于太阴，修生于太阳，落死籍于北帝，求仙于五星”的记载，指出墓主李彬生前曾修过“五离解过绝死度生”之法，墓中置五星，是期待在五星的帮助下复生成仙。[3]然而，《上清天关三图经》属于“早期上清诸经之一”[4]。北宋之时的李彬虽活动在上清宗坛茅山附近但未必修习此法，根据李彬墓志所称：

平时诵佛书，日数卷，清约而寡欲，世事是非一不芥蒂。巫觋祈禳，乡之人用以起病徼福，独府君□兼无所信。[5]

显然，李彬并不修道教上清之法，故个人信仰并不是他在墓中放置五星神像的原因。曹昕运的研究则着眼于墓葬所出四神俑和墓志，结合地方志文献，指出了李彬与赠朝奉郎李华高、曾、祖、弥四代先人皆相同，故两人应为兄弟。其先祖自陇西地区迁来，南唐时移居溧阳，因而，李彬夫妇墓中陈设四神俑可能是保留陇西地区的葬俗的体现。[6]这一研究提示了李氏墓独特的随葬题材有来自西部葬俗渊源的可能。近年，彭辉的研究对原考古简报中“神像”俑的辨析方面提出了具有颠覆性的观点，其论文通过对简报所称“五星神”及“二十八宿”等俑头部佩戴或随身的动物形象与周边地区出土同类俑像的比对，认为这些“神像”俑应是“十二辰”俑；在此认识基础上，进一步根据《大汉原陵秘葬经》，推定“功曹”俑为“仰观、伏听”俑，“力士”俑为“廉路神”俑，“金刚神像”为“当圹、当野”俑，而真武像应为“天关、地轴”与真武神像的混合，从而对李彬墓中所出神煞俑作出了系统性的解释，认为李彬墓随葬墓俑严格遵循《大汉原陵秘葬经》中《盟器神煞篇·大夫以下庶人坟墓》的规定而设置，体现了道教葬俗对于世俗丧葬的影响。[7]由于原考古报告对于“五星二十八宿”神像的认定，并无提供认定依据，从而也使得学界对该墓葬俗的宗教属性提出了新的思考。此墓究竟属于唐宋以来墓葬流行的四灵十二时镇墓体系的实例，还是出于其他的葬俗观念的运用，这个问题对于探讨该墓的葬俗内涵就显得尤为重要。因此，对李彬墓中所出“五星神像”进行重新辨析成为探讨该墓与唐宋葬俗信仰的重要基础，在此基础上，进一步讨论其宗教属性和葬俗成因的相关观念，从而构成了本文对墓葬葬俗内涵解读的新起点。

一、五星俑考辨

考古简报所称“五星神像”究竟是五星俑还是十二生肖俑，是本文首先需要确定的关键。解决这一问题必须建立在五星神像的图像志基础之上。画史上对于五星图像的记载，始自南朝张僧繇，唐代尤其是吴道子之后记载各类五星相关题材便更多，然而目前传世卷轴画中，除了传为唐代梁令瓒的《五星二十八宿神形图》有摹本留下外，其他画作皆不存，所幸在唐宋时期考古发现的与炽盛光佛有关的佛画中可以得见其样貌，这为我们确定五星形象提供了难得的图像志的参照。此外，在密教《梵天火罗九曜》《七曜攘灾诀》等佛典关于星神图像的描述中，也为我们进一步确定五星图像提供了文献上的补充。因此本节在这一基础上，对李彬夫妇墓所出“五星神像”提供佐证。

简报已对“五星神像”的形态样貌做了初步描述，但对于认定为“五星”形象的证据却没有过多的论述，从文字描述的情况可以看出，简报的执笔者应是根据五星的标识物和样貌特征进行认定和比对的，如“金星”为手执琵琶的女子，“木星”为戴猪首冠的文臣，“水星”为手执经卷的妇女，“火星”为四臂的裸身武士，而“土星”的特征，与传世图像和文献的描述稍有出入，有待进一步认定。

因此，本节拟将李彬夫妇墓中的十三尊“五星二十八宿神像”分作四种类型，并结合唐宋墓中所出典型的十二生肖俑（像）作比较，作出相应的判断。

1. 异域形象类

这一类型包括简报所认定的“土星”“火星”“房宿”等三尊俑像，其样貌特征表现出较强的异域特点，如深目高鼻，或赤裸上身，或披头散发，服饰上也非汉地衣冠袍服。其中“土星”怒目披发，相貌凶恶，头戴卷云形箍，上顶一珠，上身赤裸，项戴锁玲，下身着裙，赤足而坐，一手握拳于胸间，一手握拳置于腿上，通体施绿釉。（图 2）“火星”亦作怒目凶相，左右耳部各贴塑一同样小面，头戴卷云形箍，上顶一绿釉驴首，肩披铠甲，项戴锁玲，上身赤裸，四臂，其中两臂高举，原应持有兵器，已残损，另两臂抱拳于胸前，四腕戴镯。下身着裙，袒腹赤足而坐，通体施姜黄釉。（图 3）“房宿”为一异域老者形象，样貌慈祥，头戴发箍，上顶牛首，肩扎披巾，身着广袖袍服，双手合抱于胸前，身体微向前拱而坐，通体施绿釉。（图 4）

2. 持笏戴兽冠类

这一类型包括简报所认定的“毕宿”“木星”，其中，“毕宿”为青年男子形象，戴介帻，冠上顶一鸟状动物，身着交领广袖长袍，束带下垂，双手捧笏置于右胸，相貌端庄。（图 5）“木星”亦为青年男子形象，戴进贤冠，冠上饰有猪首，其余衣着及持笏姿势皆与“毕宿”相同。（图 6）

3. 袍服带兽类

这一类型包括简报所认定的“壁宿”“心宿”“亢宿”“鬼宿”“娄宿”，共五尊，他们

图2　“镇星”（土星），江苏溧阳李彬夫妇墓出土（采自《镇江出土陶瓷器》，文物出版社，2010年，图165）

图3　火星（荧惑）（采自《镇江出土陶瓷器》，第143页）

图4　“房宿”（采自《镇江出土陶瓷器》，第142页）

图5　“毕宿”（采自《镇江出土陶瓷器》，第142页）

图6　木星（岁星）（胡昕汀摄）

图7　“壁宿”（采自《东南文化》2015年第3期，第84页）

图8　“心宿”（采自《镇江出土陶瓷器》，文物出版社，2010年，第142页）

图9　“亢宿”俑（采自《镇江出土陶瓷器》，文物出版社，2010年，第142页）

图10　“鬼宿”（采自《东南文化》2015年第3期，第85页）

图11　“娄宿”（采自《镇江出土陶瓷器》，文物出版社，2010年，第143页）

的主要特点是俑像皆着男子袍服，身旁带有一兽，或拱手，或持笏端坐。其中“壁宿”头戴进贤冠，着交领长袍，束带前垂，双手持笏于胸前，笏板已断，身右下处伏有一野猪。（图7）“心宿”穿戴与壁宿相同，右侧足部伏有一黄釉狐狸。（图8）“亢宿”头戴束发小冠，着交领广袖袍服，左手握拳，右手持笏，右脚下方贴塑一龙，仰首上视。（图9）“鬼宿”头部已残，身着交领袍服，下身着裳，外罩对襟长袍，似为道袍，束带前垂，足登云履，两手笼于袖中，右足上伏一獬，从服饰判断，应为男相。（图10）“娄宿”通身黄釉，面相为青年男子，眉目清秀，穿戴与上述“壁宿”“心宿”相同，双手持笏于胸前正中，足右立有一犬。（图11）

4. 女相类

这一类型包括简报所称“金星”“水星”“胃宿”，共三尊。其中“金星”首残，身披云肩，长袍蔽膝，下身着裳，束带前垂，怀抱琵琶，做抚弦端坐状。（图12）“水星”为中年女子形象，眉目安详，双耳垂肩，容若菩萨，头戴束发小冠，衣着一如“金星”，一手持经卷，一手置于膝上。（图13）“胃宿”亦为中年女子形象，头戴束发小冠，冠上饰有珠花，冠顶发髻高起前翘[8]，身着交领袍服，肩披帛带，袖手端坐。（图14）

图12 太白星（金星）（采自《东南文化》2015年第3期，第84页）

图13 辰星（水星）（采自《镇江出土陶瓷器》，文物出版社，2010年，图165）

图14 “胃宿”（采自《镇江出土陶瓷器》，文物出版社，2010年，第144页）

从上述分类来看，仅持笏戴兽冠类和袍服带兽类与两宋流行的十二生肖俑相符，然而，从目前已知唐宋时期墓葬所出的人物带生肖俑中，其特点以文臣形象为主，生肖仅以较小的动物像点缀于人物的不同身体部位，一般为人物怀抱生肖俑和人物头顶生肖两类，或站或坐。[9]如浙江临安五代吴越国马氏康陵（939 年）的十二生肖浮雕皆为头戴束发冠，身着袍服，双手拱于胸前，怀抱生肖动物于怀中。[10]（图 15）安徽望江北宋嘉祐七年（1062 年）墓所出 6 件十二生肖人物俑皆头戴刻有“王”字的僧帽，身着宽袖长袍，捧兽首于胸前。[11]（图 16）江西进贤北宋吴助墓（1111 年）所出十二生肖俑皆头戴平顶帽，额前刻有“王”字，身着圆领长袍，手捧生肖动物。[12]江西南丰桑田北宋晚期墓的十二生肖俑均为文臣形象，头戴朝冠，冠顶塑生肖动物形象，以为标识，身着宽袖袍服，双手执笏，足穿尖靴。[13]远在福建的尤溪麻洋北宋壁画所见十二生肖俑，虽仅存蛇、马、羊、猴等生肖，但亦皆头戴生肖冠，上身着广袖袍服，下身着长裙，外套短裙，前垂结饰，足蹬翘履，双手执笏。当然，也有少量将动物置于身旁的，如河北曲阳五代王处直墓（924 年），该墓所出十二生肖汉白玉彩绘浮雕皆戴进贤冠，着交领长袍，或手捧生肖，或持笏，而龙、马两生肖俑即为置生肖动物于身旁。[14]（图 17）尽管如此，这些十二生肖俑基本无一例外地均表现为汉式男子形象，而未见异域人物形象及女

图15　吴越国马氏康陵后室前壁十二生肖之虎、兔、龙（采自《五代吴越国康陵》，文物出版社，2014年，第20页）

图16　安徽望江北宋墓所出十二生肖之鼠、龙、牛、羊（采自《考古》1993年第2期，图版六）

图17　五代王处直墓前室十二生肖浮雕之鼠、龙、蛇（采自《五代王处直墓》，文物出版社，1998年，第34页）

相；且一墓所出十二生肖俑在衣着和冠式及带兽的位置上都表现出较强的一致性，这一点在上述墓例中皆可证明。因此，可以肯定李彬夫妇墓所出“五星二十八宿神像”当非“十二生肖”。

为进一步确定这些神像俑为“五星二十八宿”，有必要将其与传世的五星图像作比对。五星图像除《五星二十八宿神形图》之外，考古发现的大量炽盛光佛与诸曜图像可为五星俑的辨析提供一个相对完整的图像参照，孟嗣徽、廖旸、陈万成、李辉等学者皆对此有较为深入的研究[15]。据李辉的统计，从唐至元此类图像有 16 种之多。其中年代清楚且保存完好者如敦煌藏经洞所出约 9 世纪的《炽盛光佛与诸曜星官图》（下简称“法藏《炽盛光诸曜图》”）和乾宁四年（897 年）的《炽盛光佛并五星神》（下简称“英藏《炽盛光五星图》”，图 18）代表了这类图像的早期形态。江苏苏州瑞光寺塔出土北宋景德二年（1005 年）的《炽盛光佛与九曜星官宫宿图》（以下简称《炽盛光九曜图》，图 19）[16]以及西夏时期敦煌莫高窟 61 窟甬道南北两壁炽盛光佛图、俄罗斯圣彼得堡艾尔米塔什博物馆藏原内蒙古黑城绢画《炽盛光佛与九曜》（以下简称“俄藏《炽盛光九曜图》”，图 20）和宁夏贺兰县宏佛塔天宫所出两幅绢画《炽盛光佛与十一曜星宿图》（图 21a、图 21b）[17]，代表了炽盛光佛为核心的星曜信仰在 11 世纪的广泛流传。从这些图像可以看出，自唐末到两宋，五星图像有了一个相对固定的样式，其中西来的因素也日渐汉化，形成了固定的标识。如金星作女相，手执琵琶；木星为男相，戴猪首冠，着卿相装；水星亦作女相，持经卷，戴猴冠；火星往往作四臂而怒相，头顶驴

图18　炽盛光佛并五星神［采自《海外藏中国历代名画》（第一卷），河南美术出版社，1998年，第153页］

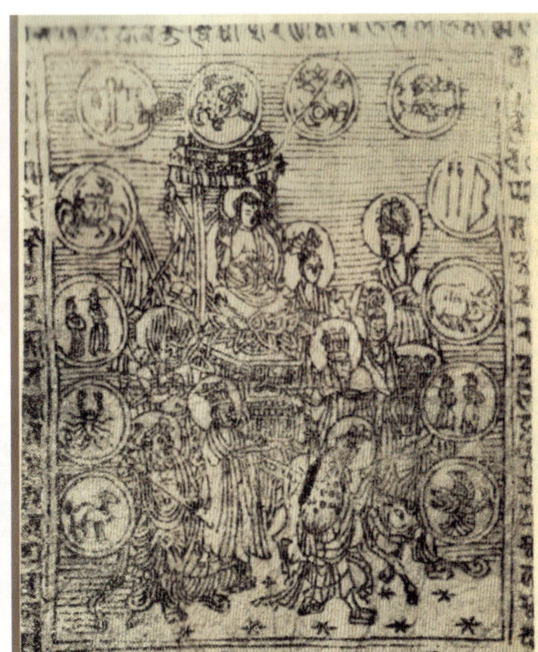

图19　苏州瑞光寺塔出土《炽盛光佛与九曜星官宫宿图》（采自《文物》，1979年第11期，第26页）

图20 《炽盛光佛与九曜》[采自《海外藏中国历代名画》（卷四），第60页]

首；土星作老者形，戴牛首冠，赤上身等特征。[18]尽管有某些特征与李彬墓所出“五星神像”并非完全一致，但是大致不差，正体现了星神图像的多元演化和当时的艺术创造对于文本的调整和互动。

李彬夫妇墓所出“金星”具有披肩与“水星”的女性衣着相似，虽头已残缺，但可断为女相无疑。手中怀抱曲颈琵琶亦无误，从现存英藏《炽盛光五星图》即可见金星正是女相，头戴鸡冠，身着白衣，手弹琵琶。（图22）西夏时期多件炽盛光佛与诸曜的图像中，金星怀抱琵琶的形象更为固定，如俄藏《炽盛光九曜图》（图23），宁夏贺兰宏佛塔所出绢画《炽盛光佛与十一曜星宿图（Ⅱ）》以及敦煌莫高窟61窟甬道南壁壁画的《炽盛光佛图》等皆可见。一直到元代永乐宫壁画《朝元图》和加拿大多伦多安大略皇家博物馆藏《神仙赴会图》（图24）中五星形象，仍可见金星为怀抱琵琶的女子形象。另据《七曜攘灾诀》中的金星神形象描述：“金其神是女人着黄衣。头戴鸡冠手弹琵琶。”[19]由此可见，简报对金星的认定无误。

李彬夫妇墓的“水星”具有女相和手握经卷两个特征。从目前存世的《五星二十八宿神形图》中来看，水

图21a 《炽盛光佛与十一曜星宿图（Ⅰ）》，西夏，宁夏贺兰宏佛塔出土（采自《西夏佛塔》，文物出版社，1995年，第189页）

图21b 《炽盛光佛与十一曜星宿图（Ⅱ）》（采自《西夏佛塔》，第190页）

图22　金星，《炽盛光佛并五星神》局部［采自《海外藏中国历代名画》（第一卷），第156页］

图23　金星，《炽盛光佛与九曜》局部［采自《海外藏中国历代名画》（第四卷），第60页］

图24　金星，《神仙赴会图》局部（采自景安宁《元代壁画：神仙赴会图》，北京大学出版社，2016年，第39页）

图25a　水星，《炽盛光佛并五星神》（采自《海外藏中国历代名画》第一卷，第155页）

图25b　水星，《炽盛光佛与十一曜星宿图（Ⅰ）》局部

图26　《辰星像》，波士顿艺术博物馆藏（采自《宋画全集》第六卷第二册，第286页）

星作女相，其戴猴冠，一手捧经卷，一手执笔的形象与考古所见炽盛光佛图像中的水星形象尤为一致，如法藏《炽盛光诸曜图》、英藏《炽盛光五星图》（图25a）等皆是如此。可视为严格遵从经文描述所作，据《梵天火罗九曜》中的辰星神描述："其神状妇人，头首戴猿冠手持纸笔。"[20]又《七曜攘灾诀》中的辰星神描述："水其神女人着青衣，带（戴）猴冠手执文卷。"[21]值得注意的是宁夏贺兰宏佛塔所出西夏时期绢画《炽盛光佛与十一曜星宿图（Ⅰ）》（图25b）和藏于美国波士顿艺术博物馆的南宋画家所作《辰星像》（图26）出现了金猴托砚于身旁的新样式，而俄藏《炽盛光九曜图》中，猴冠已被改为人首鸟身头饰，但这不影响我们对水星的辨析。因为，在当时的宗教画作中，已对图式有所改易和调整，这种改易调整，或出于画家的理解和创作，但也说明当时对于这种改易的普遍接受，才得以在不同时空中流传开来。因此，李彬夫妇墓所出"水星"形象虽仅有女相和持经卷两个特征，但仍足以确认其为水星。

墓中所出"火星"具有头戴驴冠、四臂、裸身、怒发凶相等多项特征，与经文描述多有重合，是该墓所出神俑最易辨认的一尊。《梵天火罗九曜》中的火星神形象描述云：

神形如外道，首戴驴冠，四手兵器刀刃。[22]

《七曜攘灾诀》中对火星形象描述为：

火其神，到宿命及皆冲向之宿。宜画火曜本身，供养其神。作铜牙赤色貌，带嗔色，驴冠，着豹皮裙。四臂一手执弓，一手执箭，一手执刀。[23]

从存世图像可以看出，法藏《炽盛光诸曜图》与英藏《炽盛光五星图》等较忠于经文描述。李彬夫妇墓的火星，四臂中有两手拱于胸前，两手持物，与瑞光寺塔《炽盛光九曜图》（图27）更为接近。事实上，我们也从贺兰县宏佛塔天宫所出西夏时期绢画《炽盛光

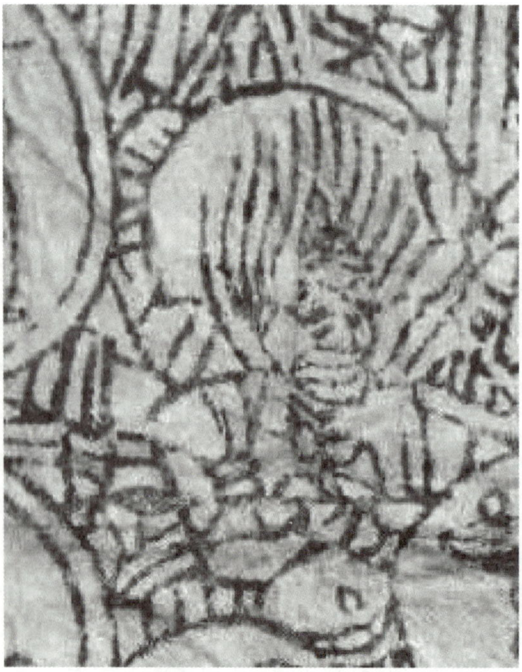

图27　火星，苏州瑞光寺塔出土《炽盛光佛与九曜星官宫宿图》局部（苏州博物馆提供）

图28　火星，《炽盛光佛与十一曜星宿图（Ⅱ）》（局部）

佛与十一曜星宿图（Ⅰ）》《炽盛光佛与十一曜星宿图（Ⅱ）》（图 28）看到火星神有省略为两臂的形象。

木星形象在《梵天火罗九曜》中描述为：

其神，形如卿相，着青衣，戴亥冠，手执华果。[24]

显然，法藏《炽盛光诸曜图》、英藏《炽盛光五星图》最为接近。《七曜攘灾诀》中的木星神形象描述为：

木其神如老人。着青衣，带（戴）猪冠，容貌俨然。[25]

虽与《梵天火罗九曜》的描述略有差别，但强调了戴亥（猪）冠和卿相的形象是一致的。俄藏《炽盛光九曜图》（图 29）即为手持笏板，头戴亥冠的卿相形象，这与李彬夫妇墓所出“木星”的特征尤为相似，此外，在贺兰县宏佛塔所出西夏时期绢画《炽盛光佛与十一曜星宿图（Ⅰ）》和《炽盛光佛与十一曜星宿图（Ⅱ）》亦可见手持笏板，身着袍服作文臣装扮的木星形象，所不同的是，前者头戴幞头，后者戴小冠，皆略去猪首冠的标识。李氏墓所出“木星”俑虽持笏板，但仍保留猪首冠的标识，故可以断定该尊神像为木星无疑。

图29 木星，《炽盛光佛与九曜》（采自《海外藏中国历代名画》第四卷，第60页）

《梵天火罗九曜》中指出土星的样貌特征为：

形如波（婆）罗门，牛冠首，手持锡杖。[26]

可见其特征为异域老者形象，戴牛首冠，持杖。《七曜攘灾诀》又指出：

土其神似婆罗门，色黑，头带（戴）牛冠，一手柱（拄）杖，一手指前，微似曲腰。[27]

亦暗示了土星为老者形象。李彬夫妇墓简报所认定“土星”怒目披发，相貌凶恶，头戴发箍，上身赤裸，项戴锁玲，下身着裙，赤足而坐。虽有异域形象，但并非老者，且无牛首冠标识。（图 30）显然，与法藏《炽盛光诸曜图》、英藏《炽盛光五星图》两画中土星形象有一定差距。倒是“房宿”更为相近。“房宿”为一异域老者形象，额上皱纹明显，双眼深陷，头戴发箍，顶塑牛首，肩扎披巾，身着广袖袍服，且身体微向前拱而坐（图 31），暗合《七曜攘灾诀》所言“微似曲腰”。考诸瑞光寺塔所出《炽盛光九曜图》（图 32a）、俄藏《炽盛光九曜图》（图 32b）、《炽盛光佛与十一曜星宿图（Ⅰ）》和《炽盛光佛与十一曜星宿图（Ⅱ）》等画中土星形象，皆为戴牛首冠，身披豹纹披巾的异域老者形象，因此，认定墓中所出“房宿”应为土星之误，而原“土星”，应为二十八宿之一，究竟为何宿，待进一步考证。

经过以上图像和文献的考辨，基本可以确定简报所认定金、木、水、火四星无误，原“房宿”应为土星。五星既已确定，余下的当为二十八宿中的八宿。显而易见，李彬夫妇墓并非按照《大汉原陵秘葬经》中《盟器神煞篇·大夫以下庶人坟墓》的规定而设置，那么，它又是依

图30 “土星”头部（采自《镇江出土陶瓷器》，文物出版社，2010年，图165）

图31 土星头部（原定为“房宿”）（胡听汀摄）

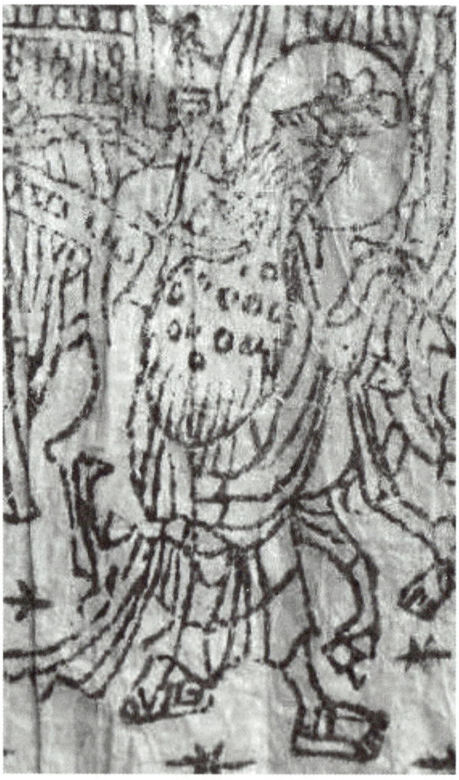

图32a 土星，苏州瑞光寺塔出土《炽盛光佛与九曜星官宫宿图》局部（苏州博物馆提供）

图32b 土星，《炽盛光佛与九曜》局部（采自《海外藏中国历代名画》（第四卷），第60页）

照何种葬俗而设置的？它在墓中又有何意函呢？

二、五星俑与两宋“五星镇墓”葬俗

星宿图像出现在墓室之中，至少可以追溯到秦始皇陵地宫“上具天文，下具地理”[28]的传统，汉魏以来，就有不少墓葬延续这一在墓中表现星象的传统，直到唐宋时期仍有延续。但这些天象图，仅限于对天文的概念化模拟，而值得注意的是，在这一发展过程中，天象图从北朝至唐以来的贵族墓中，转向了一般士庶的墓葬，如河北宣化张氏家族墓[29]（位于今张家口宣化区）、河北井陉柿庄宋墓[30]等。像李彬夫妇墓这样的五星形象化的表现实不多见，几乎成了目前所知的唯一实例。所幸的是，从存世的关于葬俗文献的记载中，可以找到其端倪，为我们探究李彬夫妇墓五星俑的意涵和葬俗传统提供了解读的路径。

宋初成书的《茔原总录》卷五《镇墓法篇第四》云：

凡山岗倾败，来而无势，不可以葬。凡水出可去，而土有堆塞滞者，是土之有？也，宜平治之，使通风水之道。故无出入？。凡冈（岗）势弱，冢墓宜小，冈（岗）势大，冢墓宜大，或势稍怯而欲种树，亦助其势。东槐西梓，南枣北榆。或有伤患之处，宜用土石为兽以防之，则善。东方龙、兔、虎，西方猴、鸡、狗，南方蛇、马、羊，北方牛、猪、鼠，可于域内楞里依方埋兽，入地三尺。又于家（冢）堂之内，用五色石可镇之，东北隅青石，东南隅安赤石，西南隅安白石，西北隅黑石，中央安黄石，皆须完净，大小等者，不限轻重，置讫当于中央之南，祝之曰：五星入地，神精保佑，岁星居左，太白居右，荧惑在前，辰星立后，镇星守宁，辟除殃咎，妖异灾怪，五星摄受，亡者安宁，生人禄厚，累世无疆，兹能永久，急急如律令。[31]

成书年代较《茔原总录》稍晚的官修堪舆著作《地理新书》中也有近乎相同的记述，云：

镇墓古法有以竹为六尺弓度之者，亦有用尺量者，今但以五色石镇之于冢堂内，东北角安青石，东南角安赤石，西南角安白石，西北角安黑石，中央安黄石，皆须完净，大小等，不限轻重。置讫，当中央黄石。南祝之曰：“五星入地，神精保佑。岁星居左，太白居右，荧惑在前，辰星其后，镇星守中，辟除殃咎。妖异灾变，五星摄授。亡人安宁，生者福寿。急急如律令。……上并因官书旧文参定，皆世俗所用者。”

这两则文献有着明显的承袭关系，都表明象征着五星的五色石放置墓中，可以辟除灾殃，使得亡人灵魂安宁，生人得到福寿、厚禄，乃至“累世无疆”，可谓冥阳两利，共沾福泽，惠及后代子孙。尤须指出的是，《地理新书》作为官修书，特地强调“上并因官书旧文参定，皆世俗所用者”，可见以五色石象征五星镇墓的方式具有一定普遍性，属当时官方认可的、世俗采纳的一种镇墓之法。据清代徐松所辑《中兴礼书续编》记载，昭慈圣献皇后（哲宗孟后）攒宫中，即有五色五精石块的设置，显然亦属五星镇墓之法。[32]近年，在江苏南京西天寺墓园南宋墓（1155年）中发现的一处采用五方五色石实行镇墓之法实例可以与上述文献相印证。

该墓为仿木结构砖雕壁画墓，在墓室棺床中部设一金井，呈正方形，内置青、红、白、黑、黄五色鹅卵石，各依方位分别置于金井的东、南、西、北、中五方，中央黄石，体积略大。[33]（图 33）由此可见，五星镇墓之法，在宋代有着相当长时间的流行，且具有相当的普遍性。

图33 金井与五方五色石，江苏南京西天寺南宋墓出土（采自《2015中国重要考古发现》，文物出版社，2016年，第142页）

在成书金元之间，但保存着唐宋时期中原葬俗的《大汉原陵秘葬经》[34]中可以看到，五星镇墓之法，虽然观念一致，但在表现上存在等级差异。其中《盟器神煞篇》中“天子山陵用盟器神煞法”载：

十二天官将相本形，长三尺三寸，合三十三天也。十二元辰本相长三尺，合三才，按（安）于十二方上。五方五呼相将各着五方衣，长三尺五寸，安五方，二十八宿本形长三尺二寸，合三才二仪也。岁星长三尺二寸，安东方；太白星长四尺，安墓西界；荧惑长三尺二寸，安南方；辰星长三尺二寸，安北方；镇星长三尺五寸安墓心。[35]

同篇“公侯卿相盟器神煞法”中言：

十二元辰长二尺二寸，安十二方位。五精石镇五方折五星，五方五呼将长二尺四寸安五方。[36]

同篇“大夫以下至庶人盟器神煞法”载：

十二元辰长一尺二寸，安十二方。五呼将长一尺二寸，镇墓五方五精石镇五方。[37]

可见，五星镇墓之法虽出自同一观念，但五色石在天子山陵这一等级上出现了形象化变化。从文献记载可以看到，这一习俗在英宗永厚陵中得到了一定程度的实施。李攸《宋朝事实》中记英宗永厚陵下葬情况，云：

英宗梓宫至永厚陵，馆于席屋，从韩公下视。宫有正殿，置龙輴，后置御座，影殿置御容。……梓宫升石椁西首，御夷床，下不及地尺而止。巳时一刻，乃下，置珠网花结于上，布方木，及盏条石，及设御座于盖下。前置时果及五十味食，别置五星十二辰，及祖思、祖明尊位于四壁。[38]

从中可见，英宗永厚陵也有五星镇墓的设置，但表现上未必为形象化的五星俑像，而可能是神位。因此可以推断，尽管五星俑在《大汉原陵秘葬经》中记载，作为天子山陵专属，但是我们很难确定这种专属执行的严格性，因为如《大汉原陵秘葬经》一类的地理葬书，并不具有礼仪制度的约束力，仅作为五星镇墓观念的一种表达，这种观念在两宋时期具有相当多样化的表达。因此，李彬墓采用五星俑像行镇墓之法并不是一种制度的僭越，而是在世俗普遍的星命观念普及之后，随着佛教图像的广泛传播而产生的一种以五星具象化代替抽象化的表达，体现出了五星镇墓在唐宋时期的新变化。

三、“五星镇墓”的渊源及其唐宋新变

五星作为天文星象，在秦汉以来即受到重视，并发展出一套与国家祸福、个人命运息息相关的理论学说，并被纳入五行学说之中，形成了一套体系性的解释系统。如《淮南子·天文训》所言：

何谓五星？东方木也，其帝太皞，其佐句芒，执规而治春。其神为岁星，其兽苍龙，其音角，其日甲乙。南方火也，其帝炎帝，其佐朱明，执衡而治夏。其神为荧惑，其兽朱鸟，其音徵，其日丙丁。中央土也，其帝黄帝，其佐后土，执绳而制四方，其神镇星，其兽黄龙，其音宫，其日戊己。西方金也，其帝少昊，其佐蓐收，执矩而治秋。其神为太白，其兽白虎，其音商，其日庚辛。北方水也，其帝颛顼，其佐玄冥，执权而治冬。其神为辰星，其兽玄武，其音羽，其日壬癸。[39]

这说明至少从汉代开始，五星与五行、五帝、五兽、五音、天干、四季等已形成了一个对应的观念系统，并在汉代的丧葬中得到了具体的运用，成为我们上述讨论“五星镇墓”的渊源。

《太清石壁记》记刘安“五石丹方”云：

五石者是五星之精。丹砂，太阳荧惑之精；磁石，太阴辰星之精；曾青，少阳岁星之精；雄黄，后土镇星之精；礜石，少阴太白之精。右此五星之精，其药能令人长生不死。[40]

《太清石壁记》成书于梁隋之间[41]，但其所记内容仍很好地反映了汉魏南北朝以来已形成了丹砂、磁石、曾青、雄黄、礜石所组成的五色石作为五星之精华的观念。同时，五色石作为五星之精华，可以令人长生不死。这在汉代出土镇墓文材料中，得到了很好的印证。刘昭瑞针对东汉镇墓文及镇墓瓶中“神药”的共用问题，指出了五色石具有镇墓和消灾祈福的作用。[42]其中，陕西咸阳出土汉永平三年（60年）陶瓶镇墓文：

永平三年十［月］九日丙申，黄神使者□（为）地置根，为人立先，除央（殃）去咎，利后子孙，令死人无适（谪），生人无患，建立大镇，慈、礜、雄黄、曾青、丹沙（砂），五石会精，众（？）药辅神，冢墓安宁，解蘏□草，□□为盟，如律令。[43]

又如陕西西安和平门外发现的初平四年（193年）汉墓镇墓文中也提到：

王氏冢中，无惊无恐，安隐（稳）如故，曾（增）采益口，千秋万岁，无有央（殃）咎。

谨奉黄金千斤两，用填（镇）冢门，地下死籍削除文，他央（殃）咎转要道中人。和以五石之精，安冢莫（墓），利子孙，故以神瓶震（镇）郭门。如律令。[44]

这两者均皆很好地说明五色石镇墓消灾祈福的作用。有趣的是，永平三年汉墓陶瓶内装有米白色、黄色、蓝色、青灰色小石块，作为镇墓的“神药”可使“死人无谪，生人无患”，可使“冢墓安宁”的观念，与上述《茔原总录》《地理新书》等书所述五色石表达五星镇墓的观念，有着较高的一致。而西安出土光和二年（179年）段氏镇墓文，更记述了不同方位的“起土”与相克星辰震慑的作用，其云：

东方起土，大白□之；南方起土，辰星威之；西方起土，荧惑□之；北方起土，镇星□□之。[45]

显然，东方在五行中属木，以属金的太白星（金星）震慑；南方属火，以属水的辰星（水星）威之；北方属水，以属土的镇星（土星）震慑，正是基于金克木的五行观念。说明五星可以震慑五方所带来的灾殃，而五色石作为五星之精的象征物出现在墓葬之中，与《茔原总录》和《地理新书》提到的“妖异灾变，五星摄授”，具有相同的观念，体现了五星镇墓观念作为一种强有力的传统在宋代丧葬习俗中的延续。不仅如此，在五代至两宋之间，五星对于墓葬的作用仍有其他的观念表现，如五代南汉国光天元年（942年）广州泥城北厢某氏买地券的券文就提到：

封罡日，天地合息，五星照明堂。凭此立石富贵大吉昌。[46]

此处“五星照明堂”当指下葬之日，五星汇聚，照亮墓圹，消灾吉昌。此外，传为宋代张子微的《玉髓真经·五星龙髓第一》云：

天上行次有五星，地下行龙分五形。五星五行均一体，地下五行参五星。[47]

可见五星在堪舆观念中的影响。

李彬夫妇墓所出现的人格化的五星形象，让我们看到五星镇墓在佛教传入以前即已形成的葬俗观念，同时也看到传统葬俗在宋代的转变，即随着人格化的五星图像在礼仪与信仰等多个层面的传播，在不改变原有葬俗观念的基础上，出现了新的表现，而这种转变的背后，正是经历了星象图像由抽象符号化的天文图向具象化的人物化形象的转变。自六朝时代开始，画家开始有了星宿人物画的创作。[48]随着九曜星命观念在多个层面的传播和接受，这些自域外传入的星宿形象经过了漫长的汉化，终为官方和世俗普遍接受。[49]《续资治通鉴长编》卷三〇六“元丰三年”（庚申，1080年）条云：

详定礼文所言。卤簿所用二十八宿五星摄提旗，有司乃取方士之说，绘为人形，于礼无据，伏请改制，各着其象，以则天文。[50]

可见，形象怪诞且带异域色彩的人格化星宿形象曾一度为官方礼制所采纳，成为普遍认同的星宿形象。以至于在北宋晚期，宋徽宗下诏，规范星宿形象。[51]在这种社会风气之下，流行于世的人格化星象形象为墓葬中将原有五星观念形象化的表达提供可能性。李彬夫妇墓的五星俑正是基于传统五星镇墓观念与个人佛教信仰的融合，将五星与九曜的部分形象重叠，最终促成了这种墓葬神煞组合的选择。

余 论

李彬夫妇墓所出五星俑为宋代墓葬神煞的罕见题材。本文经过对图像和文献的考辨，基本可以确定李彬夫妇墓发掘简报所认定金、木、水、火四星无误，原“房宿”应为土星。透过《茔原总录》《地理新书》等堪舆葬书可以发现这种五星镇墓的葬俗与汉代镇墓有着观念上的同一性，作为汉代五行观念的延续，李彬夫妇墓的五星镇墓表现了新的变化，李彬夫妇墓所采用五星俑像行镇墓之法并不是一种制度的僭越，而是受到世俗普遍的星命观念普及之后，随着佛教图像的广泛传播而产生的一种以五星具象化代替抽象化的表达，体现出了五星镇墓在唐宋时期的新变化，即传统五星镇墓观念与世俗佛教信仰的融合。

行文至此，仍有一些问题尚无法最终解释，为何李彬夫妇墓中的二十八宿俑只有八尊，是盗扰所致，还是与星命信仰有关？《诗话总龟》曾记道士沈廷端临终嘱咐弟子以土宿画像随葬之事，云：

雍熙二年（985 年）……上元日甲辰辞道侣居阮集仙亭，念《人生几何赋》，无病而终。遗言于弟子，将画者土宿一帧、《度人经》一卷随葬。[52]

可见，以单一星宿神像随葬曾存在，这种或与个人选择有关。至于李彬夫妇墓中出现了炽盛光佛和真武也并非绝无仅有，在宁夏贺兰县出土的西夏宏佛寺天宫就发现过真武与带有诸曜的炽盛光佛画卷同时存在的情况（图 34），它们之间未必存在着制度化宗教的经典化依据，

图34 真武像，西夏，宁夏贺兰县宏佛塔天宫出土（采自《西夏佛塔》，第191页）

图35a 真武像，江苏溧阳李彬夫妇墓出土（采自《镇江出土陶瓷器》，第145页）

图35b 佛像（采自《文物》1985年第5期，第43页）

但说明了不同宗教之间的并存。李彬夫妇墓将真武与炽盛光佛并置（图35a、图35b），恰恰说明了佛教和真武信仰在葬俗中的交融，个人信仰与葬俗传统的交织并存。在看似不合理的组合中，蕴含着死者或者丧主对于多元宗教选择的包容。

注释：

［1］镇江市博物馆、溧阳县文化馆：《江苏溧阳竹箦北宋李彬夫妇墓》，载《文物》1980年第5期。

［2］彭辉：《江苏溧阳北宋李彬夫妇墓出土俑像、墓志及葬俗特征研究》，载《东南文化》2015年第3期。

［3］张勋燎、白彬：《中国道教考古》第六期，线装书局，2006年，第1714—1716页。

［4］任继愈主编：《道藏提要》，中国社会科学出版社，2005年，第661页。

［5］彭辉：《江苏溧阳北宋李彬夫妇墓出土俑像、墓志及葬俗特征研究》，载《东南文化》2015年第3期。

［6］曹昕运：《溧阳李彬夫妇墓初探》，载《长江文化论丛》第5辑，中国文史出版社，2007年，第109—114页。

［7］彭辉：《江苏溧阳北宋李彬夫妇出土俑像、墓志及葬俗特征研究》，载《东南文化》2015年第3期。

［8］简报误认为是雉冠。

［9］唐静：《考古材料中十二生肖的类型及演变》，吉林大学2007年硕士论文，第19页。

［10］杭州市文物考古所、临安市文物馆：《浙江临安五代吴越国康陵发掘简报》，载《文物》2000年第2期；另见杭州市文物考古研究所、临安市文物馆：《五代吴越国康陵》，文物出版社，2014年，第7—35页。

［11］程霁红：《安徽望江发现一座北宋墓》，载《考古》1993年第2期。

［12］彭适凡、唐昌朴：《江西发现几座北宋纪年墓》，载《文物》1980年第5期。

［13］江西省文物工作队、南丰县博物馆：《江西南丰县桑田宋墓》，载《考古》1988年第4期。

［14］河北省文物研究所、保定市文物管理处：《五代王处直墓》，文物出版社，1998年，第10—41、49页。

［15］详见孟嗣徽：《五星图像考原——以藏经洞遗画为例》，载《艺术史研究》第3辑，中山大学出版社，2001年，第397—409页；廖旸：《炽光佛构图中星曜的演变》，载《敦煌研究》2004年第4期；陈万成：《唐元五星图像的来历——从永乐宫壁画说起》，载氏著：《中外文化交流探绎：星学·医学·其他》，中华书局，2011年，第73—109页；李辉：《汉译佛经中的宿曜术研究》，上海交通大学2011年博士学位论文，第107—158页。

［16］苏州市文管会、苏州博物馆：《苏州市瑞光寺塔发现一批五代、北宋文物》，载《文物》1979年第

11期。

[17] 于存海、何继英：《贺兰县宏佛塔》，载雷润泽等编著：《夏佛塔》，文物出版社，1995年，第60—61页。

[18] 参见陈万成：《唐元五星图像的来历——从永乐宫壁画说起》，载氏著：《中外文化交流探绎：星学·医学·其他》，中华书局，2010年，第96—109页。

[19] 《七曜攘灾诀》卷中，载《大正藏》第21册，第49页，CBETA电子佛典2014.04。

[20] 《梵天火罗九曜》，载《大正藏》第21册，第460页，CBETA电子佛典2014.04。

[21] 《七曜攘灾诀》卷中，载《大正藏》第21册，第449页，CBETA电子佛典2014.04。

[22] 《梵天火罗九曜》，载《大正藏》第21册，第460页，CBETA电子佛典2014.04。

[23] 《七曜攘灾诀》卷中，载《大正藏》第21册，第449页，CBETA电子佛典2014.04。

[24] 《梵天火罗九曜》，载《大正藏》第21册，第461页，CBETA电子佛典2014.04。

[25] 《七曜攘灾诀》卷中，载《大正藏》第2册，第449页，CBETA电子佛典2014.04。

[26] 《梵天火罗九曜》，载《大正藏》第21册，第459页，CBETA电子佛典2014.04。

[27] 《七曜攘诀》卷中，载《大正藏》第21册，第449页，CBETA电子佛典2014.04。

[28] 司马迁：《史记》卷六《秦始皇本纪》，中华书局，1959年，第265页。

[29] 详见河北省文物管理处、河北省博物馆：《河北宣化辽壁画墓发掘简报》，载《文物》1975年第8期；河北省文物管理处、河北省博物馆：《辽代彩绘星图是我国天文史上的重要发现》，载《文物》1975年第8期；河北省文物研究所等：《宣化辽代壁画群》，载《文物春秋》1995年第2期；河北省文物研究所：《宣化辽墓》，文物出版社，2001年。

[30] 河北省文化局文物工作队：《河北井陉县柿庄宋墓发掘报告》，载《考古学报》1962年第2期。

[31] 杨惟德：《茔原总录》卷五《镇墓法篇第四》，元刊本，国家图书馆藏，无页码。

[32] 徐松：《中兴礼书续编》卷四十四："慈圣献皇后（哲宗孟皇后）攒宫。绍兴元年正月十一日，礼部言据太史局申检会园陵故事，诏内侍与少府监制造十二神等，今来攒宫内合用神杀等，欲乞指挥工部下所属制造十二神，系元神一十二尊，五方神五尊，以五方色装，蒿里老、清道官各一尊，各立高一尺二寸……五精石块，系青、赤、黄、白、黑，大小不等皆须圆静（净），并合用河水、浆酒各一瓶，乞下越州应副，诏显仁皇后攒宫。"（顾廷龙主编：《续修四库全书》第823册，上海古籍出版社，2002年，第554页。）

[33] 王宏、苏舒：《江苏南京西天寺墓园宋墓》，载《2015中国重要考古发现》，文物出版社，2016年，第140—143页。

[34] 关于此书成书年代、流行区域与影响，徐苹芳先生曾有专门论述。他认为该书虽属于金元时期山西地区的地理葬书，但《秘葬经》所记葬俗却在山西、河北、陕西、河南、四川等地的唐至元的墓葬有所保留，甚至在江苏的南唐二陵也有部分保留。（详见徐苹芳：《唐宋墓葬中的"明器神煞"与"墓仪"制度》，载《考古》1963年第2期。）

[35] 张景文：《大汉原陵秘葬经》，载《永乐大典》第4册卷8199，中华书局，1999年，第3828页。

［36］同上，第3829页。

［37］同上。

［38］李攸：《宋朝事实》卷十三，中华书局，1985年，第210—211页。

［39］何宁：《淮南子集释》卷3，中华书局，1998年，第183—188页。

［40］《道藏》第18册，文物出版社、上海书店、天津古籍出版社，1988年，第767页。

［41］任继愈主编：《道藏提要》，中国社会科学出版社，2005年，第391页。

［42］刘昭瑞：《东汉镇墓文中所见“神药”及其用途》，载《华学》第七辑，中山大学出版社，2005年，第191—202页；另见氏著：《考古发现道教与早期道教研究》，文物出版社，2007年，第279—296页。

［43］刘卫鹏：《汉永平三年朱书陶瓶考释》，载《文物考古论集——咸阳文物考古研究所成立十周年纪念》，三秦出版社，2000年，第164—169 页。

［44］唐金裕：《汉初平四年王氏朱书陶瓶》，载《文物》1980年第1期；陈直：《汉初平四年王氏朱书陶瓶考释》，载《考古与文物》1981年第4期。

［45］刘昭瑞：《汉魏石刻文字系年》，新文丰出版公司，2001年，第204—205页。

［46］程存洁：《广州出土南汉买地券考》，载《广东省博物馆集刊（1999）》，广东人民出版社，1999年，第46—48页。

［47］张子微：《玉髓真经》卷一，载《续修四库全书》第1053册，上海古籍出版社，2002年，第6页。

［48］江晓原：《星神画像——域外天学来华踪迹》，载《中国典籍与文化》1994年第4期。

［49］陈万成：《唐元五星图像的来历——从永乐宫壁画说起》，载氏著：《中外文化交流探绎：星学·医学·其他》，中华书局，2010年，第108—109页。

［50］李焘：《续资治通鉴长编》卷三〇六，中华书局，2004年，第7439页。

［51］赵佶《图写九星二十八宿朝元冠服颁行天下诏（宣和元年五月二十七日）》云：“比览宫观祠宇，九星二十八宿真形，有服牛乘马、操戈执戟者，有戎衣端坐、露顶跣足者，或裸袒其体，或瓮缶以居，率皆诞怪万状，黩侮靡常。欲祈降格上真，丕冒景贶，莫可得也。朕以谓高辰列曜，参拱玉帝，以辅元化，莫非冠服端肃俨然之相。隐显虽殊，天人不远，正如世谛，君臣之理，曾何若是！万几暇日，稽考琼文玉笈，究其杳然，果得其详。躬御丹青，图写九星二十八宿朝元冠服图，颁行天下，昭示多方。庶使群动倾瞻，咸趋妙道，穰穰之福，以逮邦家，岂不伟欤。”（参见曾枣庄、刘琳主编：《全宋文》第165册，上海辞书出版社、安徽教育出版社，2006年，第340页。

［52］阮阅编、周本淳点校：《诗话总龟》（前集）卷四十六，人民文学出版社，1987年，第445页。

"图性"问题三条半理论
——《汉画总录》沂南卷的编辑札记[1]

朱青生
北京大学

理论提出

本文基于对沂南画像石的图像性质的分析，提出"三条半理论"。这个研究的基础是对《汉画总录》沂南卷的编辑[2]。三条半理论是为了进一步解释图像性质的差异。

任何图像，由于其性质的不同，在使用中就有不同的**作用和功能**。**图像的作用和功能**并不完全是指图像作为一个物质存在的实际作用和功能，也不完全是图像所描述的事物本身的作用和功能，而是**指这个图像本身作为一个图像意义的作用和功能，是形相学中图用学上的作用和功能**。一般会认为，每一种图像使用的作用与功能一定与图像本身的性质一致。但是通过这次沂南北寨汉墓的调查和研究，发现这个**一致性不成立**。图像的功能与作用跟图像本身的性质到底是一个什么关系，就是这篇论文所要提出来的学术问题。

在过去的研究中将之表述为：作为神祇（被供奉的图像）[3]、作为符箓[4]（作为区隔的图像）和作为叙事[5]（被描述的图像）以及装饰[6]图像都可以使用的同一个图像，比如云气或者瑞兽，由于其所处的位置和关系不同，造成不同的**作用和功能**，对之理解和解释就可能完全不一样。同样一个图像，在不同的使用情况中，比如作为日常使用的器物，与其置放在神圣的祭台上接受供奉，或者是放在路口门边起标识作用，或者只是作为装饰和填充的纹样出现在腰带、衣缘等处，**作用和功能**不同，对这个图像的意义的解释随之变更。这次研究的是图像性质，是另外一个角度，所以不能用《将军门神起源研究》中的四功能论[7]，即神祇—符箓—记录/门区活动（—装饰）作为四个功能的术语。

在一个"完全的"图像整体（如一个墓葬或一个教堂）中，同一种作用与功能是由各种性质的图像来承担。各种性质的图像交织在一起，容易引发接受和理解上的混乱。譬如，一个有辟邪符号、起"符箓"作用的图像，如果图像讲的是一个情节动人的故事，这个故事的叙事内容或记载的史实是否与用图像在此处的主人有关？其划分标示的偶像（神像）是否与其所承载的神圣的意义及与接受祭祀发生关联？由此引发了对图像本身的一个问题的思考，就是一个"图像"既具有它所承载的内容和意义，也有其**图像性质**，于是本文提出**图性**的概念作为研究的切入点。

图像性质是形相学中图法学（相当于语言学中的语法学，与“图义学”/图像学和“图用学”并列）研究的一个局部问题。图法中包含各个类项，**图性问题不是研究一个图像是如何构成的问题**。图像构成的逻辑指的是任何图像在不同的图像层次上，根据图法在某一个层次上的作用，从一条有意刻画的线条（痕迹）到勾画的形状、组成的图形、描绘的形象、表达意义的图画，再到整个图像全体单位（如墓葬），可以分出七个不同的层次，每一个层次中的图像基本元素由低一个层次的图像元素构成，如某个形状由一组线条构成，或者某个图画由一组形象构成，等等。图像构成原理上分为的七层分别是：1. 线条；2. 形状；3. 图形；4. 形象；5. 图画；6. 画幅；7. 整体构成（一个单体作品 / 此处为墓葬的全部图像）。图像构成原理并非就此完结，再往上就超出图像，到达图与其他（因素）之间的关系，如图像与事物和空间结构之间（“装置”层次），甚至与信仰和行为之间的关系（“观念”层次），均超出图像范围，成为图像构成原理更高一层的关系，另当别论。

图性问题不是研究墓葬（即上文“7. 整体构成”）中图像与墓葬主人作为主体之间的物理关系和观念（观看）关系。在 2015 年第四届墓葬美术会议上，我对这个问题进行了论述，将“汉代墓葬为原型做一个框架性设计模型。整个结构从里向外，以墓主的尸身为起点，依次是饭含窍塞、敷涂—内衣—外衣和服饰、尸衾—随身陪葬器、棺椁和随葬器、墓室和随葬器、墓葬结构和边箱、陪葬结构、墓上建筑与墓园、（与墓葬没有直接关系的）祭祀—居址、区域地理、政治环境、世界（天地）结构。所有层次均含方位、空间、器物和图像装饰。每个层次既可以单独考察，也必须整体考虑”[8]。

图性问题是图像性质的分析，图像在构成 / 形成之后，在承担作用与功能之前（图像性质与图像作用是两个不相同的领域和问题），是否自身具有不同的性质差异？一旦问及图像的性质，首先要将图性分析、归类。图像性质可能有四种，即作为“被描述的图像”，作为“被指认（供奉）的图像”，作为“区隔划分标志的图像”和作为辅助作用即“装饰的图像”。所谓三条半理论是对这三种不同图性，之外还有“装饰”的归纳。三条半理论建立在艺术史学相对历史学和考古学而言需要独立建设的试验之上。艺术史所研究的主要媒介和对象——图像既不是语词（表达明确意义的文献），也不是实物（考古发现的物质资料），而是第三类对象。在这样的一种三路并行的基本认识框架下，图像具有自身独特的性质划分。当然，图像也以自身独特的性质承载意义，需要不断对方法和理论甚至研究技术进行推敲。任何图像，无论其在古代作为“图画”“雕刻”或“空间构筑”以及“纹样”，还是在现代作为影像和视频，以及计算机数字图像，就其主要的图像作用和功能来说，都可能具有与文献和物质材料不同的性质。

本文之所以提出三条半理论，是为了说明图像具有“三种加一”的性质，亦即除了指代性—区分性—叙事性，还有一种模糊和笼统的归纳——装饰性。这四种性质并列而不平行。由于第四种装饰具有比较模糊、笼统的功用，装饰图像表面上看是出于辅助目的的填充和美化，却具有复杂的类似于语言学中“定语”和“状语”的形相学功能与作用，不像前三种一样具有明确鲜明的相对同等而不可互相替代的性质及其功用。所以，本文不将装饰性看成与前三种完全等价的一种性质，而名之为“半”。“半”并不是说装饰不重要，而是说装饰性中既包含或“依附”上述的三种图像性质的不完全状态，又需要不同于前面三种的对之分析解释的方法，其性质具有更为丰富和模糊的内涵，将之另设专案研究，所以称这种方法为“三条半”理论。

注重对图像性质的研究，就是不把图像看成只是笼统的一种“图”，而是不同性质[9]的图。图有**“图性”**之分，图性是按照图像性质来划定，而非根据图像中的“形象”“内容”和“主题”等意义来划分，这是三条半理论在图像研究（或墓葬美术研究）推进中的不同的意义所在。实际上，所谓图像性质，也是离不开从内容/意义（属于图像学，即形相学中的图义学范畴）—功能与作用（属于形相学中的图用学范畴）研究而向图性推进一步，成为理论的。这次编辑《汉画总录》沂南卷，在对沂南画像石墓的重新著录中，我们特别提出**图像性质（图性）问题**，也就是说明图与图之间的性质不同，它们集合在一起构成综合关系（整个墓葬）时，各个图像单位之间不一定是简单的关联、并置和平行关系，而是有不同的结构方法进行穿插、交织。而每个图像由于图像性质与使用功能并不等同一致，所以画面的状态和使用的意义关联不那么直接而简明。

考察这些不同图性的三条（半）系统的图像各自在整个墓葬中的穿插交织的组合关系的情况，就涉及同一图像性质之间和不同的图像性质之间的结构关系如何解释。这就牵引出另一个问题：“形相逻辑”。形相逻辑作为**“图法”**，除了研究图像是怎样构成的（形相学的“形学部分”）之外，还研究图像互相之间存在的抽象的互相关系（形相学的“相学部分”）。要考察形相学的“形学部分”图法是如何建造形相逻辑的规律，如何在形相逻辑中进行图像因素结构分割、分层，区分功能，确定组合方式和发现结构功能，图性就成为重要的考虑对象。这是视觉与图像研究的另外一个类型的问题，这些问题我们在不同的学术论文中各有涉及[10]。形相逻辑是纯粹从图像形式进行考察和分析，属于“纯形式结构”，并在这个前提之下，不考虑图像所承载的内容/意义解释（不问图像志，即图像的含义）。所以图性不是对图像意义的解释，而是关于图自身的纯粹构成规律的学问，是“图法学”问题。

图画与图画构成**“画幅（6）”**，或者进一步，在**“整体（7）”**构成（一个单体作品/此处为墓葬的全部图像）中全部图像之间的关系，正是在形相逻辑中考虑的。其中图性——图像因素本身的性质——就在形相逻辑中发生作用，“三条半”理论就在这个层次阶段上展开。性质各异的图像被置放在一个墓葬中或者一幅墓壁上作为一个整体来共同考察的时候，图性（图像性质）在组合、形相逻辑在结构中的作用就凸显出来，与图法学理论产生关联。

现在对沂南北寨汉墓整个墓葬图像关系进行解释的时候，就要根据其各部分图像性质的差异来解释，观察各个图像单位是否由于其图性不同，确定和影响了这个图像的**作用和功能**，各个不同性质的图像是否影响到图像在图法结构中的不同，而且同性质图像各自自成系统，相互照应并关联，但与其他各种不同性质图像之间又是一种什么样的关联，从而逐步厘清对墓葬图像整体的意义、象征和隐喻的认识。

我们将这个“墓葬美术研究题目”作为图像研究的切入点。为了与解释图像意义的图像学/图像志（图义学）研究相区别，我们姑且称之为**“形相学”**中的“图法学”。由此考虑图像学和形相学的关系略可比附文字学和语言学的关系。当然，现代媒体的发展，使人认识到作为媒介的图像和真理（现实和真实）之间已经发展出七种不同的图像，但是在墓葬美术这样的研究范畴内无从对之整个地涉及。

图性：结合沂南卷调研材料分别论述三条半理论

本文之所以说三条半理论，在沂南汉墓提供的考察范例中，先以墓门门区为例，逐个考察每个图像因素，以后再逐步考察不同墓葬部分的状况。现在我们来对图像性质（图性）进行具体的分析。

墓门门区是沂南墓作为整个墓葬整体构成（一个单体作品/此处为墓葬的全部图像）中的一个部分，可以视为形相逻辑七层中的第6层**“画幅”**，这个画幅由各种**“图画”**（第5层）构成，而每一幅图画又是由诸多**“形象”**（第4层）构成。在形象—图画—幅面之间出现了图像性质（图性）的差别，所以编辑《汉画总录》沂南卷是研究图像性质区别问题一个很好的个案。在《汉画总录》中，沂南墓门区画像石被著录为四幅图画，编号为SD-YN-001-01、SD-YN-001-02、SD-YN-001-03、SD-YN-001-04。这次对沂南北寨汉画像石墓进行重新著录时，考虑到过去曾昭燏等先生所作的著录已相当精致，况且当时他们又在发掘现场，所见图像更为清晰，与其他随葬物的位置关系更为原初而直观，于是我们首先对旧著录进行仔细研究，以此为底本，进行了一些修正与补录，让著录尽可能准确[11]。

图像编号划分的根据是，每幅即一种“图画”单元，而并不是以其所依附的每一个建筑构件来划分，比如SD-YN-001-01就横跨两块构件。在整个沂南墓中，既有一幅图画横跨一块以上的构件，也有同一构件出现一幅以上的图画，所以在此，**图画和建筑构件之间的关系可以略去不计**。这是延续曾昭燏等先生的方法。而此处之所以将之分为四种图画并视为各个独立、不同于其他的部分，即视之为各有界限、不相混淆从而构成（门区的）画幅而又将之混在一起著录，也是沿用《汉画总录》规定的范例。

本文的学术问题是说明各种图画有其特定性质，即图性。先看如下著录文字——第一幅（著录为SD-YN-001-01）：

此幅为墓门上的横额。画面主要刻着一幅战争图。中心是一座下有两个桥柱、两旁有栏杆而两端立着柱子（华表？）的桥，柱顶作三角形。桥一端有一辆四维轺车，一马拉着，车厢内坐一人，戴着前低后高的帽子（武弁？）；车厢前部坐着驭者，右手扬鞭，左手持辔。车前的上空有两只鸟飞翔。车前有两个骑兵导引，车后有两个骑兵随从，皆一手执槌状物（鼗鼓？），一手荷长矛，两者均带缨。再前是大队的步兵：有四个持钺的，正在上桥；有二十一个一手持刀、一手执盾的，其中有些正在上桥，有些已在桥上行走，有少数几个边下桥边战斗。这些步兵皆戴圆顶帽，着短衣。桥的另一端是翻越重山而来的骑兵和步兵，人皆深目高鼻，戴后面有（翘起飘带）的鳞纹尖顶盔，亦着短衣。最后两个骑兵执盾，两者间有一物，似为羽葆。前面两个骑兵和五个步兵正张弓而射。桥柱后一个步兵已经身首分离，但仍直立着。桥柱前有三个步兵跪下投降，另有一个正被对方下桥的步兵斩首，还有四五个被砍下来的人头，落于各处。这表现的是激烈的战斗场面。桥下刻着渔人在捕鱼，有以筌捕鱼者，亦有以罟捕鱼者，另有徒手而捉者。另外有五人坐在船上，船首尾三人划桨，不似捕鱼人，但同时又没有携带武器，也不像助战者。画面四周有框，上沿有一道垂幔纹。

第二幅（SD-YN-001-02）：

此幅为墓门西侧的支柱。画面上刻一怪兽，面如虎，顶有长毛，双耳立起，张口，露舌与齿，肩背左右各生四支长羽，圆腹，着鳞纹有领的上衣，作蹲坐姿势，右足踏于其下的兽背上，两足间露尾。其足下一兽，亦状虎有翼，垂长须，右向。下刻西王母和两个兔首羽人。西王母戴胜，肩背有两翼，拱手而两袖垂胡，胸前一四格方形物不明，正面坐于山字形神架上。神架形似三个底部相连瓶状的高台，西王母坐于中间台上，两羽人分别面向中间跪（跽坐？）于两旁的台上，手操杵臼捣药。三个瓶状高台均有植物纹和底部三角纹，有一四足虎形神兽（白虎？）西向穿插其间。画面四周有框。

第三幅（SD-YN-001-03）：

此幅为墓门东侧的支柱。画面上部两角各刻一只勾喙展翼的鹰（雀？），下刻三像，左右两人皆人身蛇尾（一说为伏羲女娲）。居左者头上梳着髻，上身着衣，拱手而两袖垂胡，身后有规，胸前一四格方形物不明；居右者头戴介帻武弁（？），上身着衣，拱手而两袖垂胡，身后有矩，胸前一四格方形物不明；居中者亦头戴介帻，形貌壮大，面有须，着花领上衣，以双臂环抱左右二人（神？）。画面下部刻东王公和两个捣药的羽人。东王公戴胜，肩背有两翼，面有须，拱手而两袖垂胡，胸前一四格方形物不明，正面坐于山字形神架上。神架形似三个底部相连瓶状的高台，东王公坐于中间台上，两羽人长耳（髻？）向上，分别面向中间跪（跽坐？）在两旁的台上，手操杵臼捣药。三个瓶状高台均有植物纹和底部三角纹，有一四足龙形神兽（青龙？）西向穿插其间。画面四周有框。

第四幅（SD-YN-001-04）：

此幅为墓门当中的支柱。上刻一人戴武弁介帻（？），短衣，两足踏弩弓背，双手张弩弦，口中横衔一铲形镞长箭，两臂上下各有一个像手臂一类的东西，疑似表现袖管鼓胀。下为一虎形怪兽，头生二支长羽，举前左足，昂尾，回首向后。再下是一羽人，长耳向上，肱股皆有翼，右手持一树枝状物，举手向上以托怪兽，跨步西向行走状。最下是一正面怪兽，只见头与前肢，顶有长毛，面如虎而有长羽，张口露舌与齿，两前肢盘曲，整个形象成门环状。画面四周有框。

实际上，这一门区的“幅面”范围内一共有三种（半）不同性质的图画并列和交织在一起，即作为叙事的图像、作为指代的图像、作为区分的图像（和作为装饰的图像）。

在沂南汉墓门区幅面中，要区分哪些是“指代性图像”“叙事性图像”“区分性图像”，就要先将三种不同性质（图性）的图画分类，分别分析其构成因素，再来推敲其图像功能所显示出来的图像性质。

表 1

图性／位置	指代性图像	叙事性图像	区分性图像
第一幅		战争图	上沿有一道垂幛幔纹
		渔人在捕鱼	
		五人坐在船上，船首尾三人划桨	
第二幅	怪兽		四周有框
	足下一兽		
	西王母和两个兔首羽人		
	四足虎形神兽（白虎？）		
第三幅	三像：伏羲女娲像，居中者形貌壮大，面有须		四周有框
	东王公和两个捣药的羽人		
	四足龙形神兽（青龙？）		西向穿插其间
第四幅	虎形怪兽	一人两足踏弩弓背	
	一羽人		
	正面怪兽		形象成门环状
			四周有框

选择和区别各种图像性质的根据是什么，下面分别分析：

指代性指的是图像因与其所对应的事物的相似性和说明性而具备的“指代功能”。一个图像作为一种特别对象的相似物或符号，具有与对象的指代关系（亦可附加其他成分，特别增加或否定这种关系）。这个指代性图像可以指代“神”，指代“事物”，也可以指代一个具有特殊意义的“对象”，甚至抽象的“理念”和“功用”。

指代性图像与其所指定的对象之间通常呈现有七种（阶）层次类别的图像。一阶：观看（直接观看）；二阶：摄制（新媒体：旧新媒体——摄影，中新媒体——动态影像，新新媒体——数字艺术）；三阶：描绘（造型艺术）；四阶：图解；五阶：符码；六阶：文字；七阶：心像[12]。汉画中的图像属于第三阶，即描绘——绘画和浮雕具有相似（模仿、再现、拟似）性质的图像，各有其指代性、区分性和叙事性。描绘这一层阶在新媒体出现之前是图像最为基本的形式，今天在艺术史及图像学中所论及的"icon"、偶像和图像等称谓，都是在用"指代"的基本性质来定义"图"。

在现代摄制图像技术（新媒体）出现之后，我们制作、储存、传播意义载体（符号）的能力，以及感知、接受和辨别意义符号的主体（接受）理解、解析的可能性都发生了根本性的变化，符号学沿着自身道路正接受着技术哲学的追问，并对世界本质提出挑战。图像因其逐步显示出与语言（真理）和事物（物质）的脱离，而不再仅仅具有承载意义的作用，而且具有创造形态和意义的可能。由于这种技术的进步拓展了我们对于图像的反思，我们也意识到原来的指代性图像未必仅仅在于"本体已经被预先确定为'有'"，图像常常是一个编造和创造的图像本身，没有对象和经验可以依照，图像指代的可能是"无有"。

关于神祇的图像就是一种指向无有的定义，也就是说，这些神祇并没有一个事实可以依赖。这是一种被规定和定义的图像，所以我们用的称谓是偶像（icon）。偶像在甘博尼（Gamboni）教授的说法中是要被崇拜的，并不断被定义，从而不时被后来者或外人破坏，而后他们以自己的偶像替代之，进而不设偶像、反偶像并对偶像的存在进行消除[13]。而这些出现的偶像，或不出现的被祭祀、被崇拜、被尊敬的实体偶像、图像、标识，都有一个指代性的存在，差别只不过是指代的某种东西是实相还是虚相，是模仿再现人物、动物或事物的实体图像还是心像而已。所谓反偶像，反对的不是图像，而是用一种指代去反对、覆盖、控制和统治另外一种指代，只不过各个指代的图像的分阶层次不一样，有的是指向非常具体的实体形象，并且用绘画和雕塑的实物将之描绘（在三阶）出来，有的是用图解（在四阶）或符码（在五阶）标识，有的是以文字（牌匾）和言语（logos，在六阶）来表示，有的是指向心中的一种想象和意向，不用实体，默存于心，不作为视觉的对象表现出来。这就是人性中的神性问题，神性的理论发展就是思想。每一个人都有自我个体（肉身生命个体）的动机（我—我）并选择自己所倾慕向往的目标，如果自己的动机和选择的目标无论出于自觉还是被迫而变成了一条规定的和固定的连接，必然造成对于其他的思想的压迫、钳制和清除，也必然形成自我的指代对其他指代的破坏。作为图像学的艺术史研究，注重在同层阶或者相近层阶的偶像、图像、形象的互相作用中来观察它们互相之间所反映的人的这种神性的差异（而引发的联合、统一、冲突和斗争）。其实在不同的层阶甚至在所有七个层阶之间都有可能产生神性的差异，各个层次之间都有可能产生互相的作用（而引发的联合、统一、冲突和斗争），其产生有时甚至是由于对使用七阶中哪一个层阶的选择和规定不同，但是神性的冲突根本相同。

这就是我们指出的在形相学中的指代性图像的性质的意义。就是这些图，在这里不是为了说一件事，而是为了表达一种定义。

那么沂南墓门区汉画的指代性图像是什么？图像的"指代功能"在此处指的是汉代人的神

性的标识。只不过汉代人的神的概念并不严肃，不像后来的一神教或者道教、佛教会把一些形象化为崇高的力量和这个巨大的超人力量的固定标识。分析如下：

表 2

神祇	三像：伏羲女娲像，居中者形貌壮大，面有须
	东王公（附带两个捣药的羽人）
	西王母（附带两个兔首羽人）
神圣标志	四足龙形神兽（青龙？）
	四足虎形神兽（白虎？）
神怪	足下一兽
	怪兽
	虎形怪兽
	正面怪兽
神祇附带者	一羽人
	两个捣药的羽人（东王公）
	两个兔首羽人（西王母）

一个图像作为一种特别的意义的承载物，也就是建立一个指代性图像。这个图像可以指向“神”，也可以指代一个特殊的意义或特殊的“理念”。对比符号学的解释，可将指代性图像定义为：

1. 作为密码和代码（意义是为赋义、给定，参见索绪尔定义和赵毅衡定义[14]）。如果伏羲女娲[15]、东王公西王母被当时的具有公约理解的意义指向神圣，那么三像中夹在伏羲女娲中间的“形貌壮大，面有须”者包搂（囊括关系）伏羲女娲，它位于西王母群像上方的位置，意味着它必然具有神圣的指代意义。但是这个神圣的意义又有相当的限制，首先，与它在西门柱上对应的是一个怪兽——“上刻一怪兽，面如虎，顶有长毛，双耳立起，张口，露舌与齿，肩背左右各生四支长羽，圆腹，着鳞纹有领的上衣，作蹲坐姿势，右足踏于其下的兽背上，两足间露尾”。这个形象无论从其带尾巴的动物性，还是肚子上生出奇怪的开口的怪异性来看，再有多少文献学节选方法和神话学想象力，都不能把它看成汉代人的崇高伟大的神圣起源的指代，更何况夹在两边两个对立的形象中间位置上的一个正面主要形象只是一个脚踏弓弩的武士——“戴武弁介帻（？），短衣，两足踏弩弓背，双手张弩弦，口中横衔一铲形镞长箭，两臂上下各有一个像手臂一类的东西，疑似表现袖管鼓胀”。这种武士神学地位很低，其实就是强悍的护卫而已。两个“神”的形象在占据位置上都低于中间的那个武士的意义，在此怎么可以将边缘次要的位置解释成一个伟大的神的指代？汉代人绝无可能会把应该在正堂（或大门）的祖先像或领袖像放在两侧，而中间挂上个毫不重要的游戏卡通形象。这个指代性图像表示，在创造天地（世界）和延续人的生存（人生）之上，具有更为根本和超越的存在这样一个信仰系统，被沂南北寨汉墓墓主－墓委托制作人和造墓绘图工匠共同执持。至于这个意义的指代性图像具体指代的是哪一个名义或哪个流派[16]和教派神祇系统中的具体神祇[17]，则是一个可以不断争论的话题，但是肯定不是指代主神。

2. 作为图像和征兆。

2.1. 象征性符号。（具有公约理解意义指向的）文化背景、经文、精神背景、思想状况、集体无意识。伏羲女娲作为天地创始的神学解释，东王公和西王母代表升华与长生，疑似青龙和白虎代表方位的神圣，规与矩是与创造圆的"天"和方的"地"的神性解释和信念直接构成理解定式，而西王母与捣制不死药之间的联系也可以视作当时的共识。

2.2. 隐喻性符号。（个别专指、特设的）指代性图像，其意义和名称是墓主和造墓者，或特别地区和时间的特殊信念和理解所确信的一个对象，它们所指代的意义在当时可能就是隐晦而秘密的，在全国整体的文化范围之内和时间上下的精神环境中间并不普遍存在，而且其存在也只有一段时间，过后就漂移而被遗忘。所以这种情况就成了进行推测的一个目标，这种推测可以无限制地、无休止地推进，即可自成一说，但也难以说服他人，如此就成为学术想象的一种方式。[18]

"叙事性图像"，其图性主要是对（人的和神与事物拟人化的）活动（事）的记载，从而决定图像的**叙事**性质。记载可实可虚，实者为纪实图像，虚者为图像叙事艺术。

叙事基于描述，描述是用模仿造型方法制作像似图画（icon/image），再现形象和现象。[19]讨论图像与真理（认识论中对物 / 物质 / 事实的意识、定义和理解）的关系，源于复制理论或者称再现理论。从视觉与图像的意义上说，今天都是从这个角度来定义"图像"。简单地说，认得出来才称之为图像。

叙事性图画具有可以辨识的"形象"（image、picture、Bild、图画）——具有模仿造型、再现事实和物质、显现存在的真实本体、显现形象和现象的功能。这里的指代对象的本体已经被预先确定为"有"，无论是物自体（Sache an sich），还是理念 / 上帝（Idea\God），还是物质（material）。形相学中的七个层次类别（见七层形相）都是建立在这个"无需提起，不言自明"（康德的《纯粹理性批判》开篇之句）[20]即本体前提下。

叙事必须首先具有可以辨识的形象作为前提，但并不是所有可以辨识的形象都是用于叙事，指代性的图像也可以使用模仿再现的像似图画（icon/image）。在本文中，区别指代性图像时强调的是有独特（神圣）意味的，即没有在现实中可以直接模仿的对象的那些形象，这并不意味着有现实形象可以模仿和辨认的形象就没有指代性（的意义），只是为了论述分析的需要，先做了这样比较武断的划分而已，这样做是为了论述下面一个问题，即作为叙事性图像的二个连带因素：**形象及其互相行为逻辑关系**。

图法学对图像构成逻辑所分的层次 4——"形象"——具体构成叙事性图像可以辨识的"形象"因素，这些被确认的形象具有与现象和对象世界相关联对应的性质。这里的形象是为进一步的形象之间的行为逻辑服务的，自身并不带有指代性的意义，就是说这种**形象在叙事性图像中并没有单独的符码、象征和隐喻的意义**（即使这个形象可能有指代意义，但是在叙事中只作为构成运动的一个因素）。形相学的七阶分层理论实际上都是针对复制理论或者叫再现理论，是关于图像如何表述人和世界（它）的关系。同理，并不是图画只能叙事，而是为了叙事而作再现和复制的图画可以有叙事性的图像的“图性”。也就是说，这个形象不是被构想出来有所指代并受到单独的关注和利用（如作为神祇被祭祀或崇拜），而是“再现”被看到和认知的形象因素，凭借日常经验可以认识并给出名称，从而可以继续看它们演进什么故事和情节。

“二军对战”包含以下可以辨认的“形象”：

桥（半）

鸟（半）

车

马，分为二种：1. 作为车驾；2. 作为坐骑

人物，分为若干种：

车厢内坐一人，戴着前低后高的帽子；车厢前部坐着驭者，右手扬鞭，左手持辔

车前骑兵

车后骑兵

大队的步兵

四人持钺

二十一个一手持刀、一手执盾的

另一方骑兵和步兵，人皆深目高鼻，戴后面有（翘起飘带）的鳞纹尖顶盔，亦着短衣

最后两个骑兵执盾

步兵已经身首分离

桥柱前有三个步兵

四五个被砍下来的人头

而叙事性图像中形象（复数）之间具有自身之外的叙事逻辑，即图像中的各个形象具有互相之间发生关系的过程。“叙事”在模仿、再现和描述形象（对象）这个功能（是图像作用的最为基本的功能）的基础上**向图画延伸。在叙事性图像从形象专项记录到编造形象之间的逻辑关系中**，叙事性一直在文字叙述和故事讲述中实现（所以叙事性又称文学性和情节性），在戏剧中形（图）象化，在叙事性绘画和连环画中图像化。真正完成复杂叙事性图像叙事，只有到了电影才最终实现。[21]汉画就是“在叙事性绘画和连环画中图像化”，如**著录**：

车前骑兵 / 车后骑兵 / 大队的步兵 / 四人持钺 / 二十一个一手持刀、一手执盾的下桥战斗。前面两个骑兵和五个步兵正张弓而射。

步兵已经身首分离，但仍直立着。

桥柱前有三个步兵跪下投降。

另有一个正被对方下桥的步兵斩首。

四五个被砍下来的人头，落于各处。

如果叙事性图画出现不合叙事逻辑的情况，应该理解成叙事性图像出现一个以上的"图画"产生了穿插和借用，几个（复数）"图画"使用同一场景展开。如 SD-YN-001-01"图画"中包含穿插三组图画，其一姑称之为"二军对战"，其二为"河上捕鱼"，其三为"摆渡过河"，共同场景形象是同一道桥。

之所以分析为三组图画，是因为三组图像不可能再构成统一连贯图画的逻辑关系，也就是说不可能是一个叙事结构。二军对战时，不可能同时有人在河上从容捕鱼；既然有桥，也不需要再用摆渡方式过河 [除非观（解释）者加以引申：两军对战之际，平民正在河上捕鱼，他们对战争视若罔闻，鏖战并不耽误其劳作。渡河者有可能是战斗双方的斥候（间谍侦查人员），或者给河上的捕鱼人送饭，或者过河有急事，比如家中长者生病、妇女生养，因为桥被战争所阻，不得不临时借船过河……]。

叙事性图像与这个图画所表述的具体内容（主题）并没有对等关系，就不可以将其指向一个固定的主题和内容。再从图像的题材上来分析，这里没有"七女报仇"[22]或者"过渭河桥"[23]这样的明确主题，却有胡汉战争的主题。由于两军的装束和形象不同，可以看成是两个不同的族属之间的战争。

如果叙事性图画与具体的真实的事实和史实没有关系，先不说三组图画穿插在一起有何值得分析之处，单从与异族的战争这组图像分析，它是不是对墓主人的个人经历的一个描述和记载呢？显然报告作者是这样认定的：

认为画像中的攻战图、出行图、丰收宴享图、祭祀图等是表现墓主人生活事迹的图画，从它们可以看出来，墓主人是个大地主大官僚，而且曾对胡人作战过并把后者打败过的。[24]

这个论断获取和采用图像证据的方法和态度与作者使用文献史料的方法互相矛盾。在推论墓主人的身份和建墓的可能性时，报告中条分理析，步步为营，逐步否定了安志敏所提出的北魏说[25]，从而非常清晰地推出"造于东汉晚年，公元 193 年以前"[26]的结论。遍检汉代文献史料，无一例战争被确切标识在桥上进行。胡汉战争虽有多起，但在东汉末期已经没有胡汉交战并取得重大胜利的史实，最后一次重要的战役是在窦太后亲政的时期[27]。从人种上来说，这是一种外来胡人，而不是当地胡人[28]，当地胡人在两汉羌人内附[29]之后已经成为抗击外来胡人的力量[30]。而这个时代在东汉末期采取内缩政策之前已经发生了根本的变化[31]，放弃了西域的部分，更谈不上和西域的外来胡人直接发生大规模的军事冲突。细读沂南墓全部实物、图像资料和相关榜题，并无法证实墓主人有率兵征战，并在桥头阻击敌人之经历。这是一幅图画，具有叙事性，所以总体上来说，这样的一个胡汉战争根本不可能出现，不是墓主人生前亲历的一次重大的事实的真实的写照，也并不是那个真实的写照和历史的记录，所以它不能作为史实来使用。

叙事性图画（图性）与这个图像在形相逻辑范畴中的第六层“画幅”和第七层“整体”中所起的作用无关。但是，如果一幅叙事性图画不能作为史实来使用，那么这个叙事图画又有什么意义呢？所以我们分析认为三条半中的叙事性图画（门区的活动）的图性与其在门区这一块的图像功能和意义并不发生关系，这就是说，作为图法学的图性和图用学的功能与作用并不是同一个问题。此处用一道桥来作为场景，衬托“胡汉战争—河上捕鱼—摆渡过河”三个不一致的主题，若干种有意义和无意义的叙事构成了叙事性图像，但是所表达的内容和记录的史实与门区活动无关，与墓主人无关。这个**图像是一道桥，三个叙事性图画只是对“桥”的演化和修饰**。而一个起符箓功能与作用的图像，叙事内容只是一个主题的典范化处理，在某种程度上其实是一个功能与作用，是一个用多个叙事性图画组成的图像表达一个完整的**图用**，这个作用不与图像叙述事实的意义相关，而与图像整个放在此处的用意和作用有关，这个用意和功能与图像性质是什么毫无关系，而是与整个图像用来**做什么**发生关系。

整个作为象征和隐喻因素的**“桥”**构成画幅（在这里就是整个门区）的组成部分，与其他叙事性质的图像协同，共同担负门神四功能中符箓（分割内外并辟邪）的任务，恰恰不是“门区活动”记录，也就是说，一个图性是叙事性的图像反而不用做“叙事”。由此得出结论：**图性和图用的不对等**。

“区分性图像”的图性指的是图像区划功能。图像从性质上来说具有标识界限、划分内外、区别上下左右的作用。画，划也，本有廓清、起区别作用之义。在郭店楚简《老子》和西汉马王堆帛书《老子》甲本与乙本中可见古体的“形”字，“天象亡型”和“天象无刑”，刑、形、型同义[32]。图像并不一定是可辨认的形象，也不一定是指代意义的符号，区划分界就是其性质。这种图性的基本性质类似于符号学中指示（index）的部分含义[33]。

区分性图像使得其区划—指示功能以三种方法分别地呈现，层次分明，对简明的区划功能进行了再进一步的图像化，借用可辨认的形象和指代意义的符号进行区分。这种情况在沂南墓门区的出现和运用反映了汉代或者远古时代的思维。除了第一类型直接的标识——划线直接以线条来进行划分外，第二类型将之符号化为“符箓”，然后分别以符码、象征和隐喻三种方式来呈现，其区划功能本质并没有变，只不过是形态有了变化，图像开始借用指代性图像。第三类型则是使用“图画”标识界限和区分的意味，如上述桥的叙事性图画。

沂南墓门区采用了三种类型的五种样式。

第一类型是直接的画线标示，就是边框、区别记号等，如“画面四周有框，框的上边沿有一道垂幛幔纹”之类。四周有框是区隔门楣桥的图像作为单独图像与墓葬门区的分割。上边缘的双层线条（框线上无任何附加成分视为"划线"）之间增加一排垂幔纹，增加的纹样参与了对画面上沿与墓葬结构的区隔。对比之下，下沿单线与立柱画面之间的关系就亲近了，上沿区分强于下沿区分作用。

这种线在八种汉画线条中属于第四种"分析形体"——图解和分析[34]。实际作用的最大可能是否是几何学的发展——用图形解决问题？关于进一步将划分的意义向几何学的分析意义扩展，本文未予涉及，这是需要继续请教数学专家的问题。

其实在沂南墓门区中起分割作用的线不是"画"出来的而是砌（划）出来的。在门区，无论是门楣与门中间立柱之间的边角，以及门限（二层），还是有画像石块与柱础底座、台阶、旁边砌筑石块、顶部横梁之间的结构线，构成的划分都不仅是图像的划分，而且是空间的划分，区别墓门外和墓门内的意义关系的划分。它们既可以看成是一条线，又可以是器物、建筑、空间结构的边界[35]，这在这次《汉画总录》沂南卷中已经计算在内。

第二类型分层三种，即第一种符码、第二种象征和第三种隐喻。在门神研究中称为"符箓"的，多指这类区划性图像，就是根本上来用记号代替一条线来标示界限，划分内外，区别上下左右。这是"index"作用的图像化。三种样式使得其区划功能各有次序地呈现，层次分明，反映了汉代或者远古的时代，人们把"index/区划"功能进行了符号化，也就是除了直接的标识——划线，还将之转化为符码、象征和隐喻三种方式来呈现，但是其区分功能并没有变，只不过是形态有了变化。

第一种符码多为记号和文字。对比六书理论中的"指事"，这更像是一种动作。指事并不是符码本身有含义，而是符码的作用，让人由此而理解其用意。事者，事功也，也就是起了作用，无需有什么意义。在沂南墓中没有出现这样的记号，也没有出现文字，但在其他的汉画中例证丰富。

第二种象征就是画一个象征符号，这种属于象征性的符号，一看到即知道这就是一个区隔、界限和位置。划分区隔意义的图像比如说守门用的斧头、弓弩，以及门上的铺首衔环，这些符号处在这种关键的划分部位，其所设立的习惯性的格式形象和使用方法，让同时代具有相同文化背景的观众无需猜测和解释就能理解其所要表达的意思。进而还可以"假借"雕塑（羊头）、实物、神祇偶像和名位（宝座 / 牌位）来替代。装饰中起介词作用构筑"形相逻辑"的图样是区分这一条理论的"交叉形式"，另文专论。

第三种就是画一个喻意符号，还会再进一步"假借"，比如画一个鬼、一个神怪、一个神兽或者一个神祇，图像有所指代如上文所述，但在此具有一种特殊的、隐喻的意味，可以来标示这个地方、位置和时间、际遇的界限、区隔、关口的意味。

在古代，会出现普遍的"巫术化"，把世界作抽象意义和信仰意义上的划分，放到更为突出的地步而成为从符码、象征到隐喻的各种"符箓"，符箓因而在当时人来说是与区划线条具有同样性质的“意识上划分区隔”区分性图像。“符箓”是意识上划分区隔的延伸 。

第三类型借用叙事性图像作为区分性的图像，叙事性图画如历史故事（二桃）和战争场面、狩猎场景替代区分性图像，由此可见就是使用“任何图像”来起划分作用。

图性和图像功能与作用是两个方向的问题。在很多的图像中使用一个叙事性的图画，或者是一个具体的历史题材（故事）图画来起划分作用的例子在沂南墓中普遍存在。由此结论，叙事性图像可以借用来作为划分（阴阳两界）的作用，这是另一个值得探讨的替代性质的问题——图性代偿功能。

本文结论：

在汉画中，某一个图像单位（有可能是 3. 图形；4. 形象；5. 图画）获得解释的时候，作为一个被描述的图像，还是一个被确证而供奉的图像，亦即同一个图像作为一个日常拿来使用的事物而诉诸写实描述的图像，还是作为一个放在神台上作为偶像起作用的图像，还是放在关口门旁起标识作用，由于图性不同，图像的意义就不一样。

图像作为神祇、作为符箓和作为叙事功能属于图用学范围。可以使用的同一个图像，如同是云气、同是（瑞）兽，但是由于其图像性质不同（属于图法学范畴），自身的功能和作用就不完全一样。图性之间确实有区别，不能混为一谈，因为它们既有各自的专长，有其各自不可以替代的方面。沂南墓的墓门区域是个典型的同一功能但图性各异的图像聚集，但各种图又有微妙变化的例子。

图性又同时具有代偿功能，不同的图性可以被反复、叠加、并置、混合地用于为图像的某一种功能服务。

因为如上事实，所以图性只决定对这个图像本身的理解，但是图性并不决定这个图像的功能，图像用在不同的场合和地点地位，它的作用可能发生变化，所以图性更不决定这个图像的意义解释。

“三条半”在沂南墓中的交织状态

由于各个图像的性质不同，根据三条半理论，图像互相之间的关系当然需要重新解释[侧重于（主导）交织，兼及多功能重叠复合，而图像性质的使用功能与图像功能分离]。

比如指代性图像中的神祇就出自不同的神祇体系，信念失传，所以现在对其解释还很困难。区分性图像以各种符箓格式出现，主要起的作用是辟邪，虽研究较多，但是同一符箓在门区和其他区域部位与同样图性和不同图性的各个图像之间有什么联系和差别，研究正待深化。沂南汉墓墓门门楣叙事性图像的区划作用较为明显，而中室出现历史故事画面，一般是为了表达对于先贤、烈士的尊重和推崇，是为了叙事。但是，事实上并非如此简明。在 SD-YN-001-35 上段，图像是"二桃杀三士"的典型图画，二人仗剑对峙，关键的"形象"（在形相秩序上比图画低一层次[36]）有器具托承二桃。本次著录多依原著录修订为：

此人右手下伸，左手举一系缨之璧于头上，璧上可见圆点形纹饰，其前有榜，刻"令相如"三字。居右者亦戴高冠（？），两条长缨飘于脑后，长须，着过膝广袖长袍，袍脚有毛边，下摆两侧有齿形饰边，腰间可见两条衣带。此人跨步向前，右手前伸，左手横持一长剑，头后有榜，刻"孟犇"二字。两人之间靠下处有一灯台，灯盘中有两朵火苗，一说此为一高脚豆形盘，盘中似为二桃。

即使如此谨慎描述，依旧暴露出榜题上所写文字无论如何不能构成同一图画题材。更何况二桃杀三士这样的题材可能在当时相当通行，此处却要有意识地用榜题来制造一个迷局和悖论（同处一室的其他类似的带框两人构图，榜题皆为空白），这只能说明这样的图其实并不是对历史事实的描述，至少不仅仅是对于古代的勇士和伟人的推崇，而是具有更为复杂的作用。这个作用根据张文靖的一个专题研究的结论，是为了辟邪[37]。辟邪不是对神祇和圣贤烈士的崇拜，而是一种区隔善恶、攘除疫灾、分别利害的区分，是通过人为活动和设置对不可知的力量进行干预的行动，这实际上就是我们通常所说的"术数"（巫术）。术数出现在墓葬中，与信仰、神圣的功能有较大区别。这个图性各异的图像穿插于墓葬中，实际作用相当于接续其区分作用的符箓，符箓这一条线就是如此跳跃起伏地穿结于墓葬图像之间。

在墓葬中，另外一条交织在一起的线是叙事性图像，起着记录活动的功能，将墓主生前的日常生活或个人经历提取出来又是一个系统，这个系统与神祇、符箓体系交织在一起，却又不和它们互相之间构成关系。

在对沂南汉墓进行研究时，运用三条半理论解释各个图之间的关系，首先提出三种性质不同的图像在汉画墓葬中的广泛系统的分布状态，每一"条"之间并不是以连续顺序关联，而是跳跃、断续地发生关系，像编麻花辫一样交织在一起。图画之间以及三种条系之间，有时相邻的未必相关，相隔很远未必没有紧密的意义上的联系，两个放置于一起或位置接近的图像未必有联系，不同的图像在整体中各自有特殊的形相逻辑。形相逻辑三条半关联会分别借某一个图像因素——线条、形状、图形、形象、图画、构图、所在方位与非图画构成的整体形态来进行表达。而某一个图像因素并不只是单纯对一种形相逻辑的表达，有时会涉及一个以上或全部关联。举例说明，如编号SD-YN-001-41(3)是中室八角形柱的栌斗北面，"耳与平的中间刻一虎首，其两须之侧生出两角，作树枝状，复有两臂屈而向下，左爪握一斧，右爪握一锤。画面上左右三边各有一道三角形纹。欹部刻卷云纹"，是一个无法确定的图像，对其进行研究，越对其意义和名称确凿定义，越容易出错。虎在云端，俨然神怪，张开大嘴，是对辟邪作用的体现，整体又是一个符箓的形象，神祇和符箓两个功能交叠。类似图像曾经出现于墓门左柱上段，由于位在墓门门区，因此除去其神祇的性质、辟邪的功效和叙事的形象之外，同时也有一些必要的装饰作用，因此这一个图像中，神祇—符箓—叙事（与附加的装饰）四种功能兼而有之。而作为图性，这个图像既有指代性，又有叙事性，同时又兼具区分性。

形相逻辑可以拆分标示，如果用颜色来表示，那就是有一条红线、一条蓝线、一条黄线，中间零零星星夹杂着的第四条线就是“装饰体系”。其实，那“半条”装饰体系也不一定仅仅是装饰，也可能具有象征意义。它们零零星星地散布在墓葬中的各个地方，亦有补白、填充之意。有时装饰图像也起到象征与标志性的作用（装饰功能的图像情况比较模糊和宽泛，另文专论）。

沂南墓“三条半”之外的问题

此次重新著录沂南北寨汉墓，我们将沂南汉墓作为内部包含“运动”和“虚空”空间的“室状墓”，相对于压缩为充实地填满葬物的“箱状墓”而言，对于墓葬中的空间，已经有很好的研究成果。只是现在注意到，这种虚空所显示的距离和位置本身也是一种“无有存在”，而且所有的部分都有相关的意义，而汉画像石和壁画墓又是在固定的墓室壁面具有图画，使得解释可以进一步延伸。这种虚空是被有意识地留出的。当然也有一些空白是墓葬中曾经存有过的器物，在考古发现时，已经因为自然和人为的原因损失，这些空白就不能视为有意识的虚空，在进行研究时，要同时注重墓葬中已损失的部分，将之设为“暗昧的权重”（黑权），既注意到它损失的部分，还要注意遗留至今的部分之间的空隙和空间，以其他各种类似遗存作为“可能性”代入，再考虑环境整体各种遗留实物和图画之间的关系。在研究汉画像石墓时注重考虑将其作为墓主大限到时到达居止所在的“宫室厅堂”而不是墓主带到死后世界的“旅行箱”。图像之间不能独立说明什么，像考古学家一样，我们实际上是把整个墓葬看成一个形相关系。我们会从封土的角度进行研究，就会对封土的斜坡角度和方向特别关注，也关注当地的河流，但是，因为有图画，所以我们就此更加关注“虚白”的存在在意义解释中的作用，也会将墓葬中原有但目前已经损失的部分加上“暗昧的权重”（黑权）进入整体思考。

沂南汉墓著录过程促使我们对“形相逻辑”这个抽象问题进一步进行研究，也就是对图像的结构关系进行解释。

汉画研究近年较为关注研究某件器物或一个局部图画来阐释汉代人在当时对某件事物的观念。我们在做这次《总录》编辑时，更愿意注重在研究前对所要研究的对象的推敲，为如何研究做一些预测性的准备。如果要进行观念的研究，对当时的思想和精神进行揭示，那么只能就如何进行和应该如何进行，先做可能的预备梳理，以便根据汉代历史条件对当时世界（社会）的本质与人的本性进行较为深入的研究。

附注

参考文献目录在沂南卷的重新著录中，开始进一步地详尽，其方法主要是将“著录与文献”

一栏分成了三个部分。第一部分是全面集中关于沂南墓的全部考古报告和原始调查文献，整理和检证后，与此次著录工作共同发表（文献的全文索引通过北京大学汉画研究所的官网同步提供免费查阅），以便《汉画总录》的读者在研究资料上承一总万。这部分在《总录》的附录里视为"正册"。第二是对相关的图像专题研究文献进行了分别处理，置于每件编号作品之下。本来汉画相关的问题可以各自形成研究专项，文献目录基本按照问题的分类来进行归结。其中既有题材内容考证，也有画像的结构及其分析问题，也有进一步解释习俗、社会、历史、文化和观念的关系问题，还有特殊的制作建造技术、图画风格等问题，但是这些问题都要涉及全部汉画（汉代图像）材料，而《总录》体例是按地区和著录对象（作品）划分，只能作为研究问题的部分材料。此次著录把以沂南墓图像题材为主要研究对象而进行的研究，按其所研究的对象出现的位置，分别置于此图像的"著录与文献"中，在附录里视为"副册"。第三种研究文献是涉及沂南墓相关题材但并不以之为主要研究对象，也摘要归入相关编号的"著录与文献"，在本卷附录里发表，视为"又副册"[38]。

2017年8月19日发表报告

2021年2月21日修订完毕

注释：

[1] 此文部分用为《汉画总录》沂南卷前言。

[2] 编为三卷，为《汉画总录》第34—36卷，将全部沂南北寨画像石馆所藏画像石编号为SD-YN-001-01到SD-YN-001-52。

[3] 神祇的意义归纳为：第一方面，神祇作为信仰和祭祀的对象，可以是具象的，也可以是抽象的，代表着一种超出人的理解能力和控制范围的存在和力量。第二方面，神祇作为崇拜的对象，是一个物质形象，可以是人像，即所谓偶像，也可以是任何一种象征物。这些偶像和象征物将巫术符箓功能和神祇功能交织在一起，对使用者来说经常为一体，不加区分。

在人类宗教形成之前，神祇（崇拜）与巫术活动相表里，巫术活动是人与这个存在或力量的（互动）关系的体现，而神祇是人对这个存在和力量的名称、符号的称谓，是从自我认识中归纳出来的超我的部分。宗教形成之后，它们在教理系统中被定位和定性，并各有专名。各个神祇共同构成完整、无所不包的神祇系统。（1995年定义）

[4] 符箓是一种形相物。它被使用者通过各种方式赋予一种或数种特别的力量，在一定的时间放置在一定的地点以达到一定的目的。赋予方式可以是个体的、生理的、社会的、仪礼的、宗教的、神秘

的、历史的、习惯的，等等。特别的力量可以是个体心理的、社会综合的、宗教信仰的和传统习惯的，等等。达到的目的也可以是满足个体生理、心理需要，集体行为和组织的需要，人类精神的需要和风俗需要。（1995年定义）

[5] 叙事是指门区记载的人们的门区活动。记载本有自身的功能，在此指对于人类活动的纪实和叙录，不指普遍的登记和知识的积记。

[6] 装饰在此未加展开，简单定义为形象物所呈现的审美意义和形式功能。

[7] 理论的提出见拙著《将军门神起源研究》。

[8] 见拙作《墓葬美术研究的结构和问题》，载巫鸿、朱青生、郑岩主编：《古代墓葬美术研究》（第四辑），湖南美术出版社，2017年，第27—33页。

[9] 性质是一个汉语词汇（兼具virtue 和 quality的意思），一指禀性、气质，二指质地，三指事物的特性、本质（性质：体之变在质—空—时—量—数上的个性表达；本质：体之变在质—空—时—量—数上的集性表达）；四指事物本身所具有的与其他事物不同的根本属性（按，并不指具有信息意义的形态差异，所以性质是针对现象而言）。参见https://baike.baidu.com/item/%E6%80%A7%E8%B4%A8。

[10] 2009年9月，巫鸿老师和郑岩邀请我参加第一届墓葬美术会议并担任评议人。从第二届开始，我不仅参与组织会议，而且历届发表的论文都与这个方向有意关联。2011年发表的《汉画作为"图"的八种意义》是讨论线条与"图"之间的形相逻辑关系。2013年发表的《汉代墓葬图像著录的术语与专词研究》是讨论一幅"图画"之中哪些性质的图像单位可以被标识，并且应该以什么样的方式和规范来标识。2015年发表的报告《墓葬美术研究的结构与问题》主要讨论在"图画"之前的形相逻辑层次，以及从图画到画幅再到整个墓葬美术之间的所有形相学层次的划分与艺术史证据。

[11] 补录的原则与图像索引的意识相关联。目前大数据前提下的图像索引其实是对大量的图像进行人工确认，转换成"描述并定义"，然后再将它们之间的关联诉诸算法来加以索引。图像不再是事物（实物）本身，而是构成"事物—图像—语言"三者之间的平行关系。相对于人工绘制的图像，新媒体（旧新媒体——摄影、中新媒体——电影、新新媒体——计算机拟形）图像与事物（实物）之间的复制和再现关系非常突出，掩盖了图像与事物的其他关系，所以在汉画研究中，我们曾经把"图像对事物的描绘"分成八个功能状态（建造空间、塑造物体、添造质感、分析形体、分割平面、建立结构、表达意义、表现情绪），目的是利用汉代的图像相对有限的"全体数据"，来看图像与事物之间的区别和发生作用的可能。在这个研究过程中有一个中途阶段，就是考察过去汉画是如何被命名和描述。在编辑南阳卷时确定了一个术语表，就是确定有限的主题词，相当于主题索引系统中的"主题词表"，然后来对所有的对象进行归纳，使无限的事物可以在有限的名义线索（主题）中得以关联从而被索引到。沂南汉画墓的补录就是在这个原则下进行的。举例如下：凡带有定义性指向的名词，改为考古学通用名词，如"擎天柱"改为"中柱"；增加对"分割平面""建立结构"的图像因素的描述，如"有一四足龙形神兽（青龙？）西向穿插其间""画面四周有框"；取消过早的（在研究解释上具有争议的）判断性描述，确保著录基础工作具有广泛的可解释余地，

如"右端露出一座庙的门"，将"一座庙的门"删除；对于一些复杂结构，其实图像和照片结构图都不容易呈现，则尽可能地细致描述，如原文"过梁下面向内凹下的部分以及柱的散斗和拱的纹饰均同第19幅，唯蜀柱上去席纹，下加一道齿形纹"，增改为"过梁下面向内凹的一条刻着带花朵的卷草纹。再下为栾拱上的两个散斗，纹饰相同。散斗的上部，即耳与平部分，中间刻着两个相叠的五铢钱，下垂三个尖足，两旁各刻一展翅的鸟（一说为凤鸟），尾展形如鱼尾。散斗的下部，即欹部，刻云气纹。两个散斗之间的蜀柱上刻正面一虎首，鬓腮生羽，张口而露齿舌。散斗下栾拱上刻四条盘折的夔龙纹，皆张口而露利齿，龙身与卷云纹连接为一体。其栾拱两端的上边各刻一道三角形纹"。上下文前后统一、文字标点的订正自不待言。（《汉画总录》沂南卷前言）

[12] 在德语图像科学"Bildwissenschat"研究中称之为"innere Bilder"或"Bilder im Geist"，诸如"Erinnerungen"（图像记忆）、"Vorstellungen"（图像意象）、"Vorurteile"（图像成见）、"Stereotype"（图像定见）。

[13] 引自甘博尼教授2021年1月16—18日在OCAT和北京大学的报告。

[14] 赵毅衡给了符号一个比较清晰的定义作为讨论的出发点：符号是被认为携带意义的感知。意义必须用符号才能表达，符号的用途是表达意义。赵说包含三个关键词：1.意为此事物或图像被作为意义的载体而不是其他；2.意义，意为明确的含义，具有信息的作用，可以用差异造成意义的作用；3.必须是一个可以被感知的载体，能为人类视觉、听觉、嗅觉、味觉和触觉中的任何一种或数种所感知。

[15] 贺西林《汉画阴阳主神考》（载《美术研究》2011年第1期）首先破"羲和、常羲说"，引吴曾德与周到（1978）、南阳汉画像石编辑委员会（1985）、汤池（1989）、洛阳市第二文物工作队（1992）和刘文锁（2006），指出"看似合理，若仔细分析，疑点重重"；再疑"出现最早，影响最大，近乎共识"的伏羲、女娲说，引武梁祠著录（1786重新发现著录），冯云鹏与冯云鹓（1821）、瞿中溶（1825）、马邦玉（1847）、常任侠（1939）、闻一多（1942）、陈江风（1988）及贺西林本人在此研究之前；然后从孟庆利（2000）提出阴阳之人格化形象说，"提出把汉画中出现的人首龙（蛇）身对偶像或对偶交尾像笼而统之，一概冠以伏羲、女娲之名，的确缺乏文献支持，疑惑甚多"；又辩证"反过来，不分青红皂白，一概否定汉画中的人首龙（蛇）身对偶像或对偶交尾像为伏羲女娲，且全部归其为'阴阳之人格化形象'，同样缺乏理据，或面临更大风险"；最后归结为对李泽厚观点的认同，即"阴阳作为哲学范畴，与'五行'一样，它们既不是纯粹抽象的思辨符号，又不是纯具体的实体（substance）或因素（elements）。它们是代表具有特定性质而又相互对立又相互补充的概括的经验功能（function）和力量（forces）"（1985）。而王煜在《考古》2018年第3期的《汉代伏羲、女娲图像研究》中整理出有榜题的四种伏羲女娲像，即山东嘉祥县武梁祠、四川简阳鬼头山崖墓、陕西靖边杨桥畔渠树壕、山东梁山后银山（外加费县垛庄刘家疃据姜生说一例），然后概括手持规矩和日月的伏羲、女娲图像三种类型，伏羲、女娲图像位置与图像组合关系，并对各种情况进行分析，最后依伏羲与天门的关系推定"汉墓中的伏羲、女娲图像应该主要与升天成仙的信仰有关"（115页），似乎把创造天地的神祇的指向笼统归结到升天。

我在2004年马王堆汉墓发掘30周年纪念大会学术报告发言中提出不同意汉代有笼统一致的升天之说，更何况在王煜文中所举全部的例子，其形象状态位置跟其他图像之间的关系都有差别。

[16] 这也解释了贺西林在《汉画阴阳主神考》中最后提出的问题：为何阴阳倒置，如在河南偃师新莽壁画墓和洛阳北郊石油站东汉壁画墓中，举月者为男子，而举日者为女子？因为不同的地方和主人分属不同的信念系统。

[17] 由对伏羲女娲的断定，王煜提出对太一说的怀疑和推想。见王煜：《汉代太一信仰的图像考古》，载《中国社会科学》2014年第3期。其所推崇的庞政观点发表为《汉代太一手拥伏羲、女娲图像及相关问题》（载《南方文物》2020年第1期）。敖强发表《与〈汉代太一手拥伏羲、女娲图像及相关问题〉一文作者商榷——兼论马王堆汉墓T型帛画诸问题》（https://zhuanlan.zhihu.com/p/150702854?utm_source=wechat_timeline，2020年6月27日登录）提出不同意见。

[18] 见最近的研究——张露胜的《沂南北寨汉墓中帝俊画像考》（载《文物鉴定与鉴赏》2020第8期），其认为“《山海经》对帝俊的记载较为详细，后世神话用帝喾取代了帝俊，使《山海经》之后帝俊之名少有出现，但是其形象和故事在东汉墓葬中得以保存，以画像石和壁画的方式流传至今”，“其所震慑的可能并非寻常邪祟而是墓主本人”，而帝俊阴阳结构中的主导地位后来不再流行。（21页）

[19] 这里用“icon”与皮尔斯的符号学三分法不同，所以称之为形相学理论而非符号学理论。

皮尔斯“icon”在中文中译作“像似”（赵毅衡、赵星植），该种方式的分类维度是符号与对象的关系。肖似符号指符号与其对象有共同的性质，“一个符号代替另一个东西，因为与之相似（resemblance）”。所以说形相学三种都是在“icon”的层次上的运行。

皮尔斯的“index”译作“指示指向”（郝长墀）、“指号”（李幼蒸）；指事/示符号指符号与其对象有关联。

皮尔斯的“symbol”译作“规约”（赵毅衡、赵星植）、“符号”（李幼蒸）。“symbols. Put simply, if we come to interpret a sign as standing for its object in virtue of some shared quality, then the sign is an icon.”（关于皮尔斯的第三种）规约/符码（符箓）符号，指符号的意义是给予、约定的，与其对象既没有共同的性质也没有关联，与我们在形相学中分成符号、象征、隐喻的三分法中象征（symbol）的意义用法完全不同。

[20] “Daβ alle unsere Erkenntnis mit der Erfahrung anfange, daran ist gar kein Zweifel.”

[21] 电影不仅呈现了形象之间的逻辑关系，而且在“动”（cine，由卢米埃尔兄弟在19世纪90年代根据希腊语“kinemat”的拉丁化，结合运动“kinein”和记录“graphy”而构成新词来命名自己发明的技术），使用快速连续的摄影图像，这样就让运动中的时间因素适用叙事逻辑，使得文学和戏剧中的叙事性（文学性和情节性）完成了图像化转换，并可以通过机器技术摄制和复制，迅速取代视觉与图像的主导方面，为在未来进一步发展中成为计算机图像艺术/新媒体艺术奠定了基础，但同时也显示出可被终结的局限［关于电影必将为计算机游戏艺术所终结的理论论证，请见拙作《电影遇到新媒体艺术》（原题目为《电影的终结》，发表时被编者改动），载《电影艺术》2018年第3期。］

[22] 杨爱国对此有说明:"1993年以前,鲁东南汉代画像石的历史人物故事画主要见于1954年发掘的沂南北寨村画像石墓中,1972年发掘的临沂吴白庄画像石墓中有个别的历史故事(董永佣耕侍父),其他地点发现的画像石上,罕见历史人物故事画。1993年莒县东莞镇东莞村一座墓葬中发现的汉代画像石改变了这个局面。这座墓葬出土的画像石除了有较为常见的周公辅成王、孔子见老子、贞夫等故事,还有一些新的故事。由于石阙上的'七女为父报仇'画像中有'七女'二字榜题,人们知道了一个文献中失载的历史人物故事。这引起了学界的关注,先有王思礼先生专文考证故事内容,后有邢义田先生集中各地的同类发现,借此图像研究了汉代画像的格套、榜题、文献等。"见杨爱国:《莒县东莞汉画像石与尧舜故事》,载刘云涛编著《莒县汉画像石》,齐鲁书社,2020年,第1—4页。邢义田先生用格套理论解释七女报仇与桥的图像结构关系是非常重要的理论贡献。

[23] 和林格尔墓另一个门上有"渭水桥"三字(内蒙古自治区博物馆文物工作队:《和林格尔汉墓壁画》,文物出版社,1978年,第93页;陈永志、黑田彰、傅宁:《和林格尔汉墓壁画孝子传图摹写图辑录》,文物出版社,2015年,第126—127页)。我在门神研究中也专门论述过,渭河桥作为生死之隔,大傩驱疫时要送至渭桥的另一端,然后跨桥返回,以桥为分界。后来李清泉又有奈何桥之说,进一步深化论证。见李清泉:《上渭桥——汉画中车马过桥图像所集中显现的语义关联》,载向群、万毅编:《姜伯勤教授八秩华诞颂寿史学论文集》,广东人民出版社,2019年,第400—413页。

[24] 曾昭燏等:《沂南古画像石墓发掘报告》,1956年,第60页。

[25] 安志敏:《论沂南古画像石墓的年代》,载《考古通讯》1955第2期。作者对比高句丽有纪年(357年)的冬寿墓的墓制和壁画,推定年代为"魏晋时期,早于汉末的可能性不大,晚于北魏的可能性更小"。

[26] 曾昭燏等:《沂南古画像石墓发掘报告》,1956年,第67页。

[27] 见范晔:《后汉书·窦融列传》载点校本《二十四史》,中华书局,2012年,第795—826页。

[28] 见朱青生《中国艺术史概念的重新建构》,载《北京大学学报》(哲学社会科学版)第57卷第2期。

[29] 两汉羌人内附的记载见班固:《汉书·赵充国传》,载点校本《二十四史》,中华书局,2013年,第2971—3000页;范晔:《后汉书·西羌传》,载点校本《二十四史》,中华书局,2012年,第2869—2908页。

[30] 关于羌人成为抗击外来胡人的力量,霍巍教授在四川美术学院一次汉代石阙会议上讲述过,四川崖墓中出现的羌人形象是代汉伐乱。参见霍巍:《考古学视野下的四川汉代移民研究——以新都东汉崖墓出土"石门关"题刻为视角》,载《中华文化论坛》2019年第3期。

[31] 汉代朝廷中央政权与西域、匈奴和羌人即其他少数民族之间的关系以及最后撤退情况的概括,参见陆威仪(Mark Edward Lewis):《哈佛中国史》第1卷《早期中华帝国——秦与汉》,王兴亮译,中信出版集团,2016年,第150页。

[32] 《汉典》给出的解释是通"形",形容,形体。"死生因天地之刑。"(《国语·越语》)"夫

争强之国，必先争谋、争刑、争权。”（《管子・霸言》）“凡乱者刑名不当也。”（《吕氏春秋・正名》）通“型”，法式，典范，榜样。“刑于寡妻。”（《孟子・梁惠王上》）“仪式刑文王之典，日靖四方。”（《诗・周颂・我将》）“贱有实，敬无用，则人可刑也。”（《管子・侈靡》）“天象亡型（上井下土）。”（参见刘钊：《郭店楚简校释》，福建人民出版社，2005年，第29页）“天象无刑（形）。”[参见裘锡圭主编：《长沙马王堆汉墓简帛集成》（4），中华书局，2014年，第194页]

[33] 对比皮尔斯的“index”译为中文“指示指向”（郝长墀）、“指号”（李幼蒸）。

[34] “分析形体不属于人的视错觉的范畴，而是人的理性利用图画和线条对于事物的分析和指示。事物的表象是前上述三种图像表达的主要目标，而在分析形体中已经对事物的本质进行处理。所谓分析，其实就是分析眼睛看不到或者对眼睛可以直接看到的部分进行怀疑和整理的过程。进行指示时所建造的图像，不再是写实的图像，而是带有结构性和条理性说明的图像。汉画中经常包含这种分析性图像，无论是对建构，还是对人际关系，或者是对一些想象和编造出来的祥瑞神话的图形，都具有这方面的普遍的使用。”见第二届墓葬美术会议朱青生论文《汉画作为“图”的八种意义》，载巫鸿、朱青生、郑岩主编：《古代墓葬美术研究》（第二辑），湖南美术出版社，2013年，第377—399页。

[35] 在形相逻辑上到达与器物、与墓葬内在结构、与墓上结构、与地理地貌之间的关系，已经超出了形相学“形学”的范畴，走到了图与物的关系问题，本文并不涉及。但是我们在第四次墓葬会议题为《墓葬美术研究的结构和问题》的报告中讨论了这个问题：“研究结构我们试图以汉代墓葬为模型设计了一个框架性模型。结构的构成顺序从里向外，以墓主的尸身为起点，饭含窍塞、敷涂—内衣—外衣和服饰、尸衾—随身陪葬器、棺椁和随葬器、墓室和随葬器、墓葬结构和边箱、陪葬结构、墓表建筑与墓园、（与墓葬没有直接关系）祭祀—居址、区域地理、政治环境、世界（宇宙—天地）结构。所有层次均含方位、空间、器物和图像、装饰。每个层次既可以单独考察，也必须整体考虑。”

[36] 北京大学汉画研究所的方法就是在这十层“关系”中间进行分层解释：线条与形状、形状与图形、图形与形象、形象与图画、图画与图像、图像与构成（其在所有图像中的位置）、构成与非图画器物整体、器物整体与墓葬（建筑内部）、墓下与墓上、墓葬上下与地理环境（风水山川）的关系。

[37] 张文靖：《汉代墓室图像中三个历史题材的辟邪镇墓功能》，载《中国汉画研究》第四卷，桂林：广西师范大学出版社，2011年，第27—156页。

[38] 沂南卷的文献著录目录达到1600多种。截至此次，“著录与文献”部分分为三个等级进行了整理和筛选，共收录文献930篇，其中，中文文献920篇，西文文献5篇，日韩文文献3篇。

第一等级（正册，直接关于墓葬及墓葬中图像的著录和研究）62篇，中文54篇、西文5篇、日文韩文3篇；第二等级（副册，使用墓葬中图像进行专题研究）515篇，中文513篇、西文2篇；第三等级（又副册，相关的研究使用到沂南的材料，对沂南的相关研究有帮助）353篇。

图书在版编目（CIP）数据

古代墓葬美术研究．第五辑／巫鸿，郑岩，朱青生主编．—长沙：湖南美术出版社，2022.7

ISBN 978-7-5356-9204-7

Ⅰ．①古… Ⅱ．①巫… ②郑… ③朱… Ⅲ．①墓葬（考古）—美术考古—中国—文集 Ⅳ．①K879.04-53

中国版本图书馆CIP数据核字（2022）第121004号

GUDAI MUZANG MEISHU YANJIU（DI-WU JI）

古代墓葬美术研究（第五辑）

出 版 人：黄　啸
主　　编：巫　鸿　郑　岩　朱青生
组　　稿：刘　冠
编务统筹：滕宇宁
责任编辑：王柳润
特约编辑：李　震
责任校对：彭　慧
电脑制作：雅意文化
出版发行：湖南美术出版社
（长沙市东二环一段622号）
经　　销：湖南省新华书店
印　　刷：长沙新湘诚印刷有限公司
开　　本：787mm×1092mm　1/16
印　　张：15.75
版　　次：2022年7月第1版
印　　次：2022年7月第1次印刷
书　　号：ISBN 978-7-5356-9204-7
定　　价：95.00元

邮购联系：0731-84787105
网　　址：http://www.arts-press.com/
电子邮箱：market@arts-press.com
如有倒装、破损、少页等印装质量问题，请与印刷厂联系调换。
联系电话：0731-84363767